Eduardo López Bago

EL CURA.
(CASO DE INCESTO).
Novela Médico-Social

Edición
Maite Zubiaurre y Luis Cuesta

☙ - STOCKCERO - ❧

Foreword, bibliography & notes © Maite Zubiaurre y Luis Cuesta
of this edition © Stockcero 2013
1st. Stockcero edition: 2013

ISBN: 978-1-934768-64-8

Library of Congress Control Number: 2013933979

All rights reserved.
This book may not be reproduced, stored in a retrieval system, or transmitted, in whole or in part, in any form or by any means, electronic, mechanical, photocopying, recording, or otherwise, without written permission of Stockcero, Inc.

Set in Linotype Granjon font family typeface
Printed in the United States of America on acid-free paper.

Published by Stockcero, Inc.
3785 N.W. 82nd Avenue
Doral, FL 33166
USA
stockcero@stockcero.com

www.stockcero.com

Eduardo López Bago

El Cura.
(Caso de Incesto).
Novela Médico-Social

Índice

Introducción VII
El Cura. Caso de incesto, de Eduardo López Bago, y el naturalismo radical:
Diálogo con *La Regenta*, de Leopoldo Alas, «Clarín»
Bibliografía XLV
Novelas de Eduardo López Bago XLVII

El Cura. (Caso de Incesto). Novela Médico-Social

I 1
II 13
III 23
IV 33
V 49
VI 61
VII 73
VIII 87
IX 101
X 109
XI 121
XII 127
XIII 133
XIV 139
XV 153
XVI 165

Introducción

El Cura. (Caso de incesto), de Eduardo López Bago, y el naturalismo radical: Diálogo con *La Rege*nta, de Leopoldo Alas, «Clarín»

Maite Zubiaurre, UCLA

A Pura Fernández

El realismo y naturalismo españoles han recibido mucha atención de la crítica. Sin embargo, hay que señalar que esa atención, las más de las veces, se centra en los autores considerados ilustres y sus obras cumbre y, a cambio, como ocurre con frecuencia en los estudios hispánicos, tradicionalmente alérgicos a la cultura de masas, se ignoran, del realismo y del naturalismo, sus vertientes más populares (y, todo hay que decirlo, ideológicamente más progresistas). Entre ellas, destaca el así llamado «naturalismo radical», el seguidor más fiel, en territorio español, de las enseñanzas del escritor naturalista francés Emile Zola, y, por ello mismo, el más polémico y criticado. Como apunta Juan Ignacio Ferreras,

> El Naturalismo que se nos vino por la frontera, era el francés, capitaneado por Emile Zola; se trataba de una nueva manera de novelar basada en la ciencia de Claude Bernard, pero se trataba de mucho más: Zola y los naturalistas eran todos, y para decirlo de alguna manera, de izquierdas: socialistas, anarquistas en muchos casos, anticlericales, republicanos, chocaron de inmediato con una sociedad como la española, asentada en la Constitución canovista y que guardaba muy celosamente sus costumbres, monarquismo, etc. (12-13)

Como añade Ferreras, «el problema [del naturalismo español y su influencia francesa] no era exactamente literario, sino político y social» (13), razón que explica

> que nuestras historias literarias sigan ignorando a escritores como

Zahonero, Vega Armentero, H. Ardieta, Alejandro Sawa, López Bago por supuesto, y muchos más. Si la historia literaria de un país es el recuerdo de una Literatura, nuestras historias, el canon sacrosanto fabricado en nuestras universidades y academias, siguen sosteniendo de alguna manera, los valores que en 1885 procesaron a López Bago. Un ejemplo: López Bago no posee ninguna calle en Madrid, y sí la tiene, y muy buena, Raimundo Fernández Villaverde, político que encausó a López Bago por inmoralidad. (13)

Creemos, como Ferreras, que hace falta darle calles y devolverle el prestigio a los escritores ninguneados del realismo y naturalismo ibéricos. En un esfuerzo, pues, de completar y «trazar [ese] cuadro de la época que ha pasado inadvertido a los estudiosos del naturalismo español» (Ferreras 13), la presente introducción quiere dar relevancia a la corriente, injustamente descuidada, del naturalismo en su vertiente más radical, y quiere hacerlo a través de una de sus novelas más representativas, *El Cura. Caso de incesto (Novela médico-social)* (1885), de Eduardo López Bago. A las reflexiones generales, pues, sobre el desarrollo del naturalismo radical en la Península Ibérica, le seguirá una breve biografía de López Bago y, a continuación, un análisis cuidadoso de *El Cura. Caso de incesto*, y del lugar que ocupa (o, más bien, que debería ocupar, si nuestra cultura no fuese, siempre, cruelmente amnésica y despreciativa) en el contexto general del realismo y naturalismo ibéricos. Dentro de ese contexto, esta introducción quiere resaltar las conexiones evidentes (aunque, nuevamente, descuidadas por la crítica literaria y cultural) entre *El Cura. Caso de incesto* (1885) y *La Regenta* (1884-1885), la obra maestra de Leopoldo Alas, «Clarín». En el estudio crítico a la edición de *La Regenta* publicada por Stockcero (2013), ya hago mención exhaustiva de ese importante vínculo. En esta introducción, pongo énfasis nuevamente en los temas que ambas novelas comparten, y que va más allá del tratamiento crítico que en ellas recibe el celibato eclesiástico, a saber: la medicalización de la sexualidad femenina; la disección (pseudo) médica de la histeria (femenina) como peligrosa consecuencia de la castidad; y la estratégica manipulación y erotización de ese persistente objeto del deseo masculino que son las «Lolitas» o mujeres-niña.

******

Como apunta José A. Bernaldo de Quirós,

> El panorama del Naturalismo español cambió a partir de 1884 [recuérdese que esa es precisamente la fecha en que fue publicada la primera parte de *La Regenta*], cuando [Eduardo] López Bago adoptó por completo los principios ideológicos y estéticos de Zola y publicó *La prostituta*, convirtiéndose, en palabras de Alejandro Sawa, en el «campeón del naturalismo radical». Surgió así un movimiento, un grupo de escritores, que no sólo defiende la praxis novelística de Zola, sino que comparte sus principios ideológicos. Dentro de esta tendencia, según Pura Fernández (1995: 98-108), los más radicales serán López Bago y Alejandro Sawa, seguidos con más moderación por [José] Zahonero, José de Siles, [Enrique] Sánchez Seña, [Remigio] Vega Armentero y [Eugenio Antonio] Flores; y ya algo más alejados encontramos a otros como [José] Ortega Munilla y [Manuel] Martínez Barrionuevo. Este grupo consiguió —sobre todo López Bago— éxito de público, pero ataques de la crítica, así como censura por parte del conservadurismo (varias obras de López Bago fueron perseguidas judicialmente). www.ucm.es/info/especulo/numero22/zahero.html

Estos principios ideológicos (y estéticos) del naturalismo zolesco (que, en España devinieron «naturalismo radical») no fueron, como apunta Pura Fernández, bien recibidos en nuestro país: «La piedra angular de la especificidad que se reclama para la escuela naturalista española radica en la raigambre católica que permea su ideario; el espiritualismo que alienta en las obras hispánicas —en detrimento de los factores deterministas y fatalistas— y su clara herencia romántica se convierten en la enseña de un pretendido naturalismo nacional» (67). Es cierto: pareciera como si, cada vez que el naturalismo galo sale de su país y se traslada hacia el sur (España) o hacia el norte (Alemania), sacrificase algo de su esencia radicalista, y se volviese, en ambas naciones limítrofes, descafeinado, y románticamente espiritualista y poético. En la Península Ibérica, el realismo acaba transformándose (sobre todo, en la obra tardía de Galdós, y también en los cuentos clarinianos) en lo que se ha dado en llamar «realismo espiritual». Y en

Alemania, al realismo se le denomina, generalmente, «poetischer Realismus» (realismo poético).

No es casualidad, pues, que los autores realistas (y matizadamente naturalistas) que han alcanzado en España la fama y el reconocimiento de la historia literaria, sean precisamente los escritores más afines a esa versión nacional y espiritualizada, a esa versión menos «agresiva» y menos zolesca de naturalismo. Nos referimos, es claro, a las figuras punteras de Benito Pérez Galdós, José María de Pereda, Emilia Pardo Bazán, Pedro Antonio de Alarcón, Juan Valera, y Leopoldo Alas, «Clarín» Como explica Francisco Gutiérrez Carbajo,

> el movimiento naturalista [...] sigue en España a partir de 1886 dos líneas divergentes: una corriente espiritualista, que busca refuerzos en Francia y en la novela rusa moderna, donde los naturalistas españoles encuentran un ejemplo de naturalismo espiritual; y una corriente radical, que supone la rendición completa al código zolesco [...]. Esta modalidad de la estética naturalista es la cultivada por López Bago, Sawa, Zahonero y otros autores. Se trata de un movimiento que se denomina a sí mismo naturalismo radical o de barricada, en que se acentúan especialmente los componentes cientifista y determinista. Es el realismo propugnado por Zola. (31)

Claramente, «el pensamiento y la voluntad de Eduardo López Bago», como señala otra vez Fernández, «no se acomoda a ese esquema ecléctico» —hecho de un poco de realismo, otro poco de romanticismo, y un mucho, siempre, de espiritualismo reciamente católico–, a esa «corriente espiritualista» del movimiento naturalista a la que se refiere Gutiérrez Carbajo. López Bago es «ferviente defensor y seguidor de la doctrina zolesca, sin paliativos» (Fernández 7). Y, con su naturalismo radical y pedantemente fiel a Emile Zola —un naturalismo, en suma, que es radicalmente fatalista y ateo, que quiere ser científico, y que construye sus novelas alrededor de las leyes deterministas de la herencia y de la influencia del medio ambiente— López Bago crea escuela, una escuela que, como, ya señalamos, obtuvo «éxito de público, pero ataques de la crítica, así como censura por parte del conservadurismo» (Bernaldo de Quirós).

López Bago, en su extenso «apéndice» a *El Cura. Caso de incesto*, retadoramente titulado «Vosotros y yo» (incluido en la edición de Ferreras), expone de forma más o menos condensada su ideario naturalista radical, del cual destaca dos elementos fundamentales: 1) La necesidad de ofrecer un retrato objetivo (y, por tanto, muchas veces descarnado y brutal) de los aspectos más sórdidos (y más censurables) de la sociedad, y 2) la importancia de escribir para un público general, de producir lo que sus detractores llaman «literatura de hambrientos» (243), es decir, literatura *sobre* y *para* las clases menos privilegiadas de la sociedad. Además, en su apéndice, López Bago establece una comparación, un constante vaivén, entre la literatura consagrada y avalada por las instituciones (tanto literarias como jurídicas) y aquella (la que produce el naturalismo radical) que las «fuerzas vivas» sistemáticamente censuran. Por de pronto, hace notar que el naturalismo (importado de Francia) arriba, cuando llega a España, a puerto equivocado. En vez de plantarse en la calle, y volverse, primero que nada, héroe popular, se arrellana en los «cómodos sillones de terciopelo» de los ateneos y de las instituciones literarias:

> El naturalismo había ido a España a los ateneos antes de tiempo, y no se encontraba cómodo en las posturas académicas a que en algunos libros lo condenan a mostrarse escritores que deben ser tachados como eclécticos en este punto; necesario fue sacarlo de los cómodos sillones de terciopelo, desencadenarlo de las atildadas plumas que lo sujetaban y hacer que recuperase su verdadero carácter revolucionario. Para crecer tiene que luchar en las calles, ganar primero la opinión del pueblo, ser un héroe popular; su sitio no es la academia todavía. Es algo mejor que esto. La barricada. Y a la barricada fue conmigo, y en ella sigue hasta obtener el triunfo. (229-230)

López Bago critica, de esos escritores polvorientamente académicos y apoltronados, su fascinación con el «estilo» en las novelas que a Juan Valera se le ocurrió llamar «bonitas». A cambio, defiende la importancia del contenido y, sobre todo, la necesidad de retratar realidades que son, por naturaleza, escabrosas, y de destinar esas escabrosidades narradas a un público no selecto. En su apéndice, López Bago reproduce el siguiente diálogo (con uno de esos escritores estilistas y autores de «novelas bonitas», probablemente Juan Valera), precisamente para resaltar todo aquello del credo académico e institucionalizado con lo que no está de acuerdo: «Yo no quiero [declara el autor anti-naturalista y miembro de dese grupo de escritores «bonitistas» que López Bago ha dado en apodar «la secta romántica»] seguir las corrientes nuevas que han venido con vientos de Francia. No quiero hacer literatura pesimista. No quiero pintar fealdades. Y no quiero, en una palabra, escribir para los *tíos*, entendiendo yo por tíos a la clase popular» (231).

Como resultado, apunta con acre ironía López Bago, «está, en efecto, renaciendo una literatura», la literatura de

> *La pródiga* [Pedro Antonio de Alarcón], *El escándalo* [Pedro Antonio de Alarcón], *Pepita Jiménez* [Juan Valera], *El doctor Faustino* [el título completo es *Las ilusiones del Doctor Faustino*, de Juan Valera], *Doña Luz* [Juan Valera], *El Niño de la Bola* [Pedro Antonio de Alarcón], *López y su mujer* [Carlos Frontaura], ¡qué hermosos libros de *boudoir*! ¡Qué ejemplares tan preciosos de la literatura para las damas! ¡Juan Valera proclamando en uno de sus estudios críticos las excelencias de la *novela bonita*! [...]¡Las duquesas, las generalas, retratadas en miniatura sobre marfil! [...] Mujeres y hombres no se encontrarán en las páginas de esos libros, no tienen humanidad; pero, a cambio, ¡qué atildados figurines! ¡Qué bien visten, qué aire tan distinguido, qué modales! Cada personaje, antes de presentarse en escena o en capítulo, repasa el *Manual de educación y buena crianza*. Es una literatura de *frac* inaguantable. (232)

López Bago, en cambio, escribe «novelas feas», novelas como, por ejemplo, *La prostituta*, en la que la lacra social del amor mercenario se retrata con todos sus matices sombríos, con toda la sordidez que tiene en la vida real, y que la literatura, según los naturalistas radicales, no tiene derecho moral de embellecer. La ley, sin embargo, piensa, y dictamina, de otra forma. Como relata el propio López Bago en su apéndice, «En la villa y corte de Madrid, a 19 de junio de 1885», el escritor presenta «recurso de casación por infracción de ley» contra «la sentencia del juzgado de instrucción del distrito del Hospital de Madrid en el juicio de faltas por ofensas a la moral». La sentencia, dictada el 16 de enero de 1885, acusa a López Bago de

> haber publicado *La Prostituta* contraria a la moral y a la decencia pública [...]. En el libro titulado *La Prostituta*, al describir de una manera detenida y minuciosa la vida de la mujer pública, se presentan cuadros tan repugnantes como los que forman los capítulos

1, 2, 5, 6, 9, 10, 11, y 12, todos ellos redactados bajo el plan de no perdonar idea lúbrica ni frase obscena, como puede apreciarse a la más ligera lectura de las páginas 7, 8, 14, 16, 19, 20, 27, 34, 35, 44, 97, 98, 99, 197, 213, 214, 218, y 227, en las cuales se ofende la decencia pública: hechos probados. (240-241).

La sentencia contra la que apela López Bago «le condena a 125 pesetas de multa [cantidad nada despreciable en aquella época] y costas y secuestro de los ejemplares del libro» (241). En todo caso, y como se apresura en resaltar el propio escritor, las escaramuzas con la ley no impiden que sus «novelas feas» se vendan mucho más que las «novelas bonitas»:

> Para mayor dolor de mis detractores, mientras que *la novela bonita* alcanza el mediocre éxito de librería de que ya hice mención, *la novela fea*, con toda la fealdad de *La Prostituta*, agota sus ediciones rápidamente [...] El señor Valera declara que su novela de mayor venta, *Pepita Jiménez*, no le ha producido lo bastante para comprar un traje de mujer. Yo no niego las afirmaciones del Sr. Valera: como hombre de honor lo estimo y creo bajo su palabra. Mucho más cuando esto corrobora mi tesis. No, *la novela bonita* no vende, no se estima; y la grande y amarga verdad deducida de aquí es que las duquesas no dan de comer más que a su servidumbre. (243; 246-247)

Por fin, López Bago, con su famosa declaración, «el naturalismo no es una secta, es una verdad», se defiende de otro ataque, tan virulento como aquellos ataques que califican las obras del naturalismo radical como «obscenas» y como aptas sólo para «hambrientos», a saber, la imputación de que los naturalistas radicales españoles recurren a la imitación y al plagio:

> Se nos acusa de sectarios de Zola, de imitadores serviles, y no debe quedar sin contestación semejante absurdo. El naturalismo no es una secta, es una verdad. ¿En qué imitamos a Zola? En una sola cosa, en la cual le imitan todos los seres humanos. En amar la naturaleza. En no proceder por segregaciones y exclusiones, apartando lo feo, desechándolo, sino cogiendo en el campo un gran manojo, en que vayan reunidas en maravilloso contraste las rosas y el jaramago, la adelfa y el tomillo, la dorada espiga y la amapola, todo junto, confundido y revuelto, presentándolo así al público, tal y como es, sin quitar a las rosas sus espinas, humedecido y fresco aún con el rocío, diciendo: «Este es nuestro ramo». Se nos acusa de ello

como de un crimen. Se nos acusa de copiar la humanidad tal y como es, y de que la lealtad de nuestra pluma consista en que no nos guste engañar a nadie. (249)

Esta idea –de que lo bonito y lo feo aparecen siempre mezclados, y que esta mezcla precisamente es la que constituye la realidad– era una de las razones que con más frecuencia y ardor se esgrimían en defensa del naturalismo radical. Sawa, que fue, en su juventud, naturalista radical (para dejó de serlo muy pronto) hace hincapié en ese mismo concepto, y en el epílogo (»Impresiones de un lector: Eduardo López Bago») incluido en *El Cura. Caso de Incesto* (edición de Ferreras):

¡Ah! ¡En Francia se equivocan, como se equivocan en España! La realidad no es lo feo. Es lo feo y lo bonito combinados. A veces lo bonito sólo. Lo feo sólo, la nota negra dominándolo todo, el color negro siempre, eso sólo se ve en los carboneros los días de trabajo; los domingos se lavan la cara, se visten de limpio y van a *El Ramillete* a bailar con sus paisanas; y son morenos, sonrosados, pálidos. Hombres. (262)

El discurso de defensa de López Bago se vuelve, páginas adelante, aún más encendido, y más expresivo:

¡Cómo! dicen los durmientes de la academia [los autores de *las novelas bonitas*]. ¿Quién es ese que se atreve a escribir una novela usando palabras que antes sólo se empleaban en los libros de patología? ¿Qué novelistas son éstos que, al hablar de una mujer, nos describen el parto, cuando la gran ventaja que tenían las heroínas de nuestros libros era precisamente [la de] no parir nunca? ¿Qué literatura es la que no aspira a ponerse nuestro uniforme de inmortales, y anda por los anfiteatros estudiando la miseria humana, vistiendo la blusa de la disección, la horrible blusa negra con ribetes amarillos? La humanidad bien vestida es la que debe retratarse; el desnudo, ¿para qué? ¿No hay por ahí un gobernador que denuncie esos libros como escandalosos? ¿No hay tribunal que encause al autor y lo condene? (251).

López Bago no podía concluir sino hablando por boca de su maestro:

Nuestro procedimiento es muy sencillo. «Mostramos», dice Zola, «el mecanismo de lo útil y de lo perjudicial; analizamos en él el determinismo de los fenómenos humanos y sociales, para que algún día puedan dominarse y dirigirse estos fenómenos. En una palabra, trabajamos con todo el siglo actual en la grande obra, en la conquista de la materia, en el poder del hombre centuplicado». (250)

Hemos citado mucho a López Bago, lo hemos hecho hablar copiosamente, para que, a través de sus palabras, nos ofrezca el autorretrato de su naturaleza incendiaria, según Sawa, «una de las más enérgicas y más bizarras que conozco. Podrá, quizás, faltarle dibujo, no tener el suficiente realce; pero le sobra color, color temerariamente distribuido, hasta formar la más brillante mancha artística de nuestra moderna generación de noveladores» (253). Eduardo López Bago y Peñalver, el novelador a veces brillante y siempre polémico y contestatario, nace el 27 de marzo de 1853 en Aranjuez, hijo de Bernabé López Bago y Barbieri (gobernador civil en las fechas del nacimiento de Eduardo) y de Aureliana Peñalver y Pérez. La infancia del escritor estará marcada por la vida trashumante (el padre, como empleado de la Administración Pública, desempeñará distintos cargos administrativos en diferentes puntos de la geografía española) y por la muerte temprana de su madre en 1867, fecha en que Eduardo contaba tan sólo con catorce años de edad. López Bago realiza sus estudios de bachillerato en Madrid. Apasionado, desde muy joven, por la literatura, devora los libros de los clásicos y se familiariza desde muy pronto con el periodismo. Como apunta Gutiérrez Carbajo, López Bago colabora asiduamente en

> varias publicaciones periódicas, entre las que destacan [...] [la *Ilustración Española y Americana*, *La Correspondencia de España*], *La Ilustración Artística y Americana*, *La Epoca*, *La Flor de Lis*, *El Parlamento*, *El Diario Español*, *La Moda Elegante*, *Revista Contemporánea*, *Los Lunes de El Imparcial*, *La Ilustración Militar*, *Revista de la Biblioteca Económica del Ejército y de la Armada*, *Madrid Cómico*, *La Ilustración Nacional*, etc. (14-15)

Pero la verdadera pasión de López Bago es la novela. En 1876, inicia su accidentada carrera literaria con la publicación de *Los amores. Obra entretenida*, una novela que, como resalta en su epílogo Sawa, tiene, todavía, «más de psicológica que fisiológica». Aún así, es, ya, «un estudio rudo e inexorable del corazón humano, arrancado con valentía del pecho del hombre, y puesto así, palpitante y goteando sangre, ante los ojos del lector» (254). Una primera novela que, como apunta Fernández, fue incluida «en el *Indice* de obras prohibidas de la autoridad eclesiástica al poco de aparecer en las librerías, 'como obra contraria a la moral cristiana y a los preceptos de la Iglesia católica'» (23-24), y que, otra vez según Sawa, causó un «escándalo enorme»:

> Se llamaba atrevido al autor, como si el atrevimiento no fuera un deber del pensador y del soldado, y se le amagaba con echarlo a la policía como se echaban perros a las bestias feroces en los espectáculos bárbaros; pero la chusma policiaca se quedó con las ganas, bostezante y famélica, a pesar de los alaridos salvajes del clero y de los anatemas rabiosos contra la bella y soñadora cabeza del joven combatiente, sin conseguir herirla. (254)

López Bago es, hasta la fecha, una figura elusiva, aunque, gracias a la ingente labor investigadora de Fernández (de la que se beneficia grandemente esta introducción), hemos aprendido muchos detalles de la vida del escritor. Fernández nos cuenta que López Bago figura, en estos años iniciales de su carrera como novelista, como «escritor público», según «el censo de vecinos de Madrid» (27) y que, gracias a sus artículos y a comentarios aislados, el novelista nos ha legado «una ligera semblanza de sus hábitos, en que aparece como un sobreexcitado escritor, soltero [...], envuelto de continuo entre los vapores de numerosos cafés diarios y el humo de sucesivos cigarros» (27).

Como apunta Juan Ignacio Ferreras, a partir de *Los Amores. Obra entretenida* [...] se puede ya trazar [la] producción novelesca [de López Bago] que hubo de aparecer entre 1883 y 1888, por lo menos, y siempre en Madrid» (7-8), con la excepción, sin embargo, de dos de sus títulos, *El Separatista. Novela Médico-social*, publicada en La Habana, y *Carne importada. Novela médico-social*, publicada en Buenos Aires. Las obras conocidas de López Bago son las siguientes: Una tetralogía, formada por *La Prostituta. Novela médico-social*; *La Pálida. Novela médico-social*; *La Buscona. Novela médico-social*; y, por fin, *La Querida. Novela médico-social*. Una trilogía, formada por *El Cura. Caso de Incesto. Novela médico-social*; *El Confesionario. Satiriasis. Novela médico-social*; y *La Monja. Novela médico-social*. Una segunda trilogía, *La mujer honrada*, formada por *La Señora de López*; *La*

Soltera; y *La Desposada. Amor y miseria*. A estas dos series le siguen los siguientes títulos sueltos: *Carne de Nobles. Novela médico-social*; *La Torería. Luis Martínez el espada: En la plaza*; *El Periodista. Novela política*; *Safo. Costumbres de París* (traducción de la novela de M. Alphonse Daudet); *Carambola conyugal*; *El hombre mono*; *El Preso. La Inquisición moderna. Novela médico-social*; *El separatista. Novela médico-social*; *Los Asesinos. Novela social*; *¡Usted no es hombre!* Y, por fin, *Carne Importada. Novela médico-social*. (Para información bibliográfica detallada, remitimos a la lista de «novelas de Eduardo López Bago» que sigue a esta Introducción).

Ya observamos cómo tanto la publicación de su primera novela, *Los Amores. Obra entretenida*, como la de su segunda obra narrativa, *La Prostituta*, se convirtieron en piedra de escándalo. *La Pálida*, novela que sigue a *La Prostituta*, correrá parecida suerte, aunque, eso sí, el éxito de ventas es arrollador, y la primera edición se agota al poco de aparecer el libro en los escaparates (Fernández 38). De esta forma queda cimentada la triple fama del escritor como persona *non grata* entre las autoridades eclesiásticas y jurídicas, como autor popular y muy leído que produce verdaderos *best sellers* y, finalmente, como escritor sobre cuya producción novelística los críticos apenas se pronuncian: «El escándalo producido por sus obras se traduce en el silencio de la crítica, que omite las alusiones [explícitas] –aunque no las veladas, pues la denuncia y secuestro [de sus novelas] suscitan réplicas y contrarréplicas en la prensa periódica» (Fernández 39). «Nuestro autor», concluye Fernández, «gana la carta de naturaleza de *bestia negra* de las letras españolas» (39).

A partir de 1888, o quizá a partir de 1889, López Bago emigra a la Argentina. La venta de sus libros, como señala Fernández, había decaído considerablemente (55), razón que puede justificar lo que López Bago califica de «emigración voluntaria y no una huida de posibles persecuciones políticas o judiciales» (Fernández 56). Se sabe que López Bago realizó varios viajes por Latinoamérica (por de pronto, visitó México, Puerto Rico y Cuba), y que su estancia en Cuba fue accidentada, por razones de índole política (Fernández 58, 59). «Posiblemente», señala Fernández, «López Bago continuara viajando por las repúblicas hispanoamericanas tras el Desastre de 1898. Su rastro literario se pierde con su última novela, *El Separatista*, y de su vida durante los años siguientes apenas hay datos. Parece que tras la guerra de Cuba vuelve a establecer su residencia en Buenos Aires» (59). López Bago regresa a España, por razones de salud, en la década de 1910. El «heroico campeón del Naturalismo radical en España», como famosamente lo llamó Sawa, fallece el 30 de octubre de 1931 en Alicante. Al parecer, «el año anterior a su muerte lo vive, según reza [una] noticia necrológica [...], 'abrazado al símbolo de la Redención', lo que le mueve a retractarse de sus escritos impíos» (Fernández 61).

******

Apuntaba arriba López Bago que la novela naturalista radical, «cuando habla de una mujer, nos describe el parto» (robándole –como añade el escritor con ironía manifiesta– «a las heroínas de nuestros libros la gran ventaja que tenían, que era precisamente la de no parir nunca»). Ciertamente, y aunque a López Bago le guste decir que del campo recoge grandes manojos en los que lo bonito y lo feo aparece junto y revuelto, la verdad es que, tanto en el naturalismo francés y zolesco como en ese discípulo suyo que es el naturalismo radical carpetovetónico, lo feo gana con creces a lo bonito, y de los asuntos «feos» y escatológicos, lo que se destaca, con harta frecuencia, es la materia sexual. Y las muchas parturientas. No anda descaminada, pues, Mercedes Etreros, cuando en su ensayo, «El naturalismo español en la década de 1881-1891», «agrupa las novelas de López Bago, Sawa y Zahonero» bajo el epígrafe de «naturalismo erótico» (Lozano Marco 347). En muchas de las novelas del naturalismo radical, y no sólo en las de los tres autores mencionados arriba,

> el sexo está contemplado en sus *aspectos más sórdidos y degradados*. Es el sexo prostituido, con su secuela de bajezas y de enfermedades venéreas. Se tiende a representar, de manera obsesiva, *lo más repugnante y sombrío*, acumulando *miserias y lacras*. Según [Etreros] los novelistas mencionados «siguen la fórmula zoliana en su sentido más estricto», pero la aplican sólo a ciertos aspectos del naturalismo:

exaltan la ciencia experimental, defienden el determinismo positivista y tienden siempre en sus descripciones a presentar «no lo real, sino el *feísmo* que caracteriza al entorno en que se desarrolla la acción»; el narrador se aleja con frecuencia del *impersonalismo naturalista* y los relatos adquieren un evidente *carácter tendencioso*. (Lozano Marco 347)

El énfasis en ciertos elementos de la cita es mío. Con ello quiero resaltar que no puede negarse que muchas de las novelas del naturalismo radical, y aún del propio López Bago, se solazan en «lo sórdido, lo degradado, lo repugnante y lo sombrío», y acumulan, como sigue diciendo la cita, «miserias y lacras». Esto, por ejemplo, puede sostenerse con facilidad de la tetralogía de López Bago sobre la prostitución femenina (*La Prostituta*; *La Pálida*; *La Buscona*; y *La Querida*). Así, Sawa dice de *La Prostituta* y *La Pálida* que son

> obras implacables, sin nervios y sin entrañas, inexorables, en el que el autor se oculta por completo para que sea la realidad sola, pero la realidad más antipática, más odiosa [...] quien hable en todas las páginas. [...] Y resulta feo. Porque esa sociedad que estudia López Bago en *La Prostituta* y *La Pálida* es fea, esencialmente fea, monstruosa, y huele más al pus y a los desinfectantes de las salas clínicas que al aroma de los campos y que al perfume indistinto de la verdadera belleza. ¡Ah! El crimen es realidad: la navaja goteando sangre es realidad también; la madre que vende a su hija, el esposo que vende a su mujer [...], las ansias del borracho, los ayes del sifilítico, las agudas estridencias de la virginidad desgarrada [...], el temperamento sexual, priápico, que se retuerce desesperadamente como si estuviese encadenado, y el temperamento linfático, pasivo, que se entrega, que se rinde con facilidad, como si estuviera independiente del cerebro. (260)

Las novelas de López Bago, amén de «feístas» y truculentas, suelen ser también, como apunta Lozano Marco, «de carácter tendencioso», y se alejan, *malgré soi*, de todo «impersonalismo naturalista». *El Cura. Caso de incesto* es, sin duda, novela tendenciosa, novela en que la voz abiertamente subjetiva y siempre aleccionadora del narrador se desembaraza de todo propósito impersonalista. López Bago deja muy claro, a lo largo de toda la novela, que su objetivo, como apunta en el apéndice, mencionado arriba, «Vosotros y yo», es «combatir el celibato eclesiástico en lo que tiene de peligroso y bajo el punto de vista médico-social» (227). Con *El Cura*, nos dice López Bago, «empiezo una nueva serie de estudios dedicados [al celibato eclesiástico]» (227). Y añade en otra página: «A *El Cura* [*Caso de incesto*] seguirán, pues, *El Confesionario* y *La Monja*, así como a *La Prostituta* siguieron *La Pálida* y *La Buscona*. Todos estos libros [...] me enorgullecen [...], porque con ellos y por ellos se logró que fuera más agitado y vivo el movimiento de lucha entre la secta romántica y el proceder naturalista» (229).

El Cura. Caso de incesto, pues, es sin lugar a dudas tendenciosa, y una novela de tesis donde las haya. Pero lo que no es, sin embargo, es «fea», ni siquiera «feísta». A cambio, es como creen López Bago y Sawa que es la vida, una mezcla caprichosa de lo bueno y de lo malo, de lo feo y de lo bonito, un ramo revuelto, un carbonero al que, debajo de lo negro, se le asoma lo pálido o lo sonrosado. Ese contraste entre lo negro y tétrico y lo sonrosado y risueño, entre la vida y la muerte, se manifiesta, en la novela de López Bago, a través de dos símbolos poderosos, dos símbolos tomados de la religión católica, pero vueltos, en cierta forma, paganos. Estos símbolos son, en primer lugar, el Cristo crucificado, y en segundo lugar y en violenta oposición a la talla mortuoria, el del niño Jesús, muñeco primoroso en su cuna de juguete. Además, en *El Cura. Caso de incesto*, la muerte se identifica con el principio masculino (representado por el cura Román hincado siempre ante el Cristo crucificado), y la vida, con el principio femenino: Gracia, la hermana de Román, cuida del niño Jesús como de su bebé recién nacido se tratara. Las dos citas que siguen ejemplifican elocuentemente el simbolismo barroco del contraste entre la vida y la muerte, entre lo femenino y lo masculino:

> Era la imagen [de Cristo] de tamaño natural; y aquel cadáver desnudo, destacándose sobre las bayetas negras, resultaba lo más visible en todo el gabinete. Era un Cristo más propio de templo que de oratorio privado. Costó, según aseguraba la *niña* [Gracia], muy buenos cuartos. Era de boj. La talla, una copia del *Santo Cristo del Silencio,* la más imponente de todas las imágenes que salen en los pasos de la renombrada Semana Santa sevillana. Las carnes pintadas tenían lividez cadavérica ¡las heridas, coágulos de sangre! Un médico hubiéralo estudiado como reproducción hecha en cartón-

EL CURA. (CASO DE INCESTO).

piedra de un caso de puñaladas, de uno de esos asesinados que se llevan desde la esquina en que cayeron á la mesa del anfiteatro. Aquellos cuyo estómago no estuviese fortalecido en las realidades de la disección deberían sentir asco. Sólo teniendo conciencia de que simulaba un Dios no se experimentaba la náusea ante las llagas. Román las cubría de besos. Suprimido el altar, remplazado con el Ara de la Cruz, el sacerdote aumentó lo aterrador del cuadro haciendo que al crucifijo colosal no alumbraran constantemente más que dos gruesos cirios amarillentos. Con esto se entonaba más el aspecto de cámara mortuoria. (10-11)

Hasta el culto predilecto que Gracia tenía dentro de la religión católica era distinto [distinto al culto de Román a su talla crucificada]. Lo que se veneraba en la sala [la imagen de Cristo en la cruz] diferenciábase de la devoción del gabinete [la imagen del Niño Jesús] como se diferencia la cuna del sepulcro. Sobre la cómoda de nuestra heroína estaba también el Redentor de los hombres. Sobre la cómoda y bajo fanal. Era una imagen a la que Gracia cuidaba con los extremos con que la mujer cuida un juguete. ¡El Redentor! ¡Jesús! Pero no el cadáver del Crucificado, no aquel muerto que causaba repugnancia o terror. Jesús en su niñez: el Niño de la Bola. Le adoraba, rezábale y le vestía. Era no sabemos si el ídolo o la muñeca, o tal vez las dos cosas juntas, barajadas y confundidas. De alto como un abanico [...], todo el santito [es] de porcelana. Una cara preciosa, los ojos azules, la boca sonriendo, dejando entrever las menudencias de los dientes; el pelo rubio y en el pelo tres rayos de sol. Nada de metal falso, oro puro. Las manos, tan pequeñas y tan blancas como almendras mondadas. Un brazo levantado, sosteniendo un globo azul celeste, sobre el cual hay una cruz (también de oro). Por el ribete de la falda asoman los pies. ¡El pobrecito está descalzo! Y ahora entra lo bueno: el traje, confección (como se dice ahora) de la señorita Gracia. ¿Es de raso morado, con lentejuelas de plata, el que hoy lleva puesto? Pues entonces hoy es domingo: ese es el vestidito de los días de fiesta; tiene otro verde, de terciopelo; otro, color de rosa, con encajes; uno blanco, que se le pone el día de la Purísima; además el negro, con abalorios de azabache; éste es para la Semana Santa. Y así sucesivamente, una infinidad. El *Niño de la Bola* tiene su baúl de juguete, pero de bastante amplitud para que quepa tan numeroso equipaje; además posee algunas alhajitas: un collar de perlitas y (¡oh profanación de la devoción femenina!) una pulsera. ¡Una pulsera para el Redentor del género humano! Por todo lo cual resulta que podía ser la imagen del Niño de Dios, pero que, en realidad, era el niño de Gracia. (18-19)

Importa notar que, a medida que va avanzando la novela, ésta se inclina hacia la vida, y hasta llega un momento en que abrupta y simbólicamente se deshace de la muerte. Román, siguiendo los ruegos de su hermana Gracia, descuelga la tétrica imagen del Cristo crucificado y, en su lugar, levanta un altar a la Virgen (106-108). De la misma forma, e impulsada por el mismo principio vital, la novela, que comienza describiendo la doble e impuesta castidad de los hermanos y la retrata como patología, acaba celebrando la irrupción saludable y liberadora de la sexualidad: *El Cura. Caso de incesto* termina con la gozosa consumación del acto sexual y la victoria triunfante de las leyes de la naturaleza.

Claramente, en esta novela, el amor y la sexualidad saben sonreír. De hecho, lo «monstruoso» no reside en el sexo, sino, por el contrario, en la forzada ausencia de éste, en las trabas que se le ponen a la saludable satisfacción de las necesidades sexuales, en el celibato (eclesiástico) como imposición *contra natura*. La prostituta que hace del sexo una actividad puramente mecánica y remunerativa, el cura que se autoimpone, con violencia, la castidad, son, según los axiomas «médico-sociales» del naturalismo radical, los dos extremos de un comportamiento artificial y, por tanto, patológico, ajeno a las leyes de la naturaleza y enemigo de ésta. Para López Bago, el sacerdote célibe es, simplemente, alguien «que vive entre nosotros disimulando su apetito, y no llega a morirse, porque come en secreto» («Vosotros y yo» 228). Y sobre esa hipótesis tan sencilla, y hasta burda, López Bago construye el argumento de *El Cura. Caso de incesto*, el cual, en versión resumida, reza como sigue: El sacerdote Román, joven, de salud vigorosa y bien parecido, se trae a vivir con él a su hermana Gracia, de quince años, para que le ayude con las labores de la casa y para que en ésta nunca entre la temida y tentadora figura de la «barragana». Influido por el mal ejemplo de un sacerdote amigo y vecino, el cínico y jacarandoso don Fermín, y de su «sobrina», Anita, que, predeciblemente, resulta no serlo, Román sucumbe, en las páginas finales de la novela, a la tentación de la carne:

> ¡Cosa extraña! Gracia, que dormía siempre dejando encendida delante del Niño Jesús la lamparilla de aceite, aquella noche habíase quedado a oscuras. ¡A oscuras! ¿Por qué? ¡No! Él no quería la oscuridad ni las tinieblas. No sentía sino que el sol no pudiera con su

> claridad dejarle ver lo que iba a realizar. Llegó a la cama de matrimonio donde reposaba la doncella [su hermana Gracia]. [...] De un salto cayó sobre ella. Gracia despertó en los brazos de su hermano. No hubo resistencia ni susto. —¿Eres tú, Román? —Yo soy. Entonces en la oscuridad sonrió. Devolvió las caricias. ¿Por qué había de extrañar aquello? Lo esperaba. (168-169)

Llama particularmente la atención en el párrafo citado arriba que la consumación del incesto se narre en términos favorables y risueños. Román, en vez de desear esconder su «pecado» entre obscuridades y tinieblas, quiere que el sol ilumine con su claridad «lo que iba a realizar». Lejos de sobresaltarse, por otra parte, Gracia despierta en los brazos de su hermano «sin resistencia ni susto». Sin extrañarse, porque lo estaba esperando, y con una sonrisa en los labios, Gracia hasta le devuelve a su hermano las caricias. Lo «feo», otra vez, en esta novela, es la ausencia de sexo, y las consecuencias patológicas de esa ausencia. Por ello, esta escena en el fondo amable (y a pesar de la naturaleza tan severamente tabú del incesto) contrasta violentamente con la siguiente escena, en la que se describe «científica» y minuciosamente la compleja sintomatología de un ataque de histeria:

> En aquel momento se oyó un grito agudo que partía del gabinete [...]. Al entrar en la habitación [...] el espectáculo que se ofreció a la vista de los dos sacerdotes les impresionó profundamente. Gracia estaba tendida en el suelo, con el corpiño desabrochado violentamente, los pechos al aire, sin haber perdido el conocimiento, pero sí el uso de la palabra. [...] Era [...] el histerismo bajo su manifestación de *globo histérico*. El ataque de Gracia empezó por la sensación de un frío interior, propagándose a los miembros y el tronco, y seguido muy pronto de la sensación de *la bola* que dijo sentir en el vientre, una contracción dolorosa; luego, la bola se corrió por el pecho hacia la faringe, produciéndole falta de respiración, casi asfixia. El ataque era una irritación que obraba sobre los nervios; las sacudidas de los brazos se repetían en cortos intervalos. (116-117)

Según el sistema de valores desde el cual López Bago somete a escrutinio el «problema sexual», el sacerdote que viola el voto de castidad es, antes que nada, un hombre sano y, por ello mismo, un hombre esencialmente cabal: «Lo que se debe decir, mientras el celibato subsista, es que todo sacerdote concubinario es un hombre honrado. Todo sacerdote que tiene manceba irá en contra de lo decretado por la Iglesia», pero es la Iglesia la que, según López Bago, al imponer el celibato a sus sacerdotes, «menosprecia lo infalible de la ciencia y ataca a la razón natural» (»Vosotros y yo» 228). Esa afirmación de López Bago no es «invento» ni originalidad de éste, sino, antes bien, razonamiento repetido *ad nauseam* por los detractores de la abstinencia eclesiástica. Importa notar que el celibato era tema candente durante la segunda mitad del siglo XIX, y, como señala Fernández, «se convierte en el principal objetivo de ataque de las obras anticlericales finiseculares [...] El celibato, como signo distintivo de la religión católica, surge como un despropósito que altera las leyes de la naturaleza y provoca peligrosos males sociales» (178-179).

Don Fermín, que es, en la novela, el alter ego de López Bago y el portavoz del credo naturalista radical, en su conversación con Román se manifiesta de la siguiente forma sobre el celibato:

> La moral está fuerte é indisolublemente ligada con la higiene; la Iglesia está en lucha, lucha recrudecida cada vez más; la Iglesia ha de sufrir en todo lo que es su organización interna grandes modificaciones, porque, de lo contrario, perecerá. Y ¿sabe Ud. lo primero que va a ser objeto de reforma? El celibato eclesiástico. ¿Por qué? Porque es una inmoralidad de marca mayor– porque mientras el sacerdote tenga huesos y carne, sangre y nervios, es inútil que se crea de naturaleza tan divina que pueda dejar de cumplir una necesidad cualquiera de las muchas que afectan a nuestro organismo; porque al creer esto cometemos verdadero pecado de soberbia, presentándonos como superiores a nuestros semejantes, nosotros que debemos practicar con ellos la humildad. ¿Qué ha resultado de aquí? La ninfomanía en los conventos, la satiriasis en las iglesias, la pederastia en los seminarios. (71)

Y...añadimos nosotros, «el incesto en las casas parroquiales». Aunque, para López Bago, la ninfomanía y la histeria, por ejemplo, son, sin lugar a dudas, mucho peores que el incesto. El siguiente monólogo interno de Román nuevamente da voz a la relativa benevolencia con que el naturalismo radical se acerca a este viejo y enraizado tabú:

> ¡Incesto! El no quería llegar al incesto; consagraría á su ídolo humano [su hermana Gracia] a un culto secreto; lo respetaría... y lo

serviría. No quería llegar, porque, ante todo, estaba para el sacerdote el canon. Pero los más ilustres canonistas, ¿qué dicen acerca del incesto de esta índole? Pues se cuestionaba mucho al legislar sobre los impedimentos dirimentes del matrimonio en el primer grado de la línea transversal igual, para saber si este impedimento entre hermano y hermana es de derecho natural. La opinión más probable consiste en creer que el impedimento es sólo *de derecho eclesiástico*. La razón que aducen los doctores no tiene vuelta de hoja: el género humano se propagó en un principio mediante los matrimonios entre hermanos, sin que conste que Dios dispensase en esta ley. (104)

El incesto, pues, para López Bago y el naturalismo radical, es legítimo desde el punto de vista del «derecho natural», y aquí el narrador esgrime un argumento histórico, más que médico: al fin y al cabo, «el género humano se propagó en un principio mediante los matrimonios entre hermanos». Y, aunque quiera impedirlo el «derecho eclesiástico», para López Bago, el sacerdote que sigue sus instintos naturales (y aunque la satisfacción de estos le lleve al incesto) es un hombre que, a la postre, está en vías de recuperar la salud (y la honradez), tanto física como mental. Otro gallo le canta, sin embargo, y nuevamente según los axiomas «médico-sociales» del naturalismo radical, a las histéricas y a las ninfómanas, mujeres evidentemente enfermas, a las que la abstinencia forzosa y una «virginidad» artificialmente prolongada han obligado a caer en un comportamiento patológico. Ello explica, de nuevo, que la escena del incesto esté pintada con colores amables, mientras que la escena de la histeria se resuelve en trazos abruptos y violentas sacudidas.

******

El Cura. Caso de incesto ha sido comparado tradicionalmente con dos novelas clásicas de Zola, *La conquête de Plassans* y *La faute de l'abbé Mouret*, en las que el naturalista francés ataca (aunque no con la virulencia que hubiera deseado López Bago) el celibato eclesiástico:

López Bago se inscribe, nuevamente, en la senda de la literatura zo-

> lesca y con su trilogía de *El Cura* insiste y amplía los temas abordados por su maestro en *La conquête de Plassans* y *La faute de l'abbé Mouret*, si bien se cuida mucho de hacer constar que no perdona la contención de la pluma zolesca en su ataque al celibato, en la última novela citada, por lo que se propone culminar la tarea inconclusa con su serie anticlerical. (Fernández 179)

Varias cosas aquí: en primer lugar, llama la atención cómo la crítica identifica persistentemente las similitudes que tanto *La Regenta* como *El Cura. Caso de incesto* comparten con las dos novelas mencionadas de Zola. Sin embargo y hasta la fecha, esa misma crítica se resiste a comparar *La Regenta* con *El Cura. Caso de incesto*. La razón primordial, yo creo, radica en que los estudios literarios están siempre más dispuestos a cruzar fronteras geográficas y a identificar influencias foráneas –y dentro del contexto de la «alta» cultura–, que a saltarse esos otros límites que separan, dentro de una misma cultura nacional, las obras consagradas y las obras populares. En su iluminador artículo sobre la crítica literaria de Clarín, «Between Agency and Determinism: A Critical Review of Clarín Studies» (2008), Lou Charnon-Deutsch sostiene que lo que le falta a los estudios críticos sobre el realismo y naturalismo españoles es

> a theoretical examination of subjectivity and representation in their historical contexts and a critical stance that moves beyond playing the role of psychological grappling, as it were, with real identity. [...] [*Realist fiction needs to be framed*] *within a broad range of literary works and historical events, discourses and documents, including the novel itself, thus granting the novel the status of historical document.* [...] There remains a good deal of historical work to be done to understand how literature and history relate to human subjectivity. (150-151)

El énfasis es mío, y con él quiero resaltar esa necesidad expuesta por Charnon-Deutsch de que la novela, y muy en particular la novela decimonónica, debe estudiarse como documento histórico dentro de un contexto más amplio en el que dialogan entre sí distintos eventos de carácter político y social, obras literarias, documentos, y discursos de índole diversa, sin olvidarnos de las aportaciones visuales.

Por de pronto, uno de los grandes defectos de la crítica literaria es que ha estudiado las «grandes» novelas del realismo –y entre ellas, la novela de Clarín– como documento absurdamente aislado de su entorno más inmediato y palpable. Elevada a categoría de «obra maestra» se ha comparado *La Regenta* con otras obras señeras de su tiempo, nacionales (*Fortunata y Jacinta*, de Pérez Galdós), o foráneas (*Madame Bovary*, del francés Gustave Flaubert; *La conquête de Plassans*, y *La faute de l'Abbé Mouret*, del francés Emile Zola; *O Primo Basilio*, del portugués José Maria de Eça de Queiroz; *Effi Briest*, del alemán Theodor Fontane; *Ana Karenina*, del ruso Leo Tolstoy, etc.). También se ha sostenido con frecuencia que *La Regenta* es la segunda obra magistral de las letras españolas, después de *Don Quijote*, y sólo comparable con la novela de Galdós mencionada arriba. Pero, ¿qué ocurre con el entorno más cercano a *La Regenta*, ¿qué ocurre con todos esos textos, documentos, imágenes, acontecimientos que constituían la «verdadera» y cercana realidad de Clarín? ¿Qué ocurre, particularmente, con *El Cura. Caso de incesto*, novela con la cual *La Regenta* comparte grandes y evidentes similitudes?

Según las recientes averiguaciones de los críticos (Fernández), *El Cura. Caso de incesto* fue publicada, con gran probabilidad, el mismo año en el que vio la luz la segunda parte de *La Regenta* (1885). Pero, sobre todo, lo que importa aquí es que el tema –o uno de los temas clave, a saber, la compleja problemática de la abstinencia eclesiástica– y el argumento de la novela de López Bago se parecen mucho a los de la novela de Clarín. En ésta, un sacerdote, el Magistral don Fermín de Pas, tan apuesto, joven y apasionado como el cura Román, se enamora de la hermosa Ana Ozores, mística y exaltada, víctima triple de un matrimonio sexualmente insatisfactorio con don Víctor Quintanar, hombre mucho mayor que ella, del asedio erótico de un don Juan de provincias (Alvaro Mesía), y de la solapada persecución, disfrazada de falso espiritualismo, del Magistral. El parecido, por otra parte, entre Gracia, en *El Cura. Caso de incesto*, y Ana Ozores, en *La Regenta* es notable: ambas «enferman» por culpa de una sexualidad insatisfecha y una castidad impuesta que las dos novelas retratan como cruel y *contra natura*; ambas, irremediablemente, contraen, por culpa de esa ausencia de vida sexual, la patología de la histeria; y ambas, finalmente, sucumben al llamamiento del instinto natural y a las exigencias de la carne: Ana se entrega a don Alvaro, y Gracia a Román.

Sorprende, ante parecido tan palpable, que Noel Valis sea una de las pocas críticas literarias que (como yo) está convencida de que hay una estrecha vinculación, que tiene muy poco de casual, entre la novela de Clarín y la de López Bago: «I strongly suspect that *El Cura*, apparently written soon after publication of *La Regenta*, is a naturalist pastiche-homage to Clarín's novel, in which the implied transgressive nature of Fermín de Pas's relationship with Ana Ozores (note the close similarity of the names) is given a crude interpretation in López Bago's narrative» (2000: 340). Dentro de esta tónica, pues, tanto Valis como Charnon-Deutsch son pioneras en proponer que *La Regenta* se estudie como documento histórico en diálogo con otros documentos (literarios y no literarios) y en el contexto amplio de la realidad social y cultural de la época. La recuperación y el estudio de escritores nacionales (y posiblemente internacionales) de «segundo orden» –en vez de esa comparación insistente entre los «grandes» autores vernáculos y foráneos– es fundamental. Por de pronto, ese nuevo enfoque viene a alterar incluso la forma en que se encuadra a *La Regenta*. Esta, además de pertenecer al ilustre ciclo internacional de «la novela de adulterio (femenino)» o a ese otro ciclo, también internacional, de «la novela anticlerical y contraria al celibato eclesiástico», se suma así a otra subcategoría no menos significativa, a saber, la de «la novela de la histeria (femenina)». Dentro de este subgrupo cabría no solamente *La Regenta*, sino *El Cura. Caso de incesto* (1885), de Eduardo López Bago, y la aún menos conocida *La histérica*, de Eugenio Antonio Flores, otro señalado representante del Naturalismo radical. *La histérica* de Flores está, como *La Regenta* y *El Cura*, fechada en 1885 y, como la novela de López Bago, clasificada dentro de la rúbrica «novela médico-social». Finalmente, importa resaltar que la «calentura» de la histeria literaria continúa bien entrado el siglo XX. Sirva como ejemplo la novela erótica de León Inardiel, *Las histéricas*, publicado en 1925 en la colección de novela corta, *La novela exquisita* (Madrid: Editorial Flérida), así como la novela galante de Alberto Valero Martín, *El amor de las histéricas*, publicada también en 1925 en la colección de novela corta, *La novela de hoy* (Madrid: Editorial Imprenta Artística Sáez Hermanos).

El tema –tan candente, por cierto, o incluso más, que la polémica alrededor del celibato eclesiástico– de la histeria femenina (y de la ninfomanía) como consecuencias directas y patológicas de la insatisfacción sexual, es, tanto en *La Regenta* como en *El Cura. Caso de incesto*, protagónico y esencial. Propongo, pues, que leamos ambas novelas desde esta perspectiva, y que dejemos a un lado lo que –sobre todo, en el caso de la novela de López Bago– ha sido interpretado (a mi parecer, equivocadamente) como el asunto principal, a saber, el ataque a la abstinencia sexual del clero. Es cierto que, según declara explícitamente el propio López Bago, ése –el celibato– es el tema de la trilogía, y su propósito fundamental, el combatirlo. Pero no es menos cierto que, una vez entrados en materia, la representación de la histeria femenina (y por ende, de la sexualidad de las mujeres) es la que llena la mayoría de las páginas. El «celibato» que importa, según, otra vez, las declaraciones de López Bago, es el de Román, y no el de Gracia. Y, sin embargo, la abstinencia que obsesivamente se explora, y la que realmente provoca enfermedades y patologías minuciosamente diseccionadas, es la de Gracia. ¿Por qué así? Por varias razones. En primer lugar, porque las novelas «médico-sociales» de López Bago –como, por cierto, también ocurría con los manuales de sexología, igualmente (pseudo) médicos y (pseudo) científicos, de la época (Zubiaurre)– son, en realidad y como sostiene Etreros, «naturalismo erótico», y hasta algo tienen de pornografía mal camuflada. Lo que interesa, a los lectores de López Bago, pues, es disfrutar de la sabrosa anatomía de Gracia, y no de la de Román. Lo que interesa es ver a Gracia distorsionar y desnudar su cuerpo durante unos ataques histéricos que peligrosamente recuerdan al acto sexual, y a las distorsiones y desnudeces que normalmente lo acompañan. Esto, por cierto, tanto vale para *El Cura. Caso de Incesto*, como para *La Regenta*.

Y, en segundo lugar, porque las novelas médico-sociales de la época (y no solamente las que debemos a la pluma de López Bago) son, a la postre y sin excepción, documentos violentamente misóginos. En consecuencia, y a lo largo de toda la novela, el protagonista masculino conserva todo su vigor físico, y hasta su integridad psíquica. Todo lo más, y tentado por el demonio de la carne, se le agría el humor. La que se pone enferma de verdad, la que se debilita e histeriza, la que amenaza con perder el pudor, y con él, la razón y el sentido de lo moral –¡todo, por culpa del celibato de Román!– es ella, es Gracia. Sobre Gracia –y no sobre Román– ejerce la medicina su control institucionalizado y avalado por la sociedad patriarcal. Ella –y no Román– es el peligro y es la patología. Ella –que irrumpe en la castidad del sacerdote con su sensualidad semi-perversa e inconsciente tan sólo a medias, que arriba en la casa parroquial con ajuares, camas de matrimonio y profusión mareante de lencerías y encajes, y hasta con un corsé que es incitante «vaciado del torso» femenino—ella, y no él, es monstruo de tentación, a la vez que cuerpo y mente y alma enfermos y debilitados.

La conjunción de enfermedad y sexualidad parece ejercer, sobre la libido masculina, un atractivo irresistible. En consecuencia, tanto las páginas de *La Regenta*, como las de *El Cura. Caso de incesto* se llenan de una larga retahíla de síntomas (pseudo) médicos de naturaleza física y psíquica que simultánea y seductoramente retrasan y preconizan la final eclosión erótico-histérica. Así, Valis oportunamente identifica en el capítulo «The Sickly Soul» de su libro, *The Decadent Vision of Leopoldo Alas* (1981: 81-104) la compleja serie de síntomas que aquejan a una Ana Ozores a punto de caer en la histeria: «Se tomó el pulso, se miró las manos; no veía bien los dedos, el pulso latía con violencia; en los párpados le estallaban estrellitas, como chispas de fuego artificiales, sí, sí, estaba mala, iba a darle el ataque». Ana a veces se imagina que está enferma, que es «por dentro un montón de arena que se desmorona»; siente «grietas en la vida», siente que «[se divide] dentro de sí [...], que [se] achica, que [se] anula». En otra página, nota «aquel desgajarse las entrañas, que [parecen] pulverizarse allá dentro, aquel desvanecerse la vida en el delirio». Por último, confiesa la Regenta, «el extremo de la tortura [...] era [...] el desvanecimiento de la conciencia de su unidad; creía [...] que sus facultades morales se separaban, que dentro de ella ya no había nadie que fuese ella, Ana, principal y genuinamente [...]. Y tras esto el vértigo, el terror, que traía la reacción con gritos y pasmos periféricos». De forma muy parecida, el ataque histérico de Gracia citado en páginas anteriores tampoco le llega del todo por sorpresa y sin aviso previo. Antes, la protagonista ya había experimentado «ese extraño mal [...], aquellos vértigos, aquellos bostezos, la risa convulsiva y el llanto» (111). Pocas páginas después, vuelven a mencionarse «los raros padecimientos de Gracia, los accesos de llanto, el entorpecimiento de los miembros, la risa convulsiva que no podía contener y la opresión en la garganta» (112). Por fin, en una cita más larga, se especifican con más detalle y mayor prurito científico los síntomas que preceden a los ataques de histeria:

> [Gracia] lloraba sin motivo, como por una necesidad orgánica, porque el llanto quitaba una opresión que la sofocaba en el pecho y una gran molestia en la garganta. Durante la cena, una noche se le desvaneció la vista, la acometió un vértigo, hasta el punto de que tuvo que agarrarse con ambas manos a la mesa para no caer al suelo, casi perdido el conocimiento; por la noche, su sueño era interrumpido y con sobresaltos; además de estos signos, que acusaban una exageración morbosa de la excitabilidad, en el cerebro ocurrían fenómenos extraños: unas veces le parecía que su cerebro estaba en ebullición; otras que le habían echado por los oídos en el cráneo aceite hirviendo, y llegó a quejarse de un dolor violentísimo limitado a un pequeño espacio de la cabeza, ordinariamente a uno de los lados de la sutura sagital. (103).

Otro aspecto notable que comparten *La Regenta* y *El Cura. Caso de incesto* es que en ambas la histeria de sus protagonistas (de Ana, de Gracia) se relaciona con los arrobos místico-histéricos de Santa Teresa (Dupont; Labanyi):

> [Gracia] recordaba haber oído que tal era el estado en que se encontró otra mujer, que, sin embargo, fue fundadora de conventos y canonizada por la iglesia. Ella [Santa Teresa] lo contaba, Román lo leyó. «La vida de Santa Teresa escrita por ella misma». Pero su mal tenía como base *la excitación morbosa de los nervios motores*. [Don Fermín], que había estudiado medicina, lo dijo en estos términos, explicando lo que padecía la otra santa. Y luego lo explicó más claramente. Era histerismo. (111)

La novela de López Bago, pues, no sólo «medicaliza» e «histeriza» a Gracia, sino que se atreve, también con (o contra) la mística abulense. En su violenta diatriba contra el celibato, don Fermín, en calidad, nuevamente de alter ego del autor y de sus convicciones anticlericales, aduce que «en lo antiguo», el celibato crea figuras como

«San Antonio Abad, el de los ensueños lascivos», o como «¡Santa Teresa de Jesús, otra que tal! Una histérica» (105), y que comparte, además, su patología sexual con la de muchos otros santos:

> Aquella mujer de que habla San Bernardo, una erotómana que por espacio de algunos años gozaba con el Diablo. ¡Locos! ¡Una cuerda de locos de atar! Lea Ud, con detenimiento el *Año Cristiano*. La Iglesia tiene allí canonizados a todos esos enfermos; tiene hasta casos de licantropía; todas las variaciones de la locura idiopática por perversión, calificadas con esta palabra extraña: *Santidad*. (71-72)

Por fin, *El Cura. Caso de incesto* establece una elocuente relación entre Santa Teresa, loca místico-histérica, y la lectura de las vidas de santo como actividad nociva y poco saludable. Así por ejemplo, «después de cenar, la andaluza [Anita, la barragana y falsa sobrina de don Fermín] se [niega] rotundamente a escuchar la lectura de Santa Teresa», negativa que su amante el sacerdote ratifica con «uno de sus refranes de higiene»: «Después de comer, ni un sobrescrito leer» (108). Más adelante, cuando el médico intenta hacerle comprender a Román la naturaleza de la enfermedad de su hermana, «dolencia exclusiva del sexo femenino» (121), le explica que, entre los varios factores que favorecen el histerismo («la temperatura elevada»–121; «las emociones morales [...] como, por ejemplo, un susto» –121;122; «las sensaciones tristes o alegres» –122) ocupa un lugar predominante «la lectura habitual de obras apasionadas o tiernas» (122). Anita, nos dice don Fermín, lee novelas, con lo cual ya corre peligro. Pero la más afectada es Gracia, puesto que «oye leer una cosa más apasionada y más tierna que todas las novelas del mundo» (122), a saber, escucha las palabras de Santa Teresa: «Que le diga a usted el doctor [le dice don Fermín a Román] si no es bastante este libro y cualquiera otro de los que reflejan el misticismo, con sus ilusiones extáticas, sus intuiciones y emociones» (122).

La propia Regenta era lectora apasionada de la obra de la Santa abulense, como demuestra el siguiente párrafo: «[La Regenta] leyó; leyó siempre que pudo. En cuanto la dejaban sola, y eran largas sus soledades, los ojos se agarraban a las páginas místicas de la Santa de Ávila, y a no ser lágrimas de ternura ya nada turbaba aquel coloquio de dos almas a través de tres siglos» (II: 416). Y, como al «don

Fermín» de *El Cura. Caso de incesto*, al «don Fermín» de *La Regenta* tampoco le gusta que la protagonista lea a Santa Teresa: «[Fermín de Pas] veía a su amiga demasiado inclinada a las especulaciones místicas, temía que cayera en el éxtasis, que tenía siempre complicaciones nerviosas, y era preciso evitar que pudiesen culparle a él de otra enfermedad probable, si Ana seguía ese camino peligroso» (II: 456-457).

Pero, así como López Bago no tiene empacho en llamar histérica a Santa Teresa, Clarín, sin embargo, es mucho más cauteloso a la hora de aplicar a la Santa mística el rótulo del histerismo, o de cualquier otra patología de moda. Como afirma Valis,

> [what is] significant, in my view, [is] a most singular textual omission: Clarín's silence on the question of Santa Teresa's supposed hysteria. Neither the narrator nor Ana appear to critique Teresa's mystical experiences as pathological or deviant. Is it reasonable to assume that readers of Clarín's day would have had no need for Alas to make the recent debates over Santa Teresa an explicit issue in his novel? Clarín's own views in other writings [...] suggest he was loath to join in what he considered the low level of debate on the subject; he also admired the saint too much, I think, to participate in what Clarín might well have perceived as her vilification. (2000: 339)

Creo que a Valis le asiste la razón. Clarín respetaba y admiraba demasiado a la Santa como para endosarle el zafio sambenito de «histérica». Pero, además, hay en Clarín un notorio desprecio por lo que es demasiado simple, por todo aquello que se deja definir y categorizar sin mayores aspavientos. El gran escritor ovetense —al igual que la gran Santa abulense— es complicadamente barroco, antes que prístinamente realista, o científicamente naturalista. Cenófobo compulsivo (dícese cenófobos a los que padecen de *horror vacui* o miedo al vacío), Clarín lo colma todo y no deja resquicio, por pequeño que sea, sin relleno. Por eso su novela tiene más de mil páginas. Clarín todo lo cubre y enmascara, entre otras cosas, los síntomas (¿histéricos?) de Ana Ozores, a los que nadie encuentra explicación certera. Para Frígilis, uno de los personajes de la novela, por ejemplo, «aquello de Ana [...] era una enfermedad, y grave, sólo que él no sabía clasificarla» (II: 459). Pero, sobre todo, Clarín tapa y vuelve opaca la incitante anatomía (y psicología) de Ana, y sólo deja que se vean, a retazos, su cuerpo, y su naturaleza «extremosa [...], viva [...], exaltada» (II: 587).

Importa resaltar que tanto en la ignorancia de Frígilis, como el halo de misterio con que, a pesar de las honduras psicológicas de *La Regenta* y del escalpelo científico de *El Cura. Caso de incesto*, en ambas novelas se rodea a la sexualidad femenina, resuena el famoso *Was will das Weib?* (¿Qué es lo que quiere la hembra?) de Sigmund Freud. Es más, tanto en la obra maestra de Clarín, como en la novela de López Bago, la mujer es la primera que lo ignora todo de su propia sexualidad. Ana Ozores no sabe a qué se deben sus desazones íntimas y sus ataques de histeria; tampoco lo sabe Gracia. Y, según el credo misógino de López Bago, la ignorancia generalizada de la mujer (viene a cuento aquí al famoso dicho, «mujer que sabe latín, ni tiene marido ni tiene buen fin»), y, en concreto, esa falta absoluta de autoconocimiento sexual, redunda (por razones obscuras y nunca explicadas) en beneficio del «sexo débil»:

> Al llegar a este punto [el punto en que la mujer se enfrenta con «las ideas de la unión sexual»-110] es ya muy difícil analizar los sentimientos y sensaciones propios de lo que es femenino. Hállase cuanto con lo interno de la sensibilidad de la mujer se relaciona envuelto por conveniencia de ella misma en sombras y misterios. Es una especie de consigna tácita desde la creación, a la que no han faltado ni siquiera las mujeres escritoras. (110)

El Cura. Caso de incesto se autoproclama «novela médico-social». Es, sin duda, novela (pseudo)científica que quiere aplicar los supuestos de la ciencia al análisis y remedio de ciertas lacras sociales. Pero, antes que nada, es novela de tesis y, por tanto, clara como el agua en su dogmatismo rectilíneo y severamente puritano. *El Cura. Caso de incesto* va directamente al grano, mientras que *La Regenta* –mucho más trascendentalista, mucho más romántica, y, por ello mismo, menos dogmática y programática– se detiene y complica en múltiples y siempre torturados meandros. Pero, a pesar de estas diferencias, ambas novelas, como hemos visto, comparten grandes similitudes, y son víctimas, las dos, de la erotización misógina. Además de histéricas sexualizadas influidas negativamente por lecturas místicas, además de ignorantes completas de su propia sexualidad –una ignorancia que, por todos los indicios, parece que tranquiliza al varón y hace a la hembra menos amenazante y por ello mismo, más atractiva— Ana y Gracia son «Lolitas» *avant la lettre*, hembras tanto más apetecibles por cuanto son retratadas en ese instante –irrepetible y, por todas las señas, intensamente erótico– en el que la niña se hace mujer.

Mientras componía *La Regenta*, y en un tratado sobre *Tormento*, de Galdós, Clarín «apela a la necesidad [...] de tratar a la mujer no en abstracto, sino inseparable de 'su ambiente, de su olor, de sus trapos, de sus ensueños, de sus veleidades, de sus caídas, de sus errores, de sus caprichos'» (Sobejano 25). Más allá del machismo flagrante –Clarín reduce a la mujer a una criatura que huele a hembra, perfectamente frívola y obsesionada con sus trapos, soñadora, caprichosa, veleidosa y, sobre todo, pecadora: las mujeres siempre yerran y siempre caen– lo que interesa de esta cita es ese interés, con frecuencia obsesivo, de la novela realista y naturalista por llegar a un entendimiento más profundo de la psicología de la mujer. Para Clarín, y dentro del espíritu del realismo, se alcanza el fondo de la naturaleza femenina a través de las cosas, a través del mundo concreto (y, todo hay que decirlo, perfectamente baladí) que la rodea. Para López Bago, ese «misterio» con faldas que son las mujeres también se rodea de cosas y de aromas. Cuando Gracia llega a casa de su hermano, el sacerdote Román, y deshace las maletas, éste no encuentra en la alcoba de Gracia ni una silla desocupada:

> En cada una había un objeto distinto, y hasta por el suelo se veía esparcido el equipaje de Gracia. Aquí, un pañuelo de colores chillones, más allá, unas botitas mal hechas por el Reinaldo de Tudela, pero pequeñas, como cajas de bombones, ¡y luego, la dichosa ropa blanca que, con ser tanta, no había cabido en la cómoda! Unos pantalones con puntilla de encaje, los refajos de invierno, camisas, chambras, y, por último, en el sitio más visible, el corsé. (30)

En otra escena, Gracia es retratada, otra vez, en su ambiente, esta vez marcado, no tanto por sus fruslerías textiles, como por sus movimientos (de ave inquieta y juguetona), por sus afanes de mujer-niña:

> Gracia era la figura inquieta de su juventud sana. El movimiento y el canto; ella en las habitaciones, la reproducción ampliada del jilguero suyo en la jaula. Hasta tenía algo del olor de las aves, como tenía mucho de sus hábitos de vida. Comía poco, pero a menudo,

> sin orden alguno, y siempre chucherías; dijérase que picoteaba. El baño por la mañana, baño que no era entrar en el agua, sino echársela con la esponja, llenarse de gotas frescas el cuerpo (íbamos a decir el *plumaje*). Luego, alisarse el cabello, después regar las macetas, cortar ramitas verdes, y, por último, cantar. El canto de la aragonesa. La jota, que parece en la voz de mujer una música de trinos y gorjeos metidos en el pentagrama. No se estaba quieta ni un minuto. Iba del gabinete al comedor, de éste a la cocina. Había un constante ruido de faldas en los corredores. Dijérase que su andar era a menudos saltos. Daba ganas de mirar al suelo, para ver si como de los pájaros era su huella; por donde pisaban deberían quedar estrellitas. (38-39)

Clarín vería en ese mundo de objetos y de movimientos caprichosos, de ropas incitantes, alegremente amontonadas sobre sillas, de ires y venires que son como saltitos de pájaro, un instrumento gnoseológico que ayuda a revelar el «enigma» de la identidad femenina. Sin embargo, la novela de López Bago funciona de otra manera, en el sentido de que en *El Cura. Caso de incesto*, ese «misterio» que es la naturaleza femenina a la postre sólo se desentraña del todo con la ayuda de la ciencia y de la medicina. Por algo, su novela se subtitula «novela médico-social». Así es que, en la novela de López Bago, el estado «pajaril» y alegremente inquieto de Gracia, su entorno encantador e intoxicante, no sirve tanto para ahondar en la psicología de Gracia —para eso, ya digo, están, en *El Cura. Caso de incesto*, las deducciones científico–médicas— como para intensificar el ritmo sensual de la novela. En primer lugar, la parafernalia femenil (y no solamente la de Gracia, sino también la de Anita, la «sobrina» de don Fermín), funciona a modo de reclamo erótico sobre la ensotanada y comprimida sensibilidad del cura Román (y de los lectores: la temperatura sexual de *El Cura*, como la de *La Regenta*, es elevada); y, en segundo lugar, dibuja, en el caso de Gracia y con trazo no por esquemático menos firme o convincente, un alma (un cuerpo) infantiles a punto de dejar de serlo. Es importante señalar aquí que el prototipo masculinista de la mujer-niña, de la pre-adolescente a punto de entrar en la pubertad, en otras palabras, de una suerte de «Lolita» *avant la lettre*, es cliché pertinaz y fuertemente erótico, y se manifiesta, con frecuencia y tanto en los textos como en la imaginería visual de la cultura popular de Fin de Siglo, en forma de mujer-mariposa, recién escapada de su crisálida. No sorprende, pues, que también en *La Regenta* el narrador se entretenga en dibujar la sexualidad naciente de la niña Ana. También en esta novela, pues, hay una «Lolita», circunstancia que, como observa acertadamente el co-editor de este volumen, Luis Cuesta, con frecuencia se le escapa al lector, por el mayor énfasis que la novela de Clarín pone en la sexualidad insatisfecha de la Ana ya adulta y desposada.

En todo caso, una noche, Anita, en una escapatoria que remeda a las infantiles heroicidades de Santa Teresa (Schyfter 231) –Ana «quería meterse en un barco y navegar hasta la tierra de los moros» (I: 60)–, se queda dormida en el fondo de una barca con un niño algo mayor que ella. A partir de ahí, ese episodio sin importancia real se convierte en «aquel gran pecado que había cometido, sin saberlo ella, la noche que pasó dentro de la barca con aquel Germán, su amigo» (I: 59). Un episodio que Ana nunca olvida y el mundo también recuerda. Convertida la niña Ana de la noche a la mañana en «una flor podrida ya por la mordedura de un gusano» (I: 77), «el escándalo [corre] de boca en boca [...] [y] se [discute] el caso fisiológicamente. Se [forman] partidos [entre los socios del casino]; unos [dicen] que bien [puede] ser, y se [citan] multitud de ejemplos de precocidad semejante» (I: 77). La supuesta «precocidad» de Ana, invento malévolo de los habitantes de Loreto, atiza la concupiscencia:

> Ana fue objeto de curiosidad general. Querían verla, desmenuzar sus gestos, sus movimientos para ver si se le conocía en algo. —Lo que es desarrollada lo está y mucho para su edad... [dice uno de los personajes], que saboreaba por adelantado la lujuria de lo porvenir. – En efecto, parece una mujercita. Y se la devoraba con los ojos; se deseaba un milagroso crecimiento instantáneo de aquellos encantos que no estaban en la niña sino en la imaginación de los socios del casino. (I: 77)

Joan Ramon Resina, en su artículo «Ana Ozores's Nerves» (2003), observa acertadamente que la precocidad de la niña Ana es peligrosa, no sólo para ella, sino para la colectividad a la que pertenece.

> Although the threat posed by Ana's sexuality is expressed in moral terms, what *la clase* fears is the transmissibility of sexual perversion

> and the attendant social disgrace. [...] Nymphomania is the unspoken name of the perversion she is expected of inoculating into the Ozores's blood. The assumption underlies the accusations of precocity brought against Ana. (235)

Es importante añadir que esa ninfomanía, al igual que la precocidad de la cual es síntoma y antecedente, no sólo dan miedo, sino que procuran placer, un placer vuelto manido cliché en la cultura popular, y presente también, como demuestra *La Regenta*, en la «alta» cultura. La Lolita precoz y la ninfómana devora-hombres (aunadas, porque así lo quieren el narrador y los lectores, en la figura de la Regenta) son poderosos reclamos sexuales, que muchas veces van de la mano. Como concluye Charnon-Deutsch en «Voyeurism, Pornography and *La Regenta*» (1989), la novela de Clarín is «like a map of many men's fantasies» (100).

Hay que decir que Clarín no escapa a los aires pacatos y catolicones de su país y de su época, ni tampoco a la lubricidad perversa y apenas reprimida de esa Vetusta (y de ese Loreto) que tan magistralmente supo retratar. Clarín, como moralista (y como romántico), quiere hacer de Ana Ozores criatura espiritual, niña eterna rodeada de una aureola de inocencia. Pero como hombre (como naturalista), la quiere (y la crea) voluptuosa, incitante y hermosísima, una Lolita precoz y ninfómana. En suma, impone a la Regenta (y, por extensión, al género femenino todo) las exigencias absurdas, contradictorias e imposibles de la misoginia: «Ana is both saintly and sensual (virgin and whore)» (Charnon-Deutsch 1989: 97).

Pero la descripción de la sexualidad naciente de la heroína de *La Regenta* no se reduce al episodio de la barca de Loreto, sino que continúa en páginas posteriores. Nada más cumplir los quince años, Anita, que ya era huérfana de madre, se queda huérfana de padre. Como consecuencia, según el médico, entra en

> una crisis terrible [...]. La enfermedad [una fiebre nerviosa] había coincidido con ciertas transformaciones propias de la edad; propias, sí, pero delante de señoritas no debían explicarse con la claridad y los pormenores que empleaba el doctor [...]. «El desarrollo contenido», «la crítica y misteriosa metamorfosis», «la crisálida que se rompe», todo eso estaba bien; pero el médico añadía unos detalles que doña Anuncia no vacilaba en calificar de groseros. (I: 89)

Tanto Ana como Gracia, ambas quinceañeras, se vuelven niñas (o mujeres)-mariposa. En ambos casos, «se rompe la crisálida». Y en ambos casos, la entrada en la adolescencia se vuelve patología y se medicaliza. Pero, al revés que Clarín, notoriamente elusivo y eufemístico con los aspectos fisiológicos de la naturaleza femenina (véase, como ejemplo, el párrafo de *La Regenta* citado arriba), López Bago con perfecta naturalidad inserta en el alma de niña de Gracia («mi hermana es una niña en punto a inocencia», le dice Román al médico -122), los síntomas, tanto físicos, como psíquicos, de una de las «afecciones» púberes, la menstruación:

> En lo demás, en lo que materialmente no se relacionaba con su desarrollo, que se resolvía todo en curvas y en anchuras, Gracia era una niña, una verdadera niña, que recibía siempre con susto las revelaciones del organismo, llegando a desesperarse y a tener ira contra su propia carne, porque se redondeaba abultando los pechos, y con las pródigas hemorragias de su exuberante sexo, que la producían estados de sensibilidad exquisita, una verdadera neurosis, en que el menor ruido era su sobresalto, y el roce más leve un cosquilleo de piel que la estremecía poderosamente. (14)

Esas «crisis de la hembra» (14), como las llama López Bago, se repiten en otras páginas:

> Gracia, en su gran cama de matrimonio y todo su ajuar de novia [...] de sí misma suponía que estaba sujeta a una enfermedad común a todas las mujeres [...] [a] un padecimiento crónico [...] [a] una periodicidad con que la naturaleza obraba en su organismo, echando, como por rebosamiento, fuera de su ser lo que en su ser era inmundicia sobrante. (75)

Por fin, la extrema sensibilidad que López Bago (en consonancia con la sabiduría médica de la época) vincula con la menstruación (recuérdese que las «pródigas hemorragias de su exuberante sexo» producen en Gracia «estados de sensibilidad exquisita, una verdadera neurosis» – 14) provocan en la protagonista un aparatoso orgasmo:

> Pero los sueños no querían venir. Lo atribuyó al estado especial en que se encontraba aquel día; siempre que *no podía bañarse* [un eufemismo corriente para la menstruación] tenía esos insomnios; una irritación local que reaccionaba sobre el cerebro. [...] En aquel mismo instante, Gracia sofocó un grito mordiendo la almohada.

> Fue una exclamación de sorpresa inaudita y al mismo tiempo de placer intenso. Quedó como desmayada, inmóvil un rato. ¡Ah! Nunca, nunca, desde que padecía su mal, le había sucedido aquello. Había sido sin duda el roce de las sábanas. El roce, que otras veces la cosquilleaba tan sólo... ahora, ahora no supo explicarse el nuevo fenómeno; pero, ¡Dios mío!, llegó un instante en que creyó que se moría y que la muerte era un goce inefable, no del espíritu, sino de todo el cuerpo, que sentía materialmente la salida del alma, como cautiva que abría dulcísimamente las puertas de su prisión carnal. Al volver de estas alucinaciones, de su pasajero desmayo, experimentando una laxitud extrema, abrióse paso otro orden de ideas. ¡No había estado a punto de morir, no! La muerte no era así. Lo que ella tenía era fiebre. ¡Si la pulsaran, estaba segura de que sería su pulso irregular, lento! ¡Iba a caer mala! ¡Iba tal vez a repetirse el accidente! Lo temía y lo deseaba. (76-77)

El estado «delicado» (y orgásmico, o «espasmódico», como gustaba de decirse por aquel entonces) de Gracia durante su menstruación se convierte en la antesala de otros desarreglos fisiológicos, pero, sobre todo, de índole psicológica, los cuales van a culminar en un ataque de histeria como los que describen, con todo lujo de precisión «científica», los manuales de medicina de la época, y que ya hemos citado y mencionado en páginas anteriores.

******

También en páginas anteriores, hacíamos referencia a esa convicción de López Bago, axioma universal, por otra parte, de los naturalistas radicales, de que la realidad no está amasada sólo con fealdades (o sólo con bonituras) sino que en ella se mezclan, siempre, lo que es agradable a los sentidos (y a la moral al uso) y lo que no lo es. En todo caso, *El Cura. Caso de incesto* refleja con exactitud esa convicción. Al revés que *La Regenta*, novela en la que el sexo, cuando no inexistente, es invariablemente sombrío, trágico, vulgar o mercenario, en *El Cura. Caso de incesto* la sexualidad (mejor sería decir, la «relativa» castidad) torturada de Román y la sexualidad, tan vigorosa como ignorante, de Gracia, contrastan fuertemente con el a la vez despreocupado y experimentado *savoir faire* y entente eróticos del Cura don Fermín y de Anita, su falsa sobrina y apetitosa barragana. Desde el principio, el idilio entre el Cura y su «sobrina» se rodea de música rasgueada, de canciones a veces inocentes y otras, pícaras (la andaluza Anita está siempre dispuesta a cantar y a tocar la guitarra), de bromas y de chascarrillos, alimentados por el genio fácil y siempre ocurrente de don Fermín. Y, mientras el alimento frugal de Román y de Gracia suele reducirse al castizo cocido madrileño, Anita y don Fermín se presentan a la mesa con «lo que comían ordinariamente, sólo que este ordinario era buenos bocados: jamón, ternera, arroz á la valenciana, y en una fuente [de] merluza á la vinagreta» (64). Esto, sin descontar la «lacrada de Burdeos», botella de vino con lo que, a lo largo de toda la novela y a instancias de don Fermín, se riegan frecuentemente los manjares.

El trato frecuente y cada vez más íntimo con don Fermín y con Anita, el contacto regular con ese idilio siempre despreocupado y a todas luces dichoso, acaba obrando su influencia sobre el ánimo de Gracia y de Román. A éste, por de pronto, los amores «ilícitos» de sus vecinos, que un tabique demasiado delgado inevitablemente traiciona, comienzan a parecerle menos pecaminosos, y «hasta más augusto[s], más solemne[s] y más ennoblecido[s] por el acto de la unión carnal»:

> Al entrar [de nuevo en la sala el sacerdote] allí, detrás del tabique, los besos y risas de siempre, los crujidos del lecho, le avisaron de que á su alrededor, animales y seres humanos, en el sublime misterio de la noche cumplían la ley fatal a que está ligada la materia. Vióse más solitario que nunca, y el silencio suyo y su pasividad sirviéronle para oír mejor, más claros, más atronadores, los ruidos que hacen las especies en su labor eterna de generación. Le parecieron ahora el placer más augusto, más solemne y como ennoblecido por el acto de la unión carnal; vio borrarse la infamia que pudiera caber en la palabra pecado, siendo sustituida por la sublimidad de esta otra, misión; y acudió presuroso al altar, cayó de hinojos ante la Inmaculada, que entre sus luces y sus azucenas de perfumado trapo parecía sonreír como gracia a las varas florecidas de los mancebos. (142)

Compárese todo esto –la conversión gozosa de Román, que finalmente abraza el amor y la expresión física de este; la escena final de la novela, en que los hermanos, por fin, se entregan, con placer y sin remordimientos, el uno al otro– con la sexualidad, siempre apocalíptica y sombría, de *La Regenta*, y con esa otra escena final y famosísima, tan diametralmente distinta a la de *El Cura. Caso de incesto*. En ella, Celedonio, el acólito de la Catedral de Vetusta, al entrar en el interior de ésta, «reconoce a la Regenta desmayada». Y, en ese mismo instante, «Celedonio sintió un deseo miserable, una perversión de la perversión de su lascivia: y por gozar un placer extraño, o por probar si lo gozaba, inclinó el rostro asqueroso sobre el de la Regenta y le besó los labios. Ana volvió a la vida rasgando las nieblas de un delirio que le causaba náuseas. Había creído sentir sobre la boca el vientre viscoso y frío de un sapo» (678).

Queda claro, a estas alturas, que *La Regenta*, presuntamente tan compleja y superior en todo al esquematismo simple y tendencioso del naturalismo radical, sólo es capaz de mostrar abiertamente un tipo de sexualidad, a saber, la que es trágica siempre y tiene siempre funestas consecuencias; y la que, marcada sin remedio por la tradición judeocristiana, es siempre pecado y tan «viscosa y fría como el vientre de un sapo». El erotismo de *La Regenta*, con ser, sin duda, intenso, resulta, salvo contadas excepciones, obscurantista y apocalíptico. *El Cura. Caso de incesto*, en cambio, y dentro de su simplicidad maniquea, es mucho más sabio e ilustrado en materia de sexo. Sabe, por de pronto, que éste puede ser risueño, y el contrapunto saludable y dichoso a la represión patológica.

Ramón Pérez de Ayala, en su comentario a la novela erótica de José María Carretero, *La bien pagada* (1920), denuncia abiertamente «ese erotismo semítico y triste que tanto ha dañado a las novelas españolas» (Litvak 56). Para el escritor, *La bien pagada* es, con respecto a esas novelas, un gran paso adelante, puesto que significa «el advenimiento de otra manera novelesca más amplia, compleja, pulcra y humana...el tránsito al erotismo pagano y gozoso» (Litvak 56). Pues bien, el amor de *La Regenta* es ese «amor semítico y triste» de Pérez de Ayala, es ese «amor a la española», tan magistralmente ironizado y censurado unas pocas décadas más tarde en *Un relato inmoral* (1927), de Wenceslao Fernández Flórez, un amor, a la postre, lleno de espinas, que ahuyenta antes que atrae o acoge. Como apunta graciosamente César Juarros en su libro *El amor en España. Características Masculinas*, publicado a comienzos de los años veinte, «demasiado serio y circunspecto es el amor español. Como el estilo de muebles que lleva su nombre. Y ambos francamente incómodos» (55).

En suma: que el amor «natural» y optimista del cual es portavoz ruidoso la novela de López Bago resulta mucho más convincente y verídico que la persistente sexofobia de *La Regenta*. En *El Cura. Caso de incesto*, hay, en el terreno de la sensualidad, claroscuros y contrastes, y hay, sobre todo, más luces que sombras. Por de pronto, el amor de Román y de Gracia –tras consumarse en la última escena de la novela y responder así a la llamada de la naturaleza– logra asimilarse plenamente al idilio sonriente y sin culpa de esa Anita y de ese don Fermín que son la contracara risueña de la severa pareja (doña Ana Ozores; don Fermín de Pas) de *La Regenta*. Se realiza, pues, en *El Cura. Caso de incesto* es «tránsito al erotismo pagano y gozoso» del que habla Pérez de Ayala. Un tránsito que la gran novela de Clarín, o el sensualismo reprimido de Fermín de Pas, o la sexualidad histerizada de Ana Ozores, no pueden, o no quieren, nunca, iniciar.

Bibliografía

Alas, Leopoldo, «Clarín». *La Regenta*. Edición crítica de Maite Zubiaurre y Eilene Powell. Doral, Florida: Stockcero, 2013.
Bernaldo de Quirós Mateo, José Antonio. *«José Zahonero en el contexto del Naturalismo español»*. www.ucm.es/info/especulo/numero22/zahero.html.
Charnon-Deutsch, Lou. «Voyeurism, Pornography and *La Regenta*». *Modern Language Studies* 19/4 (1989): 93-101.
_____. «Between Agency and Determination: A Critical Review of Clarín Studies». *Hispanic Review* 76/2 (2008): 135-153.
Dupont, Denise. «Teresa de Jesús and the Creation of Gender Communities in Eduardo López Bago's *El Cura* Trilogy». Revista de Estudios Hispánicos 41 (2007): 1-17.
Etreros, Mercedes. «El naturalismo español en la década de 1881-1991». *Estudios sobre la novela española del siglo XIX*. Madrid: CSIC, 1977. (49-131)
Fernández, Pura. *Eduardo López Bago y el Naturalismo Radical: La novela y el mercado literario en el siglo XIX*. Amsterdam: Rodopi, 1995.
Fernández Flórez, Wenceslao. *Relato inmoral*. Madrid: Atlántida, 1927.
Ferreras, Juan Ignacio. «Introducción». Eduardo López Bago, *El Cura. (Caso de incesto) Novela médico-social*. Edición de Juan Ignacio Ferreras. Madrid: Ediciones VOSA, 1996.
Flores, Eugenio Antonio. *La histérica*. Madrid: Administración Juan Muñoz Sánchez, 1885.
Gutiérrez Carbajo, Francisco. «Introducción». Eduardo López Bago, *El Separatista*. Edición, introducción y notas de Francisco Gutiérrez Carbajo. Madrid: Editorial Castalia, 2001.
Inardiel, León. *Las histéricas*. Colección *La novela exquisita*. Madrid: Editorial Flérida, 1925.
Juarros, César. *El amor en España. Características masculinas*. Madrid: Páez, 191?.
Labanyi, Jo. «Mysticism and Hysteria in *La Regenta*: The Problem of Female Identity». *Feminist Readings on Spanish and Latin-American Literature*. Edited by L.P. Condé and S. M. Hart. Lampeter, Dyfed, Wales: The Edwin Mellen Press, 1991. (51-61)

Litvak, Lily. «Introducción». *Antología de la novela corta erótica española de entreguerras (1918-1936)*. Madrid: Taurus, 1993.

Lozano Marcos, Miguel Angel: «El naturalismo radical: Eduardo López Bago. Un texto desconocido de Alejandro Sawa». *Anales de literatura española* 2 (1983): 341-360.

Resina, Joan Ramon. «Ana Ozores's Nerves». *Hispanic Review* 71/2 (2003): 229-252.

Sawa, Alejandro. «Impresiones de un lector: Eduardo López Bago». Eduardo López Bago, *El Cura. (Caso de incesto) Novela médico-social*. Edición de Juan Ignacio Ferreras. Madrid: Ediciones VOSA, 1996. (253-263)

Schyfter, Sara E. «'La loca, la tonta, la literata': Woman's Destiny in Clarín's *La Regenta*. *Theory and Practice of Feminist Literary Criticism*. Edited by Mora, Gabriela & Karen S. Van Hooft. Ypsilanti, MI: Bilingual. (229-241)

Sobejano, Gonzalo. «Introducción biográfica y crítica a *La Regenta*». *La Regenta, de Leopoldo Alas*, «Clarín». Madrid: Editorial Castalia, 1981.

Valero Martín, Alberto. *El amor de las histéricas*. Colección *La novela de hoy*. Madrid: Imprenta Artística Sáez Hermanos, 1925.

Valis, Noel. *The Decadent Vision in Leopoldo Alas. A Study of La Regenta and Su único hijo*. Baton Rouge and London: Louisiana UP, 1981.

———. «Hysteria and Historical Context in *La Regenta*». *Revista Hispánica Moderna* 53/2 (2000): 325-351.

Zubiaurre, Maite. *Cultures of the Erotic in Spain, 1898-1939*. Nashville: Vanderbilt University Press, 2012.

Novelas de Eduardo López Bago

Los Amores. Obra entretenida. Imprenta de Gironés y Orduña. 1876.
El Periodista. Novela política. Madrid: F. Bueno y Cía. [Firmada el 5-VI-1884].
La Prostituta. Novela médico-social. Madrid: Juan Muñoz y Cía Editores. [S.a.: 1884]. (*Biblioteca del Renacimiento Literario*).
La Pálida. Novela médico-social. (Segunda parte de «La Prostituta»). Madrid: Juan Muñoz y Cía. Editores. [S.a.: 1884] (*Biblioteca del Renacimiento Literario*)
La Buscona. Novela médico-social. (Tercera parte de «La Prostituta»). Madrid: Juan Muñoz y Cía. Editores [S.a.: 1885]. (*Biblioteca del Renacimiento Literario*).
El Cura. (Caso de incesto). Novela médico-social. Madrid: Juan Muñoz y Cía. [S.a.: 1885]. (*Biblioteca del Renacimiento Literario*).
La Querida. Novela social. (Cuarta y última parte de «La Prostituta»). Madrid: Juan Muñoz y Cía. [S.a.: 1885]. (*Biblioteca del Renacimiento Literario*).
El Confesonario. (Satiriasis). Novela médico-social. (Segunda Parte de «El Cura»). Madrid: Juan Muñoz y Cía. [S.a.: 1885]. (*Biblioteca del Renacimiento Literario*).
Los Asesinos. Novela social. Madrid: Juan Muñoz y Cía. [S.a.: 1885-1886].
La Monja. Novela médico-social. (Tercera parte de «El Cura»). Madrid: Juan Muñoz y Cía. [S.a.: 1885]. (*Biblioteca del Renacimiento Literario*).
El Hombre-Mono. Novela médico-social. Madrid: 1885.
La Torería. Luis Martínez, el espada. (En la plaza). Novela social. Madrid: Librería de Fernando Fe, 1886. (Biblioteca del Renacimiento Literario).
La Mujer Honrada. La Señora de López. Novela social. Madrid: Juan Muñoz y Cía. [S.a.: 1886]. (*Biblioteca del Renacimiento Literario*).
La Mujer Honrada. La Soltera. Novela social. (Segunda parte de «La Señora de López»). Madrid: Juan Muñoz y Cía. [S.a.: 1886]. (*Biblioteca del Renacimiento Literario*).
Carne de Nobles. Novela médico-social. Madrid: Juan Muñoz y Cía. [S.a.: 1887]. (*Biblioteca del Renacimiento Literario*).
La Mujer Honrada. La Desposada. (Amor y miseria). Novela médico-social. (Tercera parte de «La Señora de López»). Madrid: Juan Muñoz y Cía. [S.a.: 1887]. (*Biblioteca del Renacimiento Literario*).

El Preso. La Inquisición Moderna. Estudios de la vida humana en cárceles y presidios. Novela médico-social. Madrid: Juan Muñoz y Cía. [S.a.: 1888]. (*Biblioteca del Renacimiento Literario*).

¡Usted no es hombre! Madrid: F. Bueno [S.a.: 1888]. (*Biblioteca Demi-Monde*, tomo 53).

Carambola conyugal. Madrid: F. Bueno [S.a.: 1888]. (*Biblioteca Demi-Monde*, tomo 54).

Carne Importada. . (Costumbres de Buenos Aires). Novela médico-social. (Primera parte de «La trata de blancas»). Buenos Aires. La Maravilla Literaria. [S.a.: 1891].

El Separatista. Novela médico-social. La Habana: Galería Literaria. 1895.

El Cura.
(Caso de Incesto).
Novela Médico-Social

Para las definiciones y explicaciones de términos, nombres y expresiones incluidas en las notas de pie de página, hemos recurrido al *Diccionario de la Real Academia Española* (RAE, 2001) y a su versión digital (http://lema.Rae.es), al *Diccionario de la Lengua Española* (Espasa Calpe, 2005), al *Nuevo Diccionario Ilustrado de la Biblia* (Thomas Nelson, 1998), y al *Diccionario Ilustrado VOX Español-Latín* (Anaya 2010).

Los Editores

I

Tenía veintidós años. Acababa de cumplirlos el domingo XI de Pentecostés[1], día que también era el de su santo, San Román[2], soldado y mártir, cuya conmemoración cae en el 9 de agosto, aniversario de la muerte del arzobispo D. Rodrigo[3], memorable cronista de la batalla de las Navas.

Román era alto, recio[4], delgado, de mucha fibra, hermoso de cara como un arcángel, y, como él, poderoso y fuerte contra los enemigos del alma. Acababa de salir del seminario[5] y de decir su primera misa ¡La primera misa! ¡El ideal de todo el que recibe el presbiterado![6] La confirmación de que con él recibe potestad completa para consagrar el cuerpo y sangre de Cristo, para distribuir la sagrada Eucaristía a los fieles y para absolver de pecados.

Cuando el obispo[7] le autorizó al efecto; cuando, al darle las licencias, aquel anciano de cabellos como plata y de riquísimos ropajes, de manos blancas como las de una duquesa, en las cuales brillaba el anillo pastoral, le advirtió con voz dulce que la Iglesia, considerando el altísimo ministerio que diariamente puede y debe ser objeto de la solicitud del sacerdote, viene a decirle: «*Esencialmente radica en ti la potencia de ce-*

---

1 *Pentecostés*: Festividad de la Venida del Espíritu Santo que celebra la Iglesia el domingo, quincuagésimo día que sigue al de Pascua de Resurrección, contando ambos, y fluctúa entre el 10 de mayo y el 13 de junio.
2 *San Román*: Mártir, soldado del ejército romano, testigo presencial del martirio de San Lorenzo y admirado por su heroica constancia. Una vez convertido sufrió martirio en Roma en el año 258.
3 *Arzobispo Don Rodrigo*: Rodrigo Jiménez de Rada o El Toledano (Puente la Reina, 1170-Vienne, 1247), eclesiástico, militar, historiador y hombre de estado navarro-castellano. Rodrigo fue el encargado de recoger la bula de cruzada de manos del papa y de predicarla por Italia, Alemania y Francia, ganando adeptos para su causa. Los resultados de su esfuerzo se materializaron en 1212, cuando un numeroso ejército formado por castellanos, aragoneses, navarros y franceses se concentró en Toledo para enfrentar, con el arzobispo al frente, a las huestes almohades, que fueron decisivamente derrotadas en la batalla de Las Navas de Tolosa.
4 *Recio*: Fuerte, robusto, vigoroso.
5 *Seminario*: Establecimiento para la formación de jóvenes eclesiásticos.
6 *Presbiterado*: Dignidad de presbítero o clérigo ordenado de misa.
7 *Obispo*: Prelado superior de una diócesis, a cuyo cargo está el cuidado espiritual y la dirección y el gobierno eclesiástico de los diocesanos.

lebrar; pero atiende un poco, reflexiona, estudia con cuidado y observa con esmero cuanto está prescrito para celebrar santamente»; cuando, después de su examen ante un juez sinodal, recibió el documento precioso con el sello episcopal al pie, lo guardó ¿dónde? sobre el corazón, cubriéndolo antes de besos, llevado de su pasión, sin poderse contener, con el mismo arrebato con que besa el amante y guarda en su pecho la primera carta en que la mujer ha puesto en cuatro carillas estas solas palabras: «Sí. Yo también te amo». ¡Ah! ¡La Iglesia! ¡La amada de Román! ¡Su única amada, con la cual se había desposado!

Y conservaba de aquel gran suceso de su vida, tan reciente aún, un recuerdo casi sensual, como el que guarda el esposo de la primera noche de bodas.

Dijo, pues, su primera misa en el intermedio desde la de sábado santo a la vigilia de Pentecostés. Salió al altar con casulla[8] blanca. Las mujeres que asistieron a la ceremonia lloraron de júbilo al verlo. Su hermana, desde un rincón de la iglesia, asistió también, y aseguraba luego que parecía un ángel y que la casulla simulaba las alas plegadas y recogidas a la espalda. ¡Oh! Si era simbólico el color usado aquel día por la Iglesia; si aquel blanco recordaba la alegría y las victorias de los bienaventurados, era también, por este mismo simbolismo, el que a Román convenía. Alegre y victorioso estaba su ser entero; y cuando, antes de celebrar, atendida la fragilidad humana, se examinó y procuró remover de sí todo pecado, encontróse con disposición angelical, sin mancha, en verdadero estado de gracia. Y, sin embargo, hizo la confesión sacramental, la prefirió al medio extraordinario de la contrición[9]. Porque la fe nos dice que la víctima ofrecida diariamente en la Iglesia católica es Jesucristo inmaculado, purísimo, y la razón añade que las cosas santas, santamente se han de tratar.

******

Acabo de comparar el regocijo que experimentara Román en aquel su primer día de sacerdocio con el del esposo en el día primero de su boda, y así era cierto; que no de otro modo, sino como se acerca

---

8   *Casulla*: Vestidura que se pone el sacerdote sobre las demás para celebrar la misa, consistente en una pieza alargada, con una abertura en el centro para pasar la cabeza.
9   *Contrición*: En la religión católica, dolor por haber ofendido a Dios.

la virilidad al tálamo[10], se acercó el cura al altar, recordando en aquel su desposorio con la Iglesia los sublimes conceptos con que celebra este idilio *El Cantar de los Cantares*[11].

¡Oh! y qué buenas ganas se le pasaron a sus juveniles años, envueltos en misticismo[12], pero mal envueltos (porque la carne, a los veintidós de edad, forcejea mucho con la sotana sin saberlo el ánima); qué buenas ganas tuvo de no decir todo aquello que dijo en la sacristía[13], *aquellos latines*[14]*,* como comentó su hermana, con los que, al lavarse las manos, al tomar el amito[15], al recibir el alba[16], al ceñirse el cíngulo[17], al ponerse el manípulo[18] en el brazo izquierdo, o la estola[19] al cuello, al tomar la casulla, estuvo mascullando: ora el «*Da, Domine, virtutem, manibus meis*»,[20] ya el «*Impone, Domini, capiti meo*»[21] ó el «*Praecinge me*»,[22] *y,* por último, ya revestido y en voz más alta: «*Domine, qui dixisti: jugum meum, suave est, et onus meum leve: fac, ut istud portare sic valeam, quod consequar tuam gratiam. Amen*».[23]

---

10 *Tálamo*: Cama de los desposados y lecho conyugal.

11 *Cantar de los Cantares*: *Cantar de Salomón* o *Cantar de los Cantares de Salomón,* uno de los libros de la Biblia. Se estructura como poema de amor conyugal a voces o cantos alternos.

12 *Misticismo*: Doctrina religiosa y filosófica que enseña la comunicación directa entre el hombre y la divinidad a través de la intuición o el éxtasis.

13 *Sacristía*: Lugar en las iglesias donde se revisten los sacerdotes y están guardados los objetos necesarios para el culto.

14 *Latines*: Voz o frase latina empleada al hablar o escribir en español.

15 *Amito*: Lienzo fino, cuadrado y con una cruz en medio, que el sacerdote se pone sobre la espalda y los hombros para celebrar algunos oficios divinos.

16 *Alba*: Vestidura o túnica de lienzo blanco que los sacerdotes se ponen sobre el hábito y el amito para celebrar los oficios divinos.

17 *Cíngulo*: Cordón o cinta de seda o de lino, con una borla en cada extremo, que sirve para ceñirse el sacerdote el alba.

18 *Manípulo*: Ornamento sagrado de la misma hechura de la estola, pero más corto, que por medio de un fiador se sujetaba al antebrazo izquierdo sobre la manga del alba.

19 *Estola*: Ornamento sagrado; banda de tela de dos metros por siete centímetros, con tres cruces, una en el medio y otra en cada extremo que los sacerdotes llevan colgada del cuello cuando ejercen su ministerio. Para cada sacramento se pone una estola distinta.

20 «*Da, Domine, virtutem manibus meis ad abstergendam omnem maculam; ut sine pollutione mentis et corporis valeam tibi servire*»: Oración que pronuncia el sacerdote al vestir los ornamentos sagrados, en este caso al lavarse las manos «Purifica, Señor, de toda mancha mis manos con tu virtud, para que pueda yo servirte con limpieza de cuerpo y alma».

21 «*Impone, Domine, capiti meo galeam salutis, ad expugnandos diabolicos incursus. Amen*»: Al vestir el amito reza «Pon, Señor, sobre mi cabeza el yelmo de salvación, para rechazar los asaltos del enemigo. Amén».

22 «*Praecinge me, Domine, cingulo puritatis, et extingue in lumbis meis humorem libidinis; ut maneat in me virtus continentiae et castitatis. Amen*»: Al ajustar el cíngulo, dice «Cíñeme Señor con el cíngulo de Tu pureza, y borra en mis carnes el fuego de la concupiscencia, para que more siempre en mí, la Virtud de la continencia y la castidad. Amén».

23 «*Domine, qui dixisti: Jugum meum suave est et onus meum leve: fac, ut istud portare sic valeam, quod consequar tuam gratiam. Amen*»: Al vestir la casulla dice «Señor, que has dicho, mi yugo es suave, y mi carga liviana, haz que lleve a tu manera y consiga tu gracia. Amén».

Sí. No decirlo. Latines bárbaros de la liturgia. ¡Latines! ¡Latinajos! Tenía razón la *niña*. A su juventud, y mejor a sus labios frescos, pedigüeños de caricias, que no llegarían a sentir nunca, porque aquellos labios formularon voto de castidad[24], a sus anhelos de la vida sentaba mejor decir lo que decía Salomón a la hermosa Sulamita[25], lo que Cristo y la Iglesia se cantaban en un delirio de amorosas alabanzas mutuas:

«Morena soy, oh hijas de Jerusalén, mas codiciable ¡como las cabañas de Cedar, como las tiendas de Salomón!»

«No miréis en que soy morena, porque el sol me miró: los hijos de mi madre se airaron contra mí: hiciéronme guarda de viñas, y mi viña, que era mía, no guardé».

«Hazme saber, ¡oh tú a quien ama mi alma!, dónde repastas, dónde haces tener majada al mediodía: ¿por qué, por qué había yo de estar como vagueando tras los rebaños de tus compañeros? »

«Mi amado es para mí un manojito de mirra[26]; reposará entre mis pechos».

«Mientras que el rey estaba en su reclinatorio[27], mi nardo dio su olor».

«Racimo de Cypro en las viñas de Engadi[28], es para mí mi amado».

«He aquí que tú eres hermoso, amado mío, y suave; nuestro lecho también florido».

«Las vigas de nuestras casas son de cedro, y de ciprés los artesonados».

«Como el manzano entre los árboles silvestres, así es mi amado entre los mancebos: bajo de su sombra deseé sentarme, y me senté: y su fruto ha sido dulce a mi paladar».

«Llevóme a la cámara del vino, y su bandera sobre mí fue amor».

«Su izquierda esté debajo de mi cabeza, y su derecha me abrace».

Y la voz de mujer, voz entonces dulcísima para Román, callaba.

---

24 *Voto de castidad*: Promesa con la que tanto los religiosos como las religiosas de la Iglesia Católica se comprometen a cumplir con el celibato.

25 *Salomón y Sulamita*: Protagonistas de *El Cantar de los Cantares*. A primera vista, el *Cantar de los Cantares* se estructura como un poema de amor conyugal a voces o cantos alternos, ajeno a todo plan organizado y que escapa a cualquier categorización rigurosa. Trata de dos amantes, Salomón y Sulamita, que han sido obligados a separarse, que se buscan con desesperación, declaman su amor en una forma poética altamente sofisticada, se reúnen y vuelven a separarse, siempre con la profunda esperanza de volver a estar juntos para siempre, apoyándose en la antigua premisa de que «El amor siempre triunfa». Dado su carácter canónico dentro de la Biblia se ha dudado de que se le diera un sentido literal abogando más bien por un sentido alegórico: Dios es el perfecto esposo del pueblo creyente y, como cualquier pareja de amantes, ambos suelen sufrir desilusiones, desesperanzas y problemas. Los versos que aparecen a continuación en el texto d López Bago pertenecen al *Cantar*.

26 *Mirra*: Resina gomosa roja y aromática usada en perfumería y medicina.

27 *Reclinatorio*: Mueble acomodado para arrodillarse y orar.

28 *Engadi*: un oasis situado en la ribera oeste del Mar Muerto.

Recordaba el cura los elogios del esposo a la esposa, queriendo hacerlos suyos, queriendo compartir aquel deliquio entre la Iglesia y Cristo. Recordaba:

> «¡Cuán hermosos son tus pies en los calzados, oh hija de príncipe! Los contornos de tus muslos son como joyas, obra de mano de excelente maestro».
> «Tu ombligo, una taza redonda que no le falta bebida».
> «Tu vientre, como montón de trigo cercado de linos».
> «Tus dos pechos, como dos cabritos mellizos de gama».
> «Tu cuello, como torre de marfil; tus ojos, como las pesqueras de Hesbón[29], junto a la puerta de Bathrabbim[30]: tu nariz, como la torre del Líbano[31] que mira hacia Damasco».
> «Tu cabeza encima de ti, como el Carmelo[32]; y el cabello de tu cabeza, como la púrpura del rey ligada en los corredores».
> «¡Qué hermosa eres, y cuán suave, oh amor deleitoso!»
> «Y tu estatura es semejante a la palma, y tus pechos a los racimos».
> «Yo dije: Subiré a la palma, asiré sus ramas: y tus pechos serán ahora como racimos de vid, y el olor de tu nariz como de manzanas».
> «Y tu paladar como el buen vino, que se entra a mi amado suavemente, y que hace hablar los labios de los viejos».

Todo, absolutamente todo, lo repetía el novel tonsurado[33], y en ello no encontraba excitación sino para aquel intensísimo fuego divino en que ardió su alma por el servicio de la religión de Cristo.

De Román no pudo decirse nada tan gráfico como el que sus sentidos no estaban despiertos, porque le habían encontrado siempre con los ojos cerrados durante la oración.

Había pasado hasta entonces por el fuego, sin quemarse; por el agua, sin humedecerse siquiera; el aire no había desaliñado uno solo de sus cabellos; la tierra no la vio, por mirar siempre al cielo.

El color blanco que prescribía la Iglesia cuando celebró su primera misa, sentábale, pues, a las mil maravillas. Él también era un bienaventurado.

---

29 *Hesbón*: Ciudad de la Transjordania, región de Jordania, estratégicamente ubicada en el camino principal norte-sur, llamado en la Biblia «el camino real».
30 *Bat-rabim*: Nombre de una puerta de Hesbón.
31 *Líbano*: La Biblia menciona con frecuencia al Líbano, en primer lugar como límite noroeste de la tierra prometida y en segundo lugar como país productor de madera de cedro. Salomón obtuvo del Líbano las vigas para el templo y su palacio.
32 *Carmelo*: Monte que forma parte de una cordillera en Israel sobre el Mar Mediterráneo. En la antigüedad estaba cubierto por viñedos y fue siempre famoso por su fertilidad.
33 *Tonsurado*: Clérigo que ha recibido la tonsura, rito preparatorio que precedía a la recepción de las antiguas órdenes menores y que consistía en un corte de pelo, ordinariamente de forma circular.

La prueba de ello es que, al volver a casa, ya no se acordaba de la hermosa Sulamita, ni del rey Salomón; de nada más que de charlar con su hermana, con *la niña*, y preguntarla si había celebrado bien, qué decían de él los fieles, qué tal figura era la suya delante del altar, y otra porción de asuntos por el estilo, todos relacionados con el memorable día.

La niña contestaba riendo; bromeaba con su hermano; llegó a llamarle presumido.

—¡Oh! Presumido, no. ¡Bien sabe Dios que no!

—Sí que lo eres. Niégalo. Di que no estás contento con tu traje talar y hasta con la corona, como un cadete[34] con sus cordones.

—La corona, sí. Lo confieso.

Y explicó a su hermana en qué consistía lo que ella tomaba por presunción. Explicó con frases entusiastas que el llevar los sacerdotes corona tiene su origen en los nazarenos[35], los cuales, para consagrarse a Dios, dejaban primero crecer el cabello, rayéndose después la cabeza en forma de corona, símbolo de su pura vida, y que estos cabellos los echaban al fuego del sacrificio. Se hace la corona en forma circular, por ser esta figura la más hermosa de todas, la más sencilla, clara y verdadera, simbolizándoles en esto que han de ser puros y cándidos como las palomas. Se lleva corona, porque el Señor, cuando se ofreció a sí mismo al Eterno Padre en el Ara de la Cruz, llevaba la de espinas redondas que le pusieron; y como los sacerdotes representan su divina Persona, y están dedicados para conducir las almas al cielo, la llevan en la cabeza en memoria de su divino Maestro. También la llevan en memoria de la que hicieron a San Pedro, que fue el primer sacerdote y Vicario de Cristo, y de la pasión del Señor.

—Ahora sí que lo entiendo un poco –dijo *la niña,* que iba del comedor, donde él estaba sentado, a la cocina, trayendo platos, pan, los dos cubiertos, los dos vasos, poniendo la mesa para servir el almuerzo.

—¿Y el traje? ¿Por qué lleváis ese traje?

El, complacido con este interrogatorio, contestó sonriendo:

—El manteo[36], la sotana[37], el cuellecillo[38] y ceñidor[39], representan

---

34   *Cadete*: Alumno de una academia militar. El Rey Felipe V dispuso para los cadetes un distintivo consistente en un cordón trenzado de hilo de plata terminado en dos herretes y colgado del hombro derecho que se ha mantenido en el ejército español hasta hoy.

35   *Nazareno*: Hebreo que se consagraba particularmente al culto de Dios, no bebía licor alguno que pudiera embriagar, y no se cortaba la barba ni el cabello.

36   *Manteo*: Capa larga con cuello, que llevan los eclesiásticos sobre la sotana.

37   *Sotana*: Vestidura talar negra, abrochada de arriba abajo, que usan algunos eclesiásticos.

aquel venerable anciano que vio San Juan en el Apocalipsis del Señor, vestido con una túnica talar hasta los pies, ceñido con un ceñidor de oro y cubierto con un manto todo su cuerpo.

En el manteo está simbolizada la caridad que debe tener el sacerdote; en la sotana, el agregado de virtudes; en la blancura del cuello, la pureza y el celo de la casa del Señor de que debe estar adornado; y en el ceñidor, el resplandor que debe dar con su ejemplo, virtud, santidad y buenas obras.

—Todo eso es muy bonito –dijo ella, poniendo en medio de la mesa una fuente pequeña con patatas guisadas, y sentándose, por fin, delante de su hermano.– Todo eso es muy bonito; pero a mí, ni vosotros me parecéis hombres, ni vuestro traje uniforme; –y aturdidamente:– para hombres y para uniformes, los militares.

Román frunció el ceño[40].

—¡Nosotros somos la milicia de Cristo!

—Sí, pero siempre de negro.

—De negro desde que se sosegó y tranquilizó nuestra Madre la Iglesia, después de tanta persecución y sangre derramada en defensa de la fe de Jesucristo y de su Evangelio, en memoria y luto fúnebre de la muerte del Redentor, la que debemos renovar los sacerdotes, que somos sus sucesores y ministros evangélicos.

La niña hizo un mohín[41] por toda respuesta.

Román, sin desarrugar el entrecejo, después de recitado el *Paternóster*[42], bendijo el manjar, y, acercándose la fuente, cogió la cuchara, alargó el brazo en demanda del plato que le presentaba su traviesa compañera, y con voz que, con respecto a enojo o desenojo, estaba, como suele decirse, entre merced y señoría, exclamó:

—¡Toma patatas!

Soltó ella la carcajada al verle tan cejijunto[43]. Retiró la silla, corrió la corta distancia que del hermano la separaba, y levantando la mano:

—Voy a pegar a un cura... por... por malo.

Y, con efecto, lo que hizo fue empezar por una bofetada tan ligera y leve, que acabó en una caricia.

---

38 *Cuellecillo*: También llamado alzacuello. Tira suelta de tela endurecida o de material rígido que se ciñe al cuello, propia del traje eclesiástico.
39 *Ceñidor*: Faja o cinturón que ciñe la cintura.
40 *Fruncir el ceño*: Gesto de enfado, concentración o preocupación.
41 *Mohín*: Mueca o gesto de disgusto.
42 *Páternoster*: Oración del padrenuestro. Del latín *Pater noster*, Padre nuestro, palabras con que principia la oración dominical.
43 *Cejijunto*: Que tiene las cejas muy pobladas de pelo, por lo que casi se juntan.

Román se echó a reír.

—*Niña,* más que *niña,* chiquilla, loca.., no se puede contigo.

—No, señor. No se puede.

Y le dio un par de besos en los afeitados carrillos[44].

El almuerzo lo despacharon alegremente. Y pronto, ¡eso sí! Como que, después de las patatas, el segundo plato fue el último, y éste consistía en un par de huevos fritos, y pare Ud. de contar. Nada más hace falta para ser feliz, y hasta para que el estómago se dé por satisfecho, el día en que se dice la primera misa y se recibe un beso de una hermana a la que acabamos de echar una filípica[45] porque le parece menos bonito el uniforme de los curas que el de los militares.

—¡Cosas de los quince años! –comentó el sacerdote para sí, pensando en esto al tiempo de levantarse de la mesa, tras el *Deo gratias*[46]*;* y cogiendo el breviario[47], que estaba nuevecito, dirigió a la niña una mirada inocentemente burlona y se encerró en su gabinete.

******

Una vez allí, Román se transfiguraba[48]. Era otro hombre, o mejor dijérase que no tenía sino muy poco de humano. Nada de sonreír, nada de afectos de familia, nada del mundo, nada de la tierra.

Era, en efecto, el triste ser que al cabo de diez y nueve siglos persiste en su desconsuelo y lleva todavía luto por el que crucificaron en el Gólgota[49].

Allí Román no recordaba las palabras de la Sulamita, sino estas otras de San Pablo a los hebreos, estas otras, eternas en las almas, a las que conturba y contrista el temor constante del pecado:

«¡Horrenda cosa es caer de pie y desnudos y temblando en las manos del Dios vivo!»

La habitación era sombría. Era sombría entrando el sol, ¡cosa rara! Bien es cierto que el que la habitaba también era sacerdote siendo joven.

---

44 *Carrillo*: Parte carnosa de la cara, desde el pómulo al mentón, mejilla.
45 *Filípica*: Reprensión, censura dura que se dirige a alguien.
46 *Deo gratias*: Antigua fórmula litúrgica de la iglesia católica donde se da gracias a Dios por los dones recibidos.
47 *Breviario*: Libro que contiene el rezo eclesiástico anual.
48 *Transfigurarse*: Cambiar de aspecto o figura.
49 *Gólgota*: Calvario. Lugar de la crucifixión de Cristo.

El papel que cubría las paredes era oscuro y comía mucho la luz; tono aplomado, y por todo dibujo jarrones de carmín, tan imposibles de color como de hechura. La cerámica no ha ideado nada igual.

Era el cuarto del cura la sala de la casa. Y de esta sala había hecho Román una mezcla de gabinete[50], despacho[51], oratorio[52], alcoba[53] y tocador[54]; de manera que, en realidad, no necesitaba salir de allí más que a las horas del almuerzo y la comida.

Pues bien: a pesar de esto, que debería prestar a la sala siquiera el alegre aspecto de la variedad, nada más severo que la habitación que estamos describiendo. Aquello resultaba muy parecido al tonel de Diógenes[55]. Se conocía que era alcoba sólo por la cama; y la cama de Román era un catre[56]. No quería otra. En una percha de hierro colgaba sus ropas. De lavabo tampoco tenía más que un ordinario palanganero[57]. Espejo, no se veía por ninguna parte. Por todo mueble de gabinete, la cómoda[58] antigua en que guardaba ropa blanca. Por único escritorio, una mesa de pino; sobre la mesa un tapete verde, y a uno y a otro lado dos pilas de libros no muy altas; en medio el tintero, y delante del tintero servíale de carpeta para escribir un periódico doblado por la mitad.

Pero, en cambio, el oratorio, que era lo que podía aumentar lo severo del aspecto general, llamaba la atención de los pocos visitantes que tuviera el sacerdote.

Román había cuidado aquello con el mismo afán con que cuida una coqueta del adorno de su tocador, o un militar de la roja panoplia[59]. ¡Aquello! ¡Aquello eran sus armas! ¡Aquel el espejo en que debía mirarse!

---

50   *Gabinete*: Sala pequeña donde se recibe a las personas de confianza.
51   *Despacho*: Habitación destinada para despachar los negocios, trabajar o estudiar.
52   *Oratorio*: Sala de una casa particular donde se reza.
53   *Alcoba*: Aposento destinado para dormir.
54   *Tocador*: Habitación destinada para el peinado y aseo de una persona.
55   *Diógenes*: Filósofo griego perteneciente a la escuela cínica. Diógenes (412-323 AC) vivió como un vagabundo en las calles de Atenas, convirtiendo la pobreza extrema en una virtud. Se dice que vivía en un tonel, en lugar de una casa, y que de día caminaba por las calles con una linterna encendida diciendo que «buscaba hombres» (honestos).
56   *Catre*: Cama estrecha y ligera para una sola persona.
57   *Palanganero*: Mueble de madera o hierro, por lo común de tres pies, donde se coloca la palangana (recipiente bajo y de boca muy ancha) para lavarse, y a veces un jarro con agua, el jabón y otras cosas para el aseo de la persona.
58   *Cómoda*: Mueble con cajones que ocupan todo el frente y sirven para guardar ropa.
59   *Panoplia*: Tabla, generalmente en forma de escudo, donde se colocan floretes, sables y otras armas de esgrima.

Estaba en el testero[60] principal de la habitación. Figurémonos la pared cubierta, en un espacio de dos metros de ancho y de alto a bajo, con una gran bayeta negra, bayeta que continuaba, se prolongaba después, arrastrándose por el suelo, siendo en la pared tapiz y alfombra en el pavimento, hasta su mitad. Nada más. Nada de altar. Descansando en tierra, hincándose en la peana[61], que simulaba un bloque de granito, el madero santo, de grandes dimensiones, tocando con el cartel de la sangrienta burla judaica (I. N. R. I.[62]) en la cornisa[63], y clavado en aquella cruz, convirtiendo la ignominia en pedestal de gloria, un muerto, cuyo cadáver tiene hermosura tal, que de su rigidez se apoderó el arte, encontrando tan admirable la nota del no ser descubierta en el Calvario[64], que de ella, antes sólo estudiada por el anatómico[65], hizo el escultor cristiano sus estatuas. Era Jesús. Era el Jefe que, como el Cid[66] en la leyenda, sigue ganando batallas y capitaneando a sus huestes después de muerto. El jefe de Román, soldado, no de los que gustaban a su hermana, sino de la milicia negra de Cristo.

Era la imagen de tamaño natural; y aquel cadáver desnudo, destacándose sobre las bayetas[67] negras, resultaba lo más visible en todo el gabinete. Era un Cristo más propio de templo que de oratorio

---

60 *Testero*: Frente, parte delantera de una habitación.
61 *Peana*: Basa o apoyo para colocar encima una figura u otra cosa.
62 *INRI*: Siglas de la frase latina IESVS NAZARENVS REX IVDAEORVM, la cual se traduce al español como: «Jesús de Nazaret, Rey de los Judíos».
63 *Cornisa*: Conjunto de molduras que forman el remate superior de un edificio, habitación, pedestal, mueble, etc.
64 *Calvario*: Calvario o Gólgota es el nombre dado al monte o colina a las afueras de Jerusalén donde tuvo lugar la crucifixión de Jesús. Su nombre proviene de la forma de calavera que tenían las rocas de una de sus laderas.
65 *(Médico) anatómico*: Médico que profesa la anatomía, ciencia que estudia la forma y estructura externa e interna de los seres vivos, y especialmente del cuerpo humano.
66 *El Cid*: Es el título que recibe, históricamente, el personaje de Rodrigo Díaz de Vivar (1048- 1099). Se trata de una figura histórica y legendaria de la Reconquista. Fue un caballero castellano que llegó a dominar al frente de su propia mesnada el Levante de la Península Ibérica a finales del siglo XI, de forma autónoma y sin depender de la autoridad de rey alguno. La leyenda atribuye a El Cid el haber ganado una batalla después de muerto. Dícese que una mañana cuando estudiaba el campo del enemigo que le sitiaba, una flecha perdida le atravesó y El Cid cayó herido de muerte. Sabiendo de su tragedia, tuvo valor, sin embargo, para indicar una estrategia. «El Cid» ordenó que embalsamaran su cuerpo y que muerto cabalgara sobre su caballo Babieca en la siguiente batalla. Cuando amaneció, se abrieron las puertas de Valencia y por ellas salieron al galope todos los caballeros que había en la ciudad, con el Cid a la cabeza, pues sus hombres le habían vestido, ceñido sus armas, y montado sobre su caballo. Las tropas árabes quedaran sorprendidas viendo al Cid montado en Babieca, cabalgando dispuesto a luchar cuando le creían muerto. El pánico cundió entre los moros, que emprendieron la huida. Así fue como el Cid Campeador ganó su última batalla.
67 *Bayeta*: Tela de lana, floja y poco tupida.

privado. Costó, según aseguraba la *niña,* muy buenos cuartos[68]. Era de boj[69]. La talla, una copia del *Santo Cristo del Silencio,* la más imponente de todas las imágenes que salen en los pasos[70] de la renombrada Semana Santa[71] sevillana. Las carnes pintadas tenían lividez cadavérica ¡las heridas, coágulos de sangre! Un médico hubiéralo estudiado como reproducción hecha en cartón-piedra de un caso de puñaladas, de uno de esos asesinados que se llevan desde la esquina en que cayeron á la mesa del anfiteatro. Aquellos cuyo estómago no estuviese fortalecido en las realidades de la disección deberían sentir asco. Sólo teniendo conciencia de que simulaba un Dios no se experimentaba la náusea ante las llagas[72]. Román las cubría de besos.

Suprimido el altar, remplazado con el Ara de la Cruz, el sacerdote aumentó lo aterrador del cuadro haciendo que al crucifijo colosal no alumbraran constantemente más que dos gruesos cirios[73] amarillentos. Con esto se entonaba más el aspecto de cámara mortuoria[74]. La *niña* no quería nunca entrar allí por la noche cuando su hermano no estaba.

—¡Me dan miedo los muertos! –decía.

—Este no es un muerto. Este resucitó al tercero día.

Pero no hubo medio de hacerla dominar su espanto.

Tenía razón. Tenía la razón, la limitada razón humana, porque la imagen era la verdadera, la más acertada de Aquel de quien se anunció: «No hay parecer en El, ni hermosura. Verlo hemos mas sin atractivo para que le deseemos»; de aquel *Varón de Dolores* que profetizó Isaías: «*A planta pedis usque ad verticern capitis, non est in eo sanitas».*[75]

---

68   *Cuarto*: Moneda de cobre española cuyo valor era el de cuatro maravedís de vellón. Se utiliza coloquialmente para significar dinero. La expresión «costó muy buenos cuartos», en el texto, hace referencia a que la talla había resultado muy cara.

69   *Boj*: Arbusto de la familia de las Buxáceas, de unos cuatro metros de altura, con tallos derechos muy ramosos y madera amarilla, sumamente dura y compacta, muy apreciada para el grabado, obras de tornería y otros usos.

70   *Paso (de Semana Santa)*: Imagen o grupo escultórico que representa un suceso de la pasión, muerte o resurrección de Cristo, y que se saca en procesión en Semana Santa.

71   *Semana Santa*: Festividad cristiana que se celebra la última semana de Cuaresma, desde el Domingo de Ramos hasta el de Resurrección.

72   *Llaga*: Úlcera o herida.

73   *Cirio*: Vela de cera de un pabilo, larga y gruesa.

74   *Cámara mortuoria*: Habitación donde se vela un cadáver o se le tributan honras.

75   Cita correspondiente a la Biblia (Isaías 1:6) «*A planta pedis usque ad verticem non est in eo sanitas vulnus et livor et plaga tumens non est circumligata nec curata medicamine neque fota ole*». Su traducción es: «Desde la planta del pie hasta la cabeza no hay en ella parte sana, sino heridas, golpes y llagas recientes. No han sido curadas, ni vendadas, ni suavizadas con aceite».

No había en él salud, y era su martirio su gozo. Era el cadáver horrendo de una víctima del populacho[76].

---

76   *Populacho*: Clase popular más baja.

II

Para Román era siempre la niña, pero tenía un nombre más bonito: se llamaba Gracia, y, como queda dicho, era de siete años menos que el sacerdote. ¡Niña! Fisiológicamente dejó de serlo a su tiempo y en sazón[77]. A los doce años, y contaba ya quince.

Gracia era morena, del color de la arena tostada, como pintan á Agar[78], la sierva egipcia, desnuda en el desierto, cuando Jehová[79] habló con ella en el pozo del Viviente. Tenía los ojos negros, grandes, llenos de curiosidad en la mirada, hasta el punto de que sus pestañas encorvadas, siempre inquietas, parecían dar a cada rayo visual, para que más semejara una pregunta de los ojos, multitud de signos interrogativos, una adorable ortografía temblorosa y titilante[80] en la leve sombra y al extremo de los párpados. La nariz pequeña, pero de fosas nasales muy movibles, que se dilataban y contraían para respirar con delicia los fuertes olores de la vida. La boca con mucho bulto de labios rojos, y en la comisura de éstos, y encima del superior, estaba cuajada de ligerísimo vello oscuro. Alta, prometía serlo todo lo que la estatura femenina tolera que crezca la mujer para que no deje de ser hermosa. Una buena moza. La frente era lo más defectuoso, no porque tuviera deformidad, sino por su poco espacio: dijérase que esto obedecía a que, en su cabeza, el pelo, por tener misión de adorno, tuvo prisa de crecer cuanto antes y con maravillosa abundancia. Suelto y destrenzado tan largo era, que necesitaba peinarse de pie, y tardaba una hora. Presentóse una mañana a su hermano de tal suerte.

—¡Mira, mira qué atrocidad! ¡Yo no sé adónde va a llegar esto!

Se volvía de espaldas envanecida esperando una palabra de elogio. Pero, palideciendo, Román gritó:

—Vete a tu cuarto. Péinate en seguida. Que no te vuelva yo a ver así.

---

77   *Sazón:* Punto o estado de madurez de las cosas.
78   *Agar*: Sierva egipcia de Abrahán, tal vez adquirida durante su estancia en Egipto. Por insistencia de Sara, Abrahán tomó a Agar como esposa secundaria.
79   *Jehová*: Nombre de Dios en la lengua hebrea.
80   *Titilante*: Centelleo con ligero temblor en un cuerpo luminoso.

Obedeció, y estuvo llorando mucho rato, todo lo que tardó en recoger aquel ondulante cuanto sedoso y perfumado cabello con que trató de excitar la admiración y provocó solamente el enojo del sacerdote.

Hízolo ella por pura inocencia, como lo hacía todo, ¡bien lo sabe Dios! ¡Coquetería[81]! Ni de pensamiento conocía esta cualidad. Gracia no era coqueta. ¡No! Se recreaba en sí misma, esto es cierto; mas por ello no cometía pecado. Decía al ver sus pies: «Son pequeños» pero llevaba zapatos muy anchos, muy baratos, de forma ordinaria; así es que lo de la pequeñez lo sabía cuando se los miraba al descalzarse. Lavaba mucho sus carnes; y tampoco con intención malsana, sino porque este aseo diario lo necesitaba para quitar ardor a su temperamento sanguíneo[82], a su naturaleza prepotente. Por recomendación de su mismo hermano hacía esto; y aun se añade que Román la compró un baño de zinc redondo y bajo para estos usos, oyendo con cierta satisfacción el chapoteo del agua a la hora en que Gracia, encerrada en su cuarto, exprimiendo las esponjas en su cuerpo, se lavaba de pies a cabeza. «Ya estoy fresca como una lechuga» decía al acabar esta faena, saliendo de su encierro, donde quedaba como esparcida en la atmósfera la tibia emanación humana de su juventud y de su virginidad desnudas.

En lo demás, en lo que materialmente no se relacionaba con su desarrollo, que se resolvía todo en curvas y en anchuras, Gracia era una niña, una verdadera niña, que recibía siempre con susto las revelaciones del organismo, llegando a desesperarse y a tener ira contra su propia carne, porque se redondeaba abultando los pechos, y con las pródigas hemorragias de su exuberante sexo, que la producían estados de sensibilidad exquisita, una verdadera neurosis, en que el menor ruido era su sobresalto, y el roce más leve un cosquilleo de la piel que la estremecía poderosamente.

En estas crisis de la hembra, Gracia solía perder su miedo al ga-

---

81 *Coquetería*: Estudiada afectación en los modales y arreglo personal con la intención de agradar a alguien.
82 *Temperamento sanguíneo*: Uno de los cuatro tipos de temperamentos, considerados como emanación del alma por la interrelación de los diferentes humores del cuerpo que médicos de la antigüedad como Hipócrates distinguían y cuya tipología se mantuvo hasta el siglo XIX. Los «sanguíneos» serían las personas con un humor muy variable. Los «melancólicos», personas tristes y soñadoras. Los «coléricos», personas cuyo humor se caracterizaba por una voluntad fuerte y unos sentimientos impulsivos, en las que predominaba la bilis amarilla y blanca. Los «flemáticos», personas que se demoran en la toma de decisiones, suelen ser apáticas, a veces con mucha sangre fría, en las cuales la flema era el componente predominante de los humores del cuerpo.

binete del cura; y cuando éste se hallaba ausente, penetraba allí, poníase delante del oratorio, temblando primero, hasta que, por último, alzaba los ojos, y sus miradas se fijaban, más curiosas que nunca, más llenas de preguntas, en aquel gran cuerpo de varón desnudo, cuyos brazos no le parecían abiertos para el martirio, sino para cogerla en ellos y levantarla hasta la cruz, estrechándola en una sobrehumana caricia. Sentíase removida en todo su ser, dolorida dulcemente: algo se quería desprender de ella, salir de su seno al encuentro de cosas desconocidas, de placeres ignorados.

Cuando el hermano la veía así, con más sombra bajo los parpados y un fuego extraño en la mirada: «¿Estás mala? ¿Quieres que llame a un médico?» Y ante las negativas de ella insistía el bienaventurado, que no conocía todo lo que es fisiológico más que de una manera vaga, sin que en ello la malicia le hiciera adivinar que la niña era entonces como la mujer del pueblo israelita de la que habló Jehová a Moisés[83] y a Aarón[84], diciendo: «Siete días estará apartada, y cualquiera que tocare en ella será inmundo hasta la tarde». Ella guardaba su secreto, y él así conservaba su ignorancia.

******

Gracia vivía en toda la casa; pero su habitación de estancia más prolongada, aquella en que dormía, la verdaderamente suya, era el gabinete inmediato a la sala, o sea al cuarto de su hermano. Separábalos, pues, sólo un tabique[85], y, sin embargo, parecía entre ambos el espesor de una muralla por las diferencias de sus gustos y de sus ocupaciones. Román no tenía más que la de su breviario; y a la verdad que, cumplida con la escrupulosidad que a todo lo de rito llevaba el sacerdote, la tarea pecaba de sobrada. Así, mientras él adoraba de rodillas el lívido Mártir del Gólgota, Gracia, madrugadora, mal envuelta en un traje viejo, regaba las macetas[86] de su balcón; y pegando sus labios a los alambres de la jaula, recibía en ellos con fruición pi-

---

83 *Moisés*: Personaje bíblico. El libertador del pueblo hebreo de la esclavitud egipcia, su líder durante la peregrinación por el desierto, su gran legislador y el autor del *Pentateuco*.
84 *Aarón*: Hermano de Moisés, y tres años mayor que él. Acompañó a Moisés cuando se presentó frente al Faraón, y colaboró con él durante los cuarenta años del desierto.
85 *Tabique*: Pared delgada con que se dividen las distintas dependencias de un edificio.
86 *Maceta*: Recipiente de barro u otro material usado para cultivar plantas o flores.

cotazos del jilguero, a quien solía decir, riéndose cuando los menudeaba aleteando: «¡Tonto, más que tonto! ¿Te figuras que son cerezas?» También tenía Gracia una gata que se las disputaba en punto á marrullerías[87] con todos los fariseos[88] habidos y por haber. Era blanca, de Angora, muy dormilona y tan nerviosa como criolla en hamaca[89]. Jugaba con los carretes de hilo del costurero, y más filosóficamente con su cola, si otra cosa no tenía a mano; escondía las uñas y clavaba unos dientecillos como alfileres en los sonrosados dedos de su ama. El mobiliario del gabinete era una cómoda, más moderna que la de Román; una mesita de pino, cubierta con un paño blanco, sobre cuya mesa, en la pared, colgaba un espejo muy pequeño y de mala luna. Este era el tocador de Gracia, en el que no había más que jabón basto, un bote de aceite, las consabidas esponjas, y, por gran concesión, un enjuague[90], un cepillo de dientes y otro de uñas; las aguas de olor, los polvos para la cara, cosas eran prohibidas en absoluto. Limpieza, y nada más que limpieza. Y a la verdad que Gracia no necesitaba mayores refinamientos. El famoso baño de zinc allí estaba en la alcoba, ocultándose a las miradas indiscretas, escondido como un amante en el espacio que media entre la pared y la cama. Esta sí que merecía nombre de tal. No era un catre, como la de Román.

Tenía su historia.

Cuando el sacerdote salió del seminario, escribió a sus padres una epístola llena de conceptos místicos, en que daba gracias al Altísimo por los beneficios recibidos y por los que esperaba recibir en lo futuro; y en ella les rogaba que, siéndoles grato, había pensado encargarse de la niña; y en su deseo de aliviar de este modo las obligaciones de aquellos á quienes debía el ser, la tomaría para su cuidado, en lugar y con mayor contentamiento que una extraña, porque al fin y a la postre, aunque mujer, era hermana suya, y esto resultaría mejor visto y acomodado a su condición de sacerdote católico, de cuyo celibato[91], llevado en esta forma, no haría comentos la malicia.

---

87 *Marrullería*: Astucia con que halagando a uno se pretende engañarle.
88 *Fariseo*: Miembro de una antigua secta judía que aparentaba austeridad pero que en realidad no seguía el espíritu religioso.
89 «*Como criolla en hamaca*»: Expresión que alude a una actitud apacible y sosegada similar a la que se supone tenían en las antiguas colonias españolas, donde, según el estereotipo, muchas personas se pasaban la mayor parte del tiempo tumbados en una hamaca.
90 *Enjuague*: Agua u otro licor que sirve para enjuagarse. El enjuague es una solución que suele usarse para mantener la higiene bucal y eliminar el aliento desagradable.
91 *Celibato*: Estado de quien no ha contraído matrimonio, especialmente referido al estado de los religiosos que han hecho voto de castidad.

Parecióles por todo extremo aceptable y buena la proposición a los padres del cura, y sobrado beneficiosa para Gracia, que al lado de la santidad del primogénito, así como hasta entonces había crecido sólo en hermosura, sin menoscabo[92] de la inocencia, había de crecer en virtudes; y desprendiéronse de ella en contestación cumplida á la carta, enviándola a su hermano, en vagón de segunda clase[93], desde Tudela, que era su pueblo natal, y en el que tenían labranza. Como labradores ricos, quisieron hacer las cosas en regla; y atendiendo a que la niña era quien era, y dijo una vez, cuando el cura del lugar habló con ella de monjío, que «con que hubiera un santo en cada familia bastaba, y que unos nacen para Dios y otros para cumplir sus deberes en el mundo», marido y mujer estuvieron de acuerdo en ataviarla de todo cuanto en ajuar[94] se necesita; y á tanto llegaron, que Román hubo de maravillarse cuando, al recibirla en la estación, le dijo la virgen aragonesa:

—Espérate, que traigo mucho equipaje.

Y vio bajar un par de arcones[95], en que venía la ropa, y un embalaje hecho a conciencia de un objeto cuya forma le extrañó.

—¿Qué es esto?–preguntó.

—¡Toma! ¡Qué ha de ser! Ya lo verás.

Y llegados a casa, desembalado el bulto, el tonsurado reconoció la cama, la mismísima cama de los que le dieron el ser, la cama de matrimonio tradicional que se heredaba en la familia de padres á hijos.

—Me la han dado. ¡Mira qué hermosa es!

La doncella dormía, pues, en aquella cama nupcial, que, con su gran dimensión y altura, de colchones, ocupaba mucho espacio; y dormía así, porque no lo consintió de otra suerte, ni accedió en este punto á los ruegos de Román, a quien la vista del lecho inquietaba y removía sobremanera.

—Eso –le dijo– te lo han dado por si te casas algún día.

—Pues por ser así, desde ahora me voy acostumbrando.

Media docena de sillas de Vitoria[96] adosábanse a las paredes del

---

92 *Sin menoscabo*: Sin disminuir su valor, importancia o prestigio.
93 *Vagón de segunda clase*: Compartimento del tren donde viajaban las clases populares por ser sus billetes los más económicos.
94 *Ajuar*: Conjunto de muebles, enseres y ropas que la mujer aporta al matrimonio, o los de uso común en la casa.
95 *Arcón*: Caja grande que se usa para guardar ropa u objetos. Comúnmente construida de madera, sin forrar y con una tapa plana que va unida con bisagras por uno de sus lados y con candados o cerraduras por el opuesto.
96 *Silla de Vitoria*: Las sillas de Vitoria, procedentes de esta ciudad vasca, están realizadas en madera torneada y los asientos están tejidos en enea o paja.

gabinete; y se veía también una sillita baja para coser junto a los cristales del balcón, en los que había cortinillas blancas.

Hasta el culto predilecto que Gracia tenía dentro de la religión católica era distinto. Lo que se veneraba en la sala diferenciábase de la devoción del gabinete como se diferencia la cuna del sepulcro. Sobre la cómoda de nuestra heroína estaba también el Redentor de los hombres. Sobre la cómoda y bajo fanal[97]. Era una imagen a la que Gracia cuidaba con los extremos con que la mujer cuida un juguete. ¡El Redentor! ¡Jesús! Pero no el cadáver del Crucificado, no aquel muerto que causaba repugnancia o terror. Jesús en su niñez: el Niño de la Bola[98]. Le adoraba, rezábale y le vestía. Era no sabemos si el ídolo o la muñeca, o tal vez las dos cosas juntas, barajadas y confundidas.

Descripción merece.

Es una peana de caoba[99] muy lisa, y tan reluciente, que siempre semeja barnizada de nuevo. El fanal encajándose en la circular ranura, y dentro... Pero vamos despacio, porque allí dentro hay muchas cosas: dos floreros de porcelana, con flores de trapo, cuyos estambres y pistilos son tiritas de papel dorado; estos floreros tienen grabada en la porcelana la inicial del dulcísimo nombre de María, tal como es costumbre formarla, en color azul; delante de todo, un *Divino Cordero*[100], cuyas patas son de cabritilla cosida y rellenas de serrín[101]; las lanas, de algodón en rama[102]; los ojos, dos cabezas de alfileres[103] negros, y todo por este estilo. Aquella obra de arte peregrina está hecha por las manos de la mismísima Gracia. Hace sonreír a todos los que la miran. Detrás, una Virgen del Pilar[104], de plata, tamaño como

---

97 *Fanal*: Campana de cristal que sirve para resguardar del polvo lo que se cubre con ella.
98 *El Niño de la Bola*: Imagen del Niño Jesús, aquí llamado Niño de la Bola, pues porta en su mano izquierda un globo terráqueo.
99 *Caoba*: Árbol americano de la familia de las meliáceas. Su madera es muy estimada para fabricar muebles, por su color rojizo y por poderse pulimentar fácilmente.
100 *Divino Cordero*: Una de las múltiples referencias bíblicas a Jesucristo, Hijo de Dios, que muchas veces se representa como tal animal.
101 *Serrín*: Conjunto de partículas que se desprenden de la madera cuando se sierra.
102 *Algodón en rama*: Fruto con lanosidad que envuelve las semillas. Fibra y semilla se separan al desmotarse. A veces se le da forma de lámina gruesa para rellenar tejidos. En ocasiones se utiliza como algodón hidrófilo para la cura de heridas.
103 *Alfiler*: Clavillo metálico con punta en un extremo y cabecilla en el otro que sirve para sujetar unas cosas a otras, especialmente telas.
104 *Virgen del Pilar*: Nuestra Señora del Pilar, advocación mariana católica. La Virgen del Pilar es patrona de la región de Aragón. La leyenda sobre sus orígenes se remonta al año 40, cuando, de acuerdo a la tradición cristiana, el 2 de enero la Virgen María apareció a Santiago el Mayor en Caesaraugusta. María llegó a Zaragoza «en carne mortal» –antes de su Asunción– y como testimonio de su visita habría dejado una columna de jaspe conocida popularmente como «el Pilar».

un alfiletero[105]; luego una cruz de papel picado[106], del llamado papel de cañamazo[107]; más allá un manojo de medallas benditas, y, por último, la imagen. ¡Una monada!

De alto como un abanico[108], ni más ni menos, y aun el abanico no ha de ser de los llamados *pericones*. Todo el santito de porcelana. Una cara preciosa, los ojos azules, la boca sonriendo, dejando entrever las menudencias[109] de los dientes; el pelo rubio y en el pelo tres rayos de sol. Nada de metal falso, oro puro. Las manos, tan pequeñas y tan blancas como almendras mondadas[110]. Un brazo levantado, sosteniendo un globo azul celeste, sobre el cual hay una cruz (también de oro). Por el ribete[111] de la falda asoman los pies. ¡El pobrecito está descalzo! Y ahora entra lo bueno: el traje, confección (como se dice ahora) de la señorita Gracia. ¿Es de raso morado, con lentejuelas[112] de plata, el que hoy lleva puesto? Pues entonces hoy es domingo: ese es el vestidito de los días de fiesta; tiene otro verde, de terciopelo; otro, color de rosa, con encajes; uno blanco, que se le pone el día de la Purísima[113]; además el negro, con abalorios de azabache[114]; éste es para la Semana Santa. Y así sucesivamente, una infinidad. El *Niño de la Bola* tiene su baúl[115] de juguete, pero de bastante amplitud para que quepa tan numeroso equipaje; además posee algunas alhajillas[116]: un collar de perlitas y (¡oh profanación de la devoción femenina!) una pulsera. ¡Una pulsera para el Redentor del género humano!

---

105 *Alfiletero*: Canuto pequeño de metal que sirve para guardar alfileres y agujas.
106 *Papel picado*: Papel de uso ornamental para diferentes celebraciones, ya sean estas civiles o religiosas, pero principalmente las religiosas. Se encuentran en diferentes tamaños y en gran variedad de colores y diseños
107 *Cañamazo*: Tela tosca de cáñamo.
108 *Abanico*: Instrumento para hacer o hacerse aire, que comúnmente tiene pie de varillas y país de tela o papel y se abre formando semicírculo. El «pericón» es un abanico grande de madera y tela especialmente indicado para baile.
109 *Menudencia*: Cosa de poco valor o importancia.
110 *Almendra mondada*: Semilla del almendro, comestible y muy sabrosa como fruto seco. La almendra tiene una cáscara dura, acabada en punta por un extremo, que recubre la semilla. Se denominan mondadas a las semillas a las que se ha quitado la cáscara.
111 *Ribete*: Cinta o tira de tela o piel con que se adorna y refuerza la orilla del vestido.
112 *Lentejuela*: Planchita redonda de metal u otro material brillante que se usa, como adorno, en los bordados de ciertos vestidos.
113 *Día de la Purísima*: También conocido como la fiesta de la Inmaculada, donde se festeja la creencia del catolicismo que sostiene que María, madre de Jesús, a diferencia de todos los demás seres humanos, no fue alcanzada por el pecado original sino que, desde el primer instante de su concepción, estuvo libre de todo pecado.
114 *Abalorio de azabache*: Collar o adorno hecho con cuentas de una variedad de lignito, dura, compacta, de color negro y susceptible de pulimento.
115 *Baúl*: Mueble que sirve generalmente para guardar objetos, generalmente ropa.
116 *Alhaja*: Joya o adorno.

Por todo lo cual resulta que podía ser la imagen del Niño de Dios, pero que, en realidad, era el niño de Gracia.

Al principio, Román solía entrar en el gabinete de su hermana y la reñía.

—Eso no es devoción. ¿Dónde has visto tú santos con collares y pulseras?

Pero la aragonesa[117] tenía respuesta para todo.

—¿Dónde? En muchas iglesias. Además, a los niños estas cosas les van muy bien.

Y otras veces le obligaba a acercarse a la cómoda y se quedaban los dos mirando al adornado Jesús.

—Vamos a ver, fíjate bien: ¿qué te parece? ¿qué edad le echarías? Es una suposición, vamos; por la cara, lo más que representa son unos cuatro años; entonces creo que estaba en Egipto.

El sacerdote cesó en sus visitas de pronto. No volvió a entrar, no obstante haberle invitado a ello un día con grande instancia para que viera un traje nuevo del niño Jesús.

—Prefiero no verlo. De esas cosas, que tú no crees pecados, vas a tener que confesarte.

—¡Ave María! ¿Yo? Pues que, ¿es malo querer a Dios?

—De resultas del cariño pierdes mucho de sierva suya. Te familiarizas demasiado. A Jesús se le adora y se le teme; el temor es santo.

Buena es una aragonesa que está rebosando salud, robustez y alegría por todo su ser, para andarse con temores y aspavientos[118]. Ella no tenía miedo más que del *otro*, del que estaba en la sala, del *cadáver* (así lo llamaba *in mente*); pero del niño, ¡bah!, lo quería con toda su alma.

—Como si fuera hijo mío, aunque te parezca un disparate.

Y así era la verdad. En el culto del sacerdote había servidumbres, esclavitud: sus manifestaciones eran hundir la frente en el polvo, adorar y gemir, severidad, honda tristeza, y, acaso, acaso, el grito de desesperación, aún no bien formulado, que empezaban a lanzar una juventud y una virilidad inútiles. La muerte de un hombre en la plenitud de su edad, muerte corporal idéntica a la de la imagen. Cristo, según lo generalmente aceptado, murió á los treinta y tres años. En cambio, había en el culto de Gracia las manifestaciones todas del sen-

---

117 *Aragonesa*: Natural de Aragón, una región española.
118 *Aspaviento*: Demostración aparatosa y exagerada de un sentimiento.

timiento maternal. Al *Niño de la Bola* ella le echaba unos cuatro años. El Calvario estaba muy lejos, y más allá del Calvario la resurrección. Ella sí que hubiera dicho en latín, con verdadera unción evangélica, mirando a la imagen de que era sacerdotisa... «*qui vivis et regnas in saecula saeculorum*».[119]

¡Por los siglos de los siglos! ¡Mientras haya mujeres en el mundo!

---

119 «*Qui vivis et regnas in saecula saeculorum*»: Expresión latina que significa «que vives y reinas por los siglos de los siglos». Fragmento de una oración preparatoria para la Comunión en el ritual católico de la misa.

III

Hacían los dos hermanos una vida muy retirada; y aun dentro de la casa, a los dos meses de venir Gracia de Tudela, ocurrió lo que dicho queda, de convertirse a más huraño[120] el carácter del sacerdote, con lo cual el aislamiento y soledad resultaron insoportables.

La joven ignoraba las razones a que pudiera obedecer este cambio ¡pero lo más singular es, que el mismo Román, que lo motivó, tampoco podía darse cabal cuenta[121] de ellas! Un alejamiento instintivo de una cosa que desconocía, pero que la misma ignorancia le hizo tener por un peligro. ¿Peligro de qué? ¿No era su hermana? ¿La hija de su padre? Pues entonces...

Román dos o tres veces intentó reanudar sus visitas al gabinete de Gracia. Entrar allí. ¿No era, después de todo, ridículo lo que estaba haciendo? Al salir de su cuarto pasaba por la puerta de escape; y si veía abierta la del gabinete, con verdadero susto en el ademán y en la voz gritaba: «Cierra, Gracia, cierra», o cerraba él mismo, y sólo así se tranquilizaba. Sus tentativas fueron anuladas siempre por la voluntad, por algo que parecía voz o aviso del cielo, una orden sobrehumana gritándole en la conciencia: «Te prohíbo que entres». ¡Cosa más rara!

******

Román tenía un organismo digno de estudio, hermoso; un temperamento de los que ya no conoce la ciencia, porque los ha hecho desaparecer la grande anemia y la neurosis intensa del siglo diecinueve. Sanguíneo-nervioso. Entre los seres animales equivale esto a ser el brillante de la humanidad. Equilibrio perfecto. Desarrollo en su grado

---

120   *Huraño*: Persona que rehúye el trato y la conversación con la gente, poco sociable.
121   «Darse cabal cuenta»: Comprender, entender o percatarse de una cosa por completo.

justo. A igual distancia de la atrofia[122] que de la hipertrofia[123]. La vida como punto, y el punto centro matemático de un círculo. Nutrición exenta de gula[124], porque la asimilación de alimentos es acabada. Pensamientos bien concebidos y fácilmente expresados. Sentir como se piensa, sin violencias de emoción tales, que lleven a la adquisición del aneurisma[125]. Cinco horas de sueño bastan para el reposo; una legua[126] de camino para el ejercicio. Pueden levantar los brazos tres arrobas[127] de peso cada uno, sin que se resienta por ello la musculatura. Vista de cazador de vencejos[128]. Respiración tan igual como el movimiento de los ventiladores de una máquina de vapor. Pulso tan acompasado como las oscilaciones del péndulo de segundos. Vida entrando a torrentes por todas partes en la materia, tan magistralmente dispuesta a recibirla.

A un hombre así, la naturaleza lo puede llamar: «¡Hijo mío!», y la naturaleza, como madre, lo reclama. Es preciso que, pues tiene órganos perfectos, ninguno de ellos deje de cumplir sus funciones. ¿Las cumple? Queda satisfecho. Jamás uno solo de estos órganos traspasa los límites de la necesidad para llegar al vicio. Glotonería[129], lujuria[130], pereza[131], palabras que no tienen ningún sentido, ningún objeto; armas mortales que se quiebran contra un cuerpo en que están combinados *según arte* estos dos elementos: sangre y nervios. El hierro y el acero. ¡Qué estatua!

De hombres de tal constitución dicen los textos sagrados este a manera de hermoso epitafio:

«Y era Moisés de edad de ciento y veinte años cuando murió: sus ojos nunca se oscurecieron ni perdió su vigor».

---

122 *Atrofia*: Disminución en el desarrollo, volumen y actividad de los músculos y tejidos de un órgano.
123 *Hipertrofia*: Aumento excesivo del volumen de un órgano.
124 *Gula*: Exceso en la comida o bebida, y apetito desordenado de comer y beber.
125 *Aneurisma*: Dilatación anormal de un vaso sanguíneo.
126 *Legua*: Medida itineraria, variable según los países o regiones, definida por el camino que regularmente se anda en una hora, y que en el antiguo sistema español equivale a 5.572,7 metros.
127 *Arroba*: Unidad de peso que equivale a 11 kilogramos y 502 gramos.
128 *Vencejo*: Ave de color negro, excepto por el plumaje blanco de su garganta, de patas muy cortas, alas muy largas y cola ahorquillada. Es ave de temporada en España, se alimenta de insectos y anida en los aleros de los tejados. Tener «vista de cazador de vencejos» quiere decir tener excelente vista.
129 *Glotonería*: Ansia y falta de medida en el comer, gula.
130 *Lujuria*: Apetito sexual excesivo.
131 *Pereza*: Negligencia, falta de disposición para hacer las cosas. Gula, lujuria y pereza son tres de los siete pecados capitales, junto con la soberbia, la avaricia, la ira, y la envidia.

Por esto mismo, por no ser vicios, y por ser estrictamente necesidades las que experimenta un organismo así formado, la satisfacción de éstas da el bienestar a la materia ¡pero una sola de ellas resulta imposible dejar de cumplirla! El hombre pierde su cualidad racional, y queda convertido en fiera. Su comida es frugal; pero le basta a su aparato digestivo un solo día sin pan para dar a la mano este consejo: «Roba». Sus pulmones necesitan oxígeno, sus miembros movimiento, todo su ser libertad. Privadle de ella: será de los presidiarios que se escapan siempre. Dejadle sin abrigo en invierno: incendiará como Nerón[132] toda una ciudad para calentarse a la hoguera. Es casto, su continencia es la que corresponde por naturaleza a los animales que han de reproducir y multiplicar su especie, sin que se debiliten por ello las fuerzas de la vida intelectual. Usa de la hembra, de la comida, del vino y hasta del aire que respira, parcamente, cuando exigen entrar en actividad los órganos correspondientes a cada función. Pero si la virgen se resiste, no se detiene ante ningún obstáculo. Toda violencia está justificada. La misma voz que cuando tuvo hambre le dijo: «Roba», ahora, dirigiéndose a su sensualismo, le grita: «Viola o estupra[133]». Para estos seres, la menor contrariedad, como para otros la mayor, lleva al crimen.

La continencia absoluta sólo se consigue con remedio horrible: la castración[134].

******

Román ignoraba su temperamento. No sabía de sí mismo nada más sino que era robusto y que estaba sano. En su cualidad de sacerdote, le preocupaba el alma y desatendía el cuidado del cuerpo. A la materia la daba su alimento y su aseo; y hecho esto, poníala de rodillas delante de la divinidad y la humillaba. De buena gana, en su fanatismo, lleno de vida y de juventud, hubiérase echado, como los tra-

---

132 *Nerón*: Emperador romano (37-68). El reinado de Nerón se asocia comúnmente a la tiranía y la extravagancia. Se le recuerda por una serie de ejecuciones sistemáticas y sobre todo por la creencia generalizada de que mientras Roma ardía él se entretenía tocando la lira.
133 *Estupro*: Delito que comete el adulto que abusa sexualmente de un menor usando la confianza que este le tiene o el engaño.
134 *Castración*: Extirpación o inutilización de los órganos genitales.

penses[135] moribundos, sobre un puñado de paja y una cruz de ceniza hecha en el suelo, para recordar más positivamente su origen y repetir con el *Eclesiastés*[136]: «*Quid superbis terra et cinis?* ¿De qué se ensoberbece el que no es más que tierra y ceniza?»

Román, desde que vino Gracia de Tudela, halló cosas nuevas y fenómenos que le preocupaban en grado sumo, porque hasta entonces no pudo averiguarlos en la complicada vida que llevaban el alma y el cuerpo, el sacerdote y el hombre. Pensando en ello, le sobrevenían alarmas de que jamás se consideró susceptible.

Ya hemos dicho que, en los dos primeros meses, ninguna revelación pudo turbar su sosiego. La recibió y acogió con extremada alegría. Recordaba que Gracia andaba de corto[137] y jugaba cuando él era ya un adolescente. Recordaba, de más lejanos tiempos, haberla dormido en sus brazos, envuelta en pañales, con esa solicitud que manifiesta el hermano mayor hacia el menor; solicitud casi paternal, para la cual sólo es preciso que el menor sea un nene[138] y el primogénito un arrapiezo[139]. Al verse de nuevo, después de los años de separación transcurridos, varón fuerte él y ella moza garrida[140], el recuerdo de la niñez sirvió como de velo tupido que cubría sus cuerpos y los resguardaba de la malicia. La carne separada por la consanguinidad y la inocencia paradisíaca que describe el versículo del *Génesis*[141]. Por eso él decía, hablando de Gracia: «¡Mi hermana la niña!» Y ella, hablando de Román: «¡Mi hermano el cura!» Y se figuraban así la expresión completa de su pensamiento.

Esto duró poco. La ilusión de Román tuvo modificaciones, y se alteró al entrar en los moldes de la realidad. De aquí su sorpresa. El celibato eclesiástico, por instinto y aviso de la carne, habíale parecido

---

135 (Monje) *Trapense*: Religioso de la Orden fundada en el Monasterio de la Trapa, en Orne, Baja Normandía (Francia). Su abad, Armand Jean le Bouthillier de Rancé, encabezó en 1664 una reforma de la Orden del Císter a la que pertenecía el monasterio, renunciando a todas las dispensas autorizadas por la Santa Sede y retornando a la primitiva observancia y regla del patriarca San Benito.

136 *Eclesiastés*: O «Libro del Predicador», es un libro del Antiguo Testamento de la Biblia. El *Eclesiastés* se pregunta cómo afrontar la vida, ya que nada en ella es seguro excepto la muerte. Tiene un tono marcadamente existencial. Reflexiona sobre la fugacidad de los placeres, la incertidumbre que rodea al saber humano, la futilidad de los esfuerzos y bienes de los hombres, la caducidad de todo lo humano y las injusticias de la existencia.

137 «*Andar de corto*»: Utilizar vestido corto, que no cubre por debajo de las rodillas.

138 *Nene*: Niño pequeño.

139 *Arrapiezo*: Persona pequeña, de corta edad o humilde condición.

140 *Moza garrida*: Mujer joven, lozana y bien parecida.

141 *Génesis*: El primer libro del Antiguo Testamento de la Biblia. El nombre griego proviene del contenido del libro: el origen del mundo, el género humano y el pueblo judío, la genealogía de toda la humanidad desde el comienzo de los tiempos.

cosa difícil y acaso la regla más estrecha del estado que abrazaba; meditó sobre ello todo lo que le es permitido meditar a quien siente la vocación como un fanatismo. Pensó en la mujer como piensa el militar en la bala que ha de herirle: «¡Bah! ¡Puede ser que no! Y si me hiere, no todos los tiros matan.» Y entonces solicitó el pase a campaña[142]. Luego creyó haber encontrado la fórmula salvadora.

—Para mí, no será una mujer la que viva conmigo, la que me cuide. ¡Gracia y yo solos! Ama de gobierno[143], esa, la única, ¡mi hermana!

Y al salir del seminario escribió la carta que ya sabemos. Creyéndose poseedor de un talismán, se abandonó al optimismo. La materia, el organismo, la juventud, ¿qué importaban, ni de que servía contar el número de tales adversarios? Podían menudear los golpes. Se equivocaban. Le atacaban creyéndole indefenso. ¡Indefenso! Iba a la lucha porque estaba seguro de ser invulnerable.

******

El día de la llegada fue muy divertido para los dos. El sacerdote la vio asomada a la ventanilla del vagón, cuando el tren penetró en el andén[144] con estruendo de ferretería[145] y silbidos bajo la gran cubierta de cristales.

—¡Gracia!

—¡Román!

Se siguieron con la vista hasta que se detuvo la máquina. Abierta la portezuela, la muchacha iba a poner el pie en el estribo[146] del coche. El sacerdote estaba allí; la cogió por la cintura, la levantó, la hizo saltar, como cuando era chiquilla, y, subiéndose en un poyo[147], tendía los bracitos a su hermano, gritándole: «¡Cógeme, cógeme; quiero volatines[148]!» Saltó lo mismo que entonces, aunque pesaba más pero

---

142 *Pase a campaña*: En terminología militar, pedir la incorporación al frente de guerra.
143 *Ama de gobierno*: Criada superior que suele haber en casa del clérigo o del seglar que vive solo.
144 *Andén*: En las estaciones de trenes, especie de acera al borde de la vía.
145 *Estruendo de ferretería*: Ruido grande originado por hierros.
146 *Estribo*: Especie de escalón para subir o bajar de un vehículo.
147 *Poyo*: Banco de piedra u otro material que se construye pegado a una pared.
148 *Volatín*: Acrobacia, pirueta.

también él tenía más fuerzas. Los dos se reían. Así en sus brazos la colmó de besos.

—¿Y padre? ¿Y madre?

—Con salud, ¡Dios gracias! ¡También tú estás bueno! ¡Qué alto!

—¡Pues no que tú!

Y los viajeros, al pasar junto a estos regocijados extremos, oyendo el diálogo, comentaban

—¡Son dos hermanos! Deben quererse mucho.

Tomaron un coche de cuatro asientos, a domicilio. Pagaron los asientos restantes para ir solos. El equipaje iba en la baca[149]. Dentro, una porción de bultos de mano.

—¿Y todos esos engorros[150] que traes?

—Anda, anda, engorros, y son cosillas de allá que me dio madre para que te las comieses. ¡Verás que ricas! ¡Hace tanto tiempo que no las pruebas! Padre te manda cinco onzas[151] para que, a su memoria, te compres un sombrero de teja[152] y lo demás que necesites.

—¡Dios se lo pague!

Durante el trayecto no cesó la charla. Y al llegar a casa lo mismo. Aquel día se descuidaron algunos rezos de rúbrica[153].

—¡Hombre, ayúdame! ¡Ven aquí! ¡Echa una mano!

Estaba Gracia sentada delante de los arcones. Estos abiertos, y abiertos también los cajones de la cómoda.

Román se quitó la sotana. Quedó en mangas de camisa. Extendía los dos brazos, las manos con las palmas para arriba. Así iba recibiendo el equipo de ropa blanca, trasladándolo al mueble con mucho tiento para no quitar los dobleces de la plancha y para no arrugarlo.

—Esas camisas en el primer cajón de arriba.

—Ya están.

—Toma. Las enaguas[154]. Ponlas así. Extendidas.

—¿También en el cajón? No caben.

—¡No, hombre! En la cómoda, no. Cuélgalas en la percha. Mira, para que no cojan polvo, pon esta colcha por encima. ¡Ajajá!

---

149 *Baca*: Parte superior de los coches donde se colocaban equipajes.
150 *Engorro*: Obstáculo, impedimento, molestia.
151 *Onza*: Antigua moneda española.
152 *Sombrero de teja*: O *sombrero de canal*. Usado por los eclesiásticos, tiene levantadas y abarquilladas las dos mitades laterales de su ala en forma de teja.
153 «*Rezos de rúbrica*»: Oraciones para la ejecución y práctica de las ceremonias y ritos de la Iglesia católica recogidas en los libros litúrgicos.
154 *Enagua*: Prenda interior femenina que se usa debajo de la falda.

—¡Chica, qué bien huele tu ropa!
—Es del membrillo[155]. Ya te pondré en la tuya.
Media hora estuvo el sacerdote ayudando en la tarea. Por sus manos pasó toda la ropa interior de mujer. Se reía del suceso.
—¡Vaya que está bueno! ¡El que me viera a mí ahora con esto en la mano!
Era un corsé[156].
—¡Y qué tiene de particular! Mira, no lo guardes, déjalo ahí.
—¿En dónde?
—En cualquier parte. Sobre una silla. Ese es el usado. Guardaré el nuevo.
Después pasaron al comedor. Román había mandado traer chocolate del café más próximo.
—Desde mañana cuidarás de la cocina. Hoy comemos de fonda[157]. No hay aquí ni carbón. La verdad es que me estabas haciendo mucha falta.
—¡Pues ya lo creo! Si los hombres solos no servís para nada. ¡Ya verás tú!
Terminado el desayuno, la emprendieron con una verdadera obra de romanos[158]. Armar la famosa cama de matrimonio. El sacerdote agotó su paciencia, y acabó por declararse inepto.
—Mira, yo no entiendo todo este jaleo de tornillos.
—¡Caramba! Y el caso es que, con la fatiga del viaje, yo me estoy cayendo materialmente. Dormiría un poquito.
—Duerme si quieres.
¿En qué cama?
—En la mía por este momento. De aquí a la noche, ya habrá venido uno que ponga sobre sus cuatro pies este armatoste[159].
Mientras se echaba, vestida por supuesto, sin hacer más que aflojar las lazadas de las cintas, él mismo entornó las persianas del balcón, graduó la sombra favorable al sueño.

---

155 *Membrillo*: Árbol cuyo fruto tiene una fragancia que a veces se usaba como aroma para perfumar la ropa.
156 *Corsé*: Prenda interior que usaban las mujeres para ceñir el cuerpo desde el pecho hasta las caderas.
157 «*Comer de fonda*»: Comer en un establecimiento público, de categoría inferior a la del hotel, o de tipo más antiguo, donde se da hospedaje y se sirven comidas.
158 «*Obra de romanos*»: Expresión que hace referencia a la dificultad de alguna tarea, aludiendo a la complejidad técnica de muchas de las obras arquitectónicas emprendidas en época de los romanos.
159 *Armatoste*: Objeto grande y de poca utilidad.

—Te llamaré cuando traigan la comida. La encargué para las dos de la tarde.

Y salió de puntillas.

Quedaron en la sala el Cristo agonizante en la cruz y la mujer, cuya última visión antes de cerrar los ojos fue la palidez de los brazos extendidos sobre el madero santo.

El hermano volvió al gabinete. Iba decidido a sentarse, a descansar también, porque estaba rendido de tanto ir y venir. Buscó un asiento desocupado. ¡Imposible! Ninguna silla estaba desocupada. En cada una había un objeto distinto, y hasta por el suelo se veía esparcido el equipaje de Gracia. Aquí, un pañuelo de seda de colores chillones, más allá, unas botitas mal hechas por el Reinaldo de Tudela, pero pequeñas, como cajas de bombones ¡y luego, la dichosa ropa blanca que, con ser tanta, no había cabido en la cómoda! Unos pantalones con puntilla de encaje[160], los refajos[161] de invierno, camisas, chambras[162] y, por último, en el sitio más visible, el corsé, no el nuevo, sino el viejo, que había caído derecho por casualidad, debido sin duda a su vejez misma, al vicio adquirido por las ballenas[163] y por la tela; allí estaba como un vaciado[164] del busto de Gracia, lleno de esbeltez en la cintura, de amplitud en las caderas, ufanándose[165] en ahuecar los moldes redondos de los pechos; y era la tela de color de rosa pálido: casi hasta en esto el tono de la encarnación humana. El sacerdote frunció el entrecejo. Llegóse a la silla, y airadamente, como de un sopapo[166], tumbó y chafó sobre el asiento aquellas turgencias. Pudiera decirse que cayeron panza arriba. Al mismo tiempo de ejecutar este acto, sus fosas nasales se dilataron aspirando el aire con delicia. Olía bien. Recordó la explicación de *la niña:* «Es el membrillo». ¡El membrillo! De todas maneras empezaba a sentir una agitación extraña. El jilguero en aquel instante le regaló el oído con uno de sus trinos más poderosos. Cantaba

---

160 *Puntilla de encaje*: Adorno estrecho que se pone en los bordes de las prendas finas de lencería.
161 *Refajo*: Falda interior que usaban las mujeres como prenda de abrigo.
162 *Chambra*: Vestidura corta, a modo de blusa con poco o ningún adorno, que usan las mujeres sobre la camisa.
163 *Ballena*: Tira de las láminas córneas y elásticas que tiene el cetáceo del mismo nombre en la mandíbula superior, o de plástico o metal, que se usa especialmente para armar corsés u otras prendas.
164 *Vaciado*: Formación y solidificación de un objeto en un molde.
165 *Ufanarse*: Engreírse, jactarse, gloriarse.
166 *Sopapo*: Golpe que se da con la mano en la cara.

teniendo en el pico un cañamón[167]. Román no llegó a sentarse. Casi como un fugitivo se encaminó al comedor.

A las dos, durante la comida, no estaba tan contento como por la mañana.

---

167 *Cañamón*: Simiente del cáñamo que se usa principalmente para alimentar pájaros.

IV

Christus virgo, Virgo María, utriusque sexus virginitatem dedica vere. Apostoli vel virgines, vel post nuptias continentes,[168] dice San Jerónimo[169], presentando así, con el altísimo ejemplo de Jesucristo y los apóstoles, la recomendación del celibato a los sacerdotes, que deben ser una viva imagen de Cristo, y cuya misión requiere un género de vida muy desembarazado de los afectos mundanos y de los deberes conyugales, como lo declara el Apóstol en su carta primera a los corintios. «Quisiera, pues, que estuvieseis sin congoja. El soltero tiene cuidado de las cosas que son del Señor, como ha de agradar al Señor. Empero el que se casó tiene cuidado de las cosas que son del mundo, como ha de agradar a la mujer».

Pensando en esto, Román empezó, como vulgarmente se dice, a devanarse los sesos[170]. A la verdad que no sabía cómo y por qué ocultos caminos su entendimiento se llegó al laberinto de analizar la doctrina bíblica del celibato, y las disposiciones del canon IX, sesión 24 del concilio de Trento[171].

Cierto que él tenía que guardar castidad, porque, en los clérigos ordenados *in sacris*[172], los pecados contra ella revisten la naturaleza de sacrilegio; pero también tenía que guardar templanza[173] y ejercer la

---

168 «*Christus virgo, Virgo María, utriusque sexus virginitatem dedica vere. Apostoli vel virgines, vel post nuptias continentes*»: Fragmento de *La Carta a Pamaquio* escrita por San Jerónimo, donde mantiene que la virginidad es mejor que el estado de casado. Afirma que «Cristo virgen y María virgen consagraron los principios de la virginidad en ambos sexos. Los apóstoles también eran vírgenes y después del matrimonio observaron la continencia».
169 *San Jerónimo*: Jerónimo de Estridón, tradujo la Biblia del griego y el hebreo al latín. Es considerado Padre de la Iglesia. Con sus cartas y eruditos comentarios bíblicos ejerció un influjo duradero en la traducción e interpretación de las Sagradas Escrituras y en el uso del latín como medio de comunicación en la historia de la Iglesia.
170 *Devanarse los sesos*: Pensar con intensidad, dar vueltas insistentemente a una cuestión.
171 *Concilio de Trento*: Concilio ecuménico de la Iglesia Católica Romana desarrollado en periodos discontinuos durante 25 sesiones, entre el año 1545 y el 1563 en Trento, al norte de Italia, que entonces era una ciudad libre regida por un príncipe-obispo. Se convocó como respuesta a la Reforma Protestante para aclarar diversos puntos doctrinales.
172 «*Clérigos ordenados in sacris*»: Sacerdotes que han recibido al menos una de las tres órdenes mayores (el diaconado, el presbiterado y el episcopado).
173 *Templanza*: Virtud cardinal que consiste en la moderación en los placeres y pasiones.

beneficencia y hospitalidad ¡era obligación suya, por ser estas tres, de todas las virtudes cristianas, las que más directamente se oponen a los vicios del mundo! ¡Contra la templanza y la beneficencia jamás se le ocurrieron objeciones; ¡pero ser casto en absoluto, por completo, de una manera acabada, perfecta, durante la vida!...

Para promover y fomentar sus obligaciones en el sagrado ministerio, conoció que era muy provechosa la piedad para con Dios, la lectura de libros ascéticos[174], la confesión frecuente, los ejercicios espirituales[175] y el estudio de las ciencias eclesiásticas, muy provechoso para todo... ¡menos para *aquello* para lo cual más lo necesitaba! Había puesto, sin embargo, cuanto estaba de su parte.

Las leyes de la Iglesia prescriben a los clérigos que no puedan tener en su compañía y a su servicio personas sospechosas por su conducta, y él llamó a su hermana, para huir mejor de todo lo que fuere ocasión de pecado o infundiere sospecha de ello a los demás. Pues bien, ¡cosa rara!: precisamente desde que vino Gracia de Tudela, y no a los dos meses de su venida, sino el mismo día, como ya hemos visto, le acometieron los pensamientos que sugiere, a no dudar, en el cerebro la tentación de algún demonio libidinoso.

¡El mismo día! Fue como romperse de pronto el velo del templo, y ver detrás, en lugar de los esplendores de la religión católica, las desnudeces artísticas de los cultos paganos. ¿Qué era aquello? Su casa tenía otro ambiente; el sol era un incendio, dábale más calor y más luz; las mañanas le parecían más pródigas de brisas, de frescura, y las noches, ¡ah! las noches eran un misterio, una sombra propicia a todo.

La turbación de espíritu que le hizo huir del gabinete de Gracia no fue nada en comparación de otro episodio que ocurrió aquel mismo día.

Como Román tuviera la costumbre de la siesta después de comer, se dirigió a su cuarto con este objeto ¡y apenas se hubo tendido en el catre, que aún conservaba el calor del cuerpo de Gracia, apenas su cabeza descansó en la almohada, cuando notó el perfume de la cabellera femenina allí impregnado, sintió caer y como encajarse sus miembros en el molde de los que antes reposaron sobre el mismo colchón, y descalzo, en mangas de camisa, púsose en pie violentamente!

---

174 *Ascético* («*libros ascéticos*»): Libros que promueven un comportamiento que busca la perfección del hombre por sus propios medios mediante la práctica de una vida austera y mortificante.

175 *Ejercicios espirituales*: Los que se practican mediante la oración y la penitencia durante unos días de retiro y abandono de las actividades habituales.

—¡Gracia! ¡Gracia!

—¿Qué quieres? ¿Qué se te ocurre? —contestó desde la cocina la viajera, que colocaba la vajilla en el fregadero, y, descubiertos los brazos hasta más arriba del codo, se disponía a lavarla. —¿Qué se te ocurre?

Román estaba pálido, desencajado. La aragonesa se asustó.

—¡Ay Dios mío! ¿Te has puesto malo?

—No... no es eso.

Y dominándose:

—Es que no puedo dormir. La cama no está mullida.[176]

—¡Toma! Pues tienes razón. ¿Cómo ha de estarlo si me levanté y no la hice? Estará muy dura con el peso mío. ¡Figúrate! Pero ya verás tú. Te la voy a dejar sin un hoyo.

—Escucha —exclamó el sacerdote balbuceando:— y de paso, puesto que ya estás a ello, muda las sábanas y las fundas.

Le miró sorprendida.

—¡Pero si están limpias! A no ser que me tengas asco...

—No, mujer. Tienes razón. Es que yo creí... Anda. Mullirla y nada más.

La siesta no se durmió aquel día. Román se encerró en la sala, se arrodilló en su tremendo oratorio, ante la imponente imagen.

—¡Jesús! ¡Jesús mío! —y quedó abrazado a la base del madero santo. El rezo le hizo mucho bien. Las bayetas negras, el cruento[177] martirio, cuyo dolor expresaba la escultura admirablemente, fueron bastante para borrar las palabras que habían visto sus ojos como escritas en la pared, con más siniestro sentido que el *Mane, Thecel, Phares*,[178] dos palabras que le aterraban, sólo estas dos

¡Delicta carnis![179]

En los días siguientes, el grito de rebelión de la materia, sofocado por el varón fuerte, no se reprodujo, no resonó en contra del tirano espiritual. Cuando recordaba el suceso, reíase de sí mismo.

---

176 *Mullido*: Blando, esponjoso.
177 *Cruento*: Que se goza en derramar sangre.
178 «*Mane, Thecel, Phares*»: Alusión al episodio bíblico recogido en el libro de Daniel (Daniel 5:1-31) en el cual Baltasar, último rey de Babilonia, es asesinado durante la celebración de un festín. Según la tradición bíblica, durante ese festín apareció una mano que escribió en la pared: «Mane, Thecel, Phanes». En un uso posterior la frase tiene significados catastróficos pues implica una inminente desgracia.
179 «*Delicta Carnis*»: Expresión latina, literalmente significa pecados o «faltas de la carne», es decir, hace alusión a los pecados de naturaleza sexual.

—Estuve loco; al demonio se le ocurre. ¡Si Gracia supiera que con sus olores a membrillo y sus nevados montones de enaguas y camisas ha corrido el riesgo de volverse por donde vino!

Lo atribuyó naturalmente a la falta de costumbre, al cambio de hábito y uso. ¡Él! ¡Un sacerdote! Pues por eso mismo. Vivía solo. La primera mujer que venía a compartir su techo era forzoso que le causara esta impresión. Pero pasajera. ¡Una mujer! ¡Valiente mujer! Era «su hermana, *la niña*».

Y no volvió a ocuparse de tan ridículo suceso.

El celibato eclesiástico parecióle entonces excelentemente ordenado.

¡El matrimonio en los sacerdotes, cosa imposible, con la cual perdería su prestigio la Iglesia! Eran, a no dudar, las mejores razones las aducidas por la experiencia con apoyo de esta doctrina. Los presbíteros[180] griegos y los ministros anglicanos y protestantes se casan. Y eso ¿qué demuestra? ¿Acaso tienen que desempeñar diariamente para con los fieles su ministerio[181]?

Los sacerdotes católicos asisten a los enfermos, aun cuando sufran un padecimiento contagioso, sin que los abandonen ni dejen de suministrarles los auxilios espirituales hasta el último momento de su vida. Si el enfermo le contamina su enfermedad, el sacerdote no contagia después a su mujer y a sus hijos. Pues ¿y los misioneros? Para un soltero, la patria es el mundo; la familia, la humanidad. ¿Podría un hombre casado penetrar en países infieles, soportar con la mayor resignación y conformidad cristiana todas las privaciones y trabajos, sin excluir la misma muerte, por extender entre sus semejantes la luz del Evangelio? El celibato da la independencia necesaria para el cumplimiento de los sagrados deberes, y hace a los sacerdotes más venerables a los ojos de los fieles: tuvo razón San Pablo[182] al ensalzar la virginidad, recomendándola a los corintios[183].

---

180   *Presbítero*: Sacerdote o clérigo ordenado para decir misa.
181   *Ministro*: En algunas religiones, sacerdote.
182   *San Pablo*: Pablo de Tarso, originalmente «Saulo». Es considerado por muchos cristianos como el discípulo más importante de Jesús, a pesar de que nunca llegó a conocerlo, y, después de Jesús, una de las personas más importantes para el cristianismo.
183   *Corintios*: La Primera epístola a los corintios es un libro del Nuevo Testamento de la Biblia. Se trata de una carta escrita por Pablo de Tarso a la comunidad cristiana o Iglesia de Corinto. San Pablo, explicando en el capítulo VII de su primera Carta a los Corintios la cuestión del matrimonio y la virginidad (es decir, la continencia por el reino de Dios), trata de motivar la causa por la que quien elige el matrimonio hace «bien» y quien decide, en cambio, una vida de continencia, o sea la virginidad, hace «mejor».

Y Román repetía de memoria el texto latino:
«Qui sine uxore est, sollicitus est, quae Domini sunt, quomodo placeat Deo».[184]

Pero ¿y la naturaleza? ¿Y las leyes fisiológicas? Tal vez Gracia tuvo razón el día que dijo, con los arranques y franqueza propios de su tierra:

—Todo eso es muy bonito; pero a mí, los sacerdotes no me parecen hombres.

¡Lo son! Pero allá se las avengan los fisiólogos[185], higienistas[186], patólogos[187] y otros. ¿Que la carne se rebela? Pues se la somete, y en paz. ¿Que no puede ser? ¿Que la ciencia dice tal o cual cosa? La ciencia, ¿eh? ¡Pues si una de las cosas prohibidas a los clérigos es el estudio de la medicina y cirugía por el *peligro de irregularidad y por ser poco decoroso a su estado,* hasta el punto de que, si alguno que es médico o cirujano ingresa en el estado eclesiástico o regular, no puede ejercer la profesión sin dispensa pontificia[188]!

Entonaba Román este canto de victoria sobre su carne con las mismas palabras con que el Salmista[189] cantaba al Músico *principal:*

97. «¡Cuánto amo yo tu ley! Todo el día es ella mi meditación».

98: «Me has hecho más sabio que mis enemigos con tus mandamientos: porque me son eternos».

104. «De tus mandamientos he adquirido inteligencia: por tanto, he aborrecido todo camino de mentira».

Pasaban los días de esta suerte. Siendo de nuevo el hombre cura y la mujer niña, ante los fingimientos del fanatismo, que no por distintos caminos, sino por los de pura fantasía, podía volver la paz y el reposo a la virginidad del célibe, puesta en contacto de vida bajo el mismo techo que cobijaba ya la de la doncella.

******

---

184 *«Qui sine uxore est, sollicitus est, quae Domini sunt, quomodo placeat Deo»*: «El no casado se preocupa de las cosas del Señor, de cómo agradar al Señor».
185 *Fisiólogo*: Especialista en fisiología, ciencia que estudia las funciones de los seres orgánicos.
186 *Higienista*: Especialista en el estudio y desarrollo de la higiene médica. Sinónimo de médico.
187 *Patólogo*: Médico especialista en patología, que es la parte de la medicina que estudia las enfermedades.
188 *Dispensa pontificia*: Privilegio otorgado por el Papa, excepción de lo ordenado por las leyes generales de la iglesia, que exime de una obligación o permite hacer algo prohibido.
189 *El Salmista*: El profeta David.

Lo peligroso era la soledad en que vivían, lo estrecho y reducido de la morada, la delgadez de los tabiques de separación, y, sobre todo, una malicia más dañina que la del experto, puesto que no sabe adónde va, por ser la malicia de la inocencia; no sabe dónde va, puede llegar a todo, y luego, para justificarse, le dice a Dios al ser interrogada: «La serpiente me engañó, y comí».

Lo peligroso era la lucha que Román creía terminada entre la carne y el espíritu ¡aquel combate en que estaban los teólogos de una parte y de otra parte los fisiólogos! Los cánones prohibiendo al sacerdote el estudio del cuerpo humano, del enemigo que le atacaba, contra el que tenía que luchar, y el enemigo aprovechándose de esta ignorancia para hacer su mina y penetrar en la plaza. El, Román, nada sabía de estas estrategias; si él fuese sitiador[190], hubiera empleado, como recurso mejor del arte de la guerra, el procedimiento de Josué[191] ante los muros de Jericó[192]. Dar siete vueltas alrededor de ellos, llevando el arca santa, y delante del arca siete sacerdotes tocando siete bocinas de cuernos de carneros. A la séptima vuelta, el muro cayó a plomo, y los israelitas entraron y destruyeron todo lo que en la ciudad había: «Hombres y mujeres, mozos y viejos, hasta los bueyes y ovejas y asnos, a filo de espada». Todo, sin más excepción que la vida de Rahab, la mujer ramera[193], y cuanto ella tenía; la cual ramera «habitó entre los israelitas hasta hoy».

Pero el sitiador de Román tenía otros procedimientos. La naturaleza, señora de la carne, iba avanzando sin que el sacerdote se diera cuenta de ello. Fue un trabajo lento al principio, en que las altezas del organismo tuvieron la primacía para la colaboración.

Gracia era la figura inquieta de su juventud sana. El movimiento y el canto; ella en las habitaciones, la reproducción ampliada del jilguero suyo en la jaula. Hasta tenía algo del olor de las aves, como tenía mucho de sus hábitos de vida. Comía poco, pero a menudo, sin orden

---

190 *Sitiador*: Persona que somete a sitio o asedio una plaza o fortaleza con el fin de apoderarse de ella.
191 *Josué*: Personaje bíblico, cuya vida se narra en el Libro de Josué. Conquistó Jericó, cuyas murallas se derrumbaron cuando los sacerdotes que custodiaban el Arca de la Alianza tocaron las trompetas siguiendo las órdenes de Yahvé. La ciudad fue destruida por completo, y Josué maldijo a quien intentara reconstruirla.
192 *Jericó*: Antigua ciudad situada en Cisjordania. Mencionada en la Biblia se halla situada a orillas del río Jordán. En la tradición judeo-cristiana se la conoce como el lugar donde los israelitas retornaron de la esclavitud en Egipto, dirigidos por Josué, sucesor de Moisés.
193 *Ramera*: Prostituta.

alguno, y siempre chucherías; dijérase que picoteaba. El baño por la mañana, baño que no era entrar en el agua, sino echársela con la esponja, llenarse de gotas frescas el cuerpo (íbamos a decir el plumaje). Luego alisarse el cabello, después regar las macetas, cortar ramitas verdes, y, por último, cantar. El canto de la aragonesa. La jota[194], que parece en la voz de mujer una música de trinos y gorjeos metidos en el pentagrama. No se estaba quieta un minuto. Iba del gabinete al comedor, de éste a la cocina. Había un constante ruido de faldas en los corredores. Dijérase que su andar era a menudos saltos. Daba ganas de mirar al suelo, para ver si como la de los pájaros era su huella; por donde pisaba deberían quedar estrellitas.

Roman se complacía en aquel ruido constante, en aquel olor nuevo, en aquella voz que sonaba a perlas desatadas cayendo sobre el cristal de las copas, y en la contemplación de la figura: gozaban sus oídos, su olfato y sus ojos.

—Mi hermana es el ángel más alegre que ha venido a la tierra –pensaba.

Tanto, que en ocasiones, el ángel interrumpía los rezos, entraba aturdidamente en la sala:

—Vengo a hacerte compañía; hace una hora que estás metido aquí con tu breviario. Charlaremos un poquito; me aburro.

Y, a pesar de sus protestas, le cerraba el librote, a lo que él se resistía. Una lucha infantil, esfuerzos pequeños de los músculos, que con las risas perdían el vigor necesario.

Le encantaba aquello; no sentía sobresalto. Únicamente se mostró severo en exigir a Gracia que jamás, ¡jamás!, saliese de su habitación ni se presentara ante él desaliñada de traje, o con el cabello suelto y destrenzado, como en la ocasión de marras[195]. Tenía poderosísimas razones. Aun vestida y cubierta, el dibujo de las formas hacíale fruncir el ceño cuando el traje era muy ajustado y ceñido.

—Pero, hijo, si es lo que se lleva. ¿Qué le voy á hacer? ¡Cómo no me ponga un saco!

Así transcurrieron, sin otras peripecias, los primeros sencillísimos episodios. Algunas tardes, el cura y su hermana solían dar un paseo.

---

194 *Jota*: Música con que se acompaña un baile popular del mismo nombre, propio de Aragón.
195 «*Ocasión de marras*»: Expresión eufemística con valor de adjetivo que se usa para referirse irónicamente a algo que ya se conoce o que ha causado desagrado.

Por lo general, escogían los sitios más solitarios. Criados los dos en el campo, hijos de la naturaleza, buscábanla en Madrid, teniendo a veces que andar mucho para encontrarla. La Moncloa fue por último su paseo favorito.

******

Todo parecía normal; pero el enemigo estaba ya en el cerebro, y alteraba esa condición esencial de la vida, esa ley de existencia para todos los seres. La periodicidad de la acción y la inacción.

Los primeros fenómenos se manifestaron de noche. Román y Gracia comían a la española y cenaban a las nueve. El sacerdote, después de la cena, leía algunos hermosos capítulos de la *Vida de Santa Teresa*[196], que era el libro que más le complacía porque encontraba paridad de gustos entre los de la santa y los suyos, por aquel acendrado[197] y ferviente amor a Jesucristo. Leía en voz alta, y Gracia le escuchaba distraída, acariciando a su gata de Angora, que, quitados los manteles, tenía la costumbre de subirse de un salto sobre la mesa, y allí, bajo la luz del quinqué[198], que le obligaba a entornar los ojos, unas veces fijaba sus redondas y doradas pupilas en la cara del lector, y parecía prestar tanta atención como su ama; otras, al volverse una hoja, una de sus blancas patitas se alargaba juguetona para coger el papel que se movía; y de no, dormíase a medias, estremecida su piel nerviosamente bajo los pases de la mano acariciadora, acompañando los místicos pasajes con el ron-ron[199] de su contento.

Por lo general, a las once, levantándose Román, cerraba el libro y se retiraba del comedor para acostarse; a esta hora le acometía siempre

---

196 *Vida de Santa Teresa*: Obra autobiográfica de la religiosa y escritora mística española, conocida también como Santa Teresa de Ávila. Teresa de Jesús es el nombre de religión adoptado por Teresa de Cepeda (1515-1582). La autobiografía de la Santa (escrita entre 1562 y 1565) abarca desde su infancia hasta la fundación del primer convento reformado de San José de Ávila, en 1562. Santa Teresa de Jesús reinventa el misticismo con un nuevo itinerario: una «morada» o «castillo» al que se accede por la oración. El místico atraviesa siete aposentos en el interior y finalmente alcanza el telos, la ascensión a lo alto o subida del Monte Carmelo como culmen a la experiencia gnóstica y mística. En este tránsito, el sufrimiento, la angustia o el temor, llamado «noche oscura», es la moneda de cambio para conseguir la unión del alma con Dios.
197 *Acendrado*: Puro, sin mancha ni defecto, perfeccionado.
198 *Quinqué*: Lámpara portátil de petróleo o aceite provista de un tubo de cristal que resguarda la llama y la hace brillar.
199 *Ron-Ron*: Zumbido, ruido o sonido continuado y bronco.

el sueño como una imperiosa necesidad. Su sueño era, como cuanto regía aquel organismo, perfecto, profundo. Caía en la cama para *dormir como un lirón*[200], según comentaba él mismo. Su sensibilidad hacíase obtusa; los sentidos y las facultades intelectuales parecían como velados; al par que la conciencia del yo se borraba, los músculos sometidos a la voluntad caían en la laxitud; por último, se suspendía el eretismo[201] normal de los órganos de la vida animal, cesaba más o menos completamente su antagonismo, y la vida orgánica continuaba sola su curso, de una manera más compleja, más lenta y más tranquila. Dormía siete horas. Despertaba el cuerpo echado en la misma postura que se acostó. No se había movido. A las seis de la mañana en toda estación se levantaba, lavábase, se vestía, y a las siete ya estaba en la iglesia. Salía del reposo con brillantez en la mirada, color en las mejillas, sonrisa en los labios, despejada la inteligencia, ágiles y sueltos los movimientos, y entraba en la actividad humana como el gladiador en la arena del circo.

El colector[202] de la parroquia y los demás sacerdotes adscritos que iban llegando a la sacristía, al verle entrar arrastrando los mantos gallardamente[203], con la gallardía natural de la robustez del cuerpo bien proporcionado en todos sus miembros, siempre le admiraban.

—¡Qué hombre! –exclamaban algunos de esos curas pálidos, flacuchos y desmadejados[204]. –Es una salud que parece un insulto.

Y el colector, sonriendo, replicaba:

—Paciencia; acaba de ordenarse. Está sano, porque es novato. Ya vendrán para él, como para todos, los gajes del oficio[205].

Tenía razón. Vinieron. ¿Cómo sucedió aquello? Lo ignoraba. La carne se apoderó de su ser por sorpresa, cayó sobre él de improviso, aprovechándose de que todos los defensores de la plaza estaban descuidados y ninguno en las murallas.

Ya lo hemos dicho. Fue un ataque y un asalto en medio de la noche. Durante el sueño. ¡Ah! ¡Traidores y cobardes!

Seamos cronistas de la batalla.

El reloj del comedor acababa de dar el último martillazo en el

---

200 «*Dormir como un lirón*»: Dormir mucho o de continuo.
201 *Eretismo*: Exaltación de las propiedades vitales de un órgano.
202 *Colector*: En las iglesias, eclesiástico a cuyo cargo está recibir las limosnas de las misas para distribuirlas entre los que las han de celebrar.
203 *Gallardamente*: Con apostura, con elegancia.
204 *Desmadejado*: [Persona] que siente flojedad, cansancio y debilidad.
205 *Gajes del oficio*: Molestias o perjuicios que se experimentan con motivo del empleo u ocupación.

timbre. ¡Las once! Román quiso llegar al punto del párrafo, y cerró el libro.

Levantó los ojos para mirar a su hermana. Habíase dormido en su silla. Siempre le sucedía lo mismo. La contempló en silencio. Bajo la luz de la lámpara, dormía con los labios entreabiertos por una sonrisa, dejando ver entre lo encendido de la grana como una claridad violenta, casi como relampagueando, el marfil de la dentadura formada en línea de batalla para las luchas de amor. Era su respiración tranquila como la de un niño. Aprisionadas en la tela, las curvas de los pechos se levantaban y deprimían en un movimiento que pudiéramos llamar la *gran marea de la carne*. Las pestañas en el borde de los párpados cerrados eran dos arcos de sombra, y la sombra se difundía en las morenas mejillas.

Diéronle ganas de despertarla, diciendo:

«Levántate, oh compañera mía, hermosa mía, y vente».

«Porque he aquí ha pasado el invierno, hase mudado la lluvia, se fue. »

«Hanse mostrado las flores en la tierra, el tiempo de la canción es venido, y en nuestro país se ha oído la voz de la tórtola. »

«La higuera[206] ha echado sus higos y las vides en cierne dieron olor: levántate, oh compañera mía, hermosa mía, y vente».

Tuvo que contenerse, es decir, tuvo que cerrar los ojos ofuscados[207] ante la hermosura, como por exceso de luz, y volviendo a la vida real:

—¡Gracia! ¡Gracia! ¡Muchacha! –gritó–. Anda, hija, que es tarde.

Gracia despertó.

—¿Son ya las once?

—Ya. Buenas noches.

—Buenas noches, hermano.

Se acercó, puso la frente, y el hermano dió el beso fraternal.

Román entró en su cuarto. La muchacha agarró a la gata blanca, se la llevó en su regazo y también se recogió.

El sacerdote, arrodillado ante su oratorio, decía las preces[208] de la noche. Desde allí oyó el crujido de la cama en la habitación contigua, al que había precedido el sordo andar de unos piececitos descalzos. Gracia se acostaba.

El sacerdote, terminada su oración, hizo lo mismo.

---

206 *Higuera*: Árbol de media altura cuyo fruto es el higo.
207 *Ofuscado*: Confundido, Incapaz de razonar con claridad.
208 *Preces*: Oraciones que se dirigen a la divinidad como ruego o súplica.

******

¡Cosa rara! Lejos de caer inmediatamente en aquel sueño profundo que le dominaba todas las noches, sintió como una necesidad imperiosa, una causa anormal y violenta que sostenía la excitación cerebral. El sueño no acudía puntualmente a la cita. Dio dos o tres vueltas en la cama; atribuyólo a alguna incómoda postura. El reloj volvió á sonar. ¡Las once y media! No había para justificar aquel insomnio, ni voluntad de sostenerlo, ni preocupaciones poderosas de ningún género. No. En realidad quería dormir, y en cuanto a pensar no pensaba en nada. Sólo su imaginación recordaba lo ocurrido media hora antes. El comedor, las once campanadas, la gata hecha una rosca de cardada lana[209] sobre la mesa, y la garrida aragonesa durmiendo con el rostro inundado de claridad. ¡El término de la lectura! ¡Bah! Lo de todas las noches.

Poco a poco quedóse más quieto entre las sábanas; su cerebro veló sólo a medias, y empezó a crear y coordinar ideas poco razonables. Restos de la memoria reunidos en desorden. La escena del comedor otra vez, pero ridículamente tergiversada[210], hasta el punto de que su razón debiera haberse burlado de aquellas locuras imaginativas. Veíalo todo el sacerdote durante su sueño como reflejado en un espejo. Allí mirábase él mismo, dentro del comedor, cerrando las páginas del libro de la Santa, levantándose y encontrando su vista la gata blanca sobre la mesa y Gracia en la silla, ambas dormidas. Poco a poco los dos seres se fueron transformando de maravilloso modo, adquiriendo cada uno algo del organismo del otro. La gata variaba de color, y tomaba uno especialísimo, sonrosado pálido, muy parecido al de la carne. Su hermana, en cambio, era blanca con algo de indecisión en los contornos, esa indecisión de líneas que obedece a una normal[211] y al par se revela y aleja de ella, y que acusa la espuma, la nieve sin hollar[212], la lana cardada; dijérase que la angora era una gata humana

---

209 *Lana cardada*: Manto delgado y uniforme en el que se convierte la lana, tras el proceso de cardado (es decir, tras el proceso de cepillado y desenredado), quedando lista para hilar o afieltrar.
210 *Tergiversado*: Consecuencia de dar interpretación forzada o errónea a palabras o acontecimientos.
211 «*Obedece a una normal*»: El significado de esta expresión es confuso. Probablemente, se trate de una errata. Aventuramos la posibilidad de que la expresión correcta sea la de «obedece a una norma».
212 *Hollar*: Pisar, dejar huella.

y Gracia una mujer bestializada. Román, asustado de aquellos prodigios, corría a refugiarse en su cuarto para no verlos. ¡Empeño inútil! Sobre uno de los brazos desnudos del Crucificado, sin saber por dónde entró, ni cómo pudo subir hasta allí, vió de nuevo al monstruoso animalejo, cuyo ron-ron era formidable, parecido al acompañamiento de una canción báquica[213]. Irguiendo nerviosamente su poblada cola, con esos movimientos propios de la raza felina, restregaba su cuerpo, ¡oh profanación!, contra el rostro lívido del divino Moribundo; y al hacer esto fijaba en Román la mirada de sus pupilas relucientes.

De improviso, midiendo la distancia, desde la Cruz saltó a la cama, donde el sacerdote hubo de hacerla un lado, porque en el aire habíase verificado un nuevo prodigio, una transformación más infernal que la primera. Ya no era el cambio de color, sino el cambio de forma. Era «una mujer sentada sobre una bestia bermeja, llena de nombres de blasfemia. que tenía siete cabezas y diez cuernos. Estaba vestida de púrpura y de escarlata, y adornada de oro y de piedras preciosas y de perlas, teniendo un cáliz[214] de oro en su mano, lleno de abominaciones y de la suciedad de su fornicación. Y en su frente un nombre escrito: MISTERIO. LA MADRE DE LAS FORNICACIONES Y DE LAS ABOMINACIONES DE LA TIERRA».[215]

—¡La gran ramera del Apocalipsis! –gritó Román aterrado.

Y la mujer le contestó:

—¡Yo soy! Yo me he embriagado de la sangre de los santos y de la sangre de los mártires de Jesús. La bestia que ves, fué y no es: y ha de subir del abismo y ha de ir a perdición: y los moradores de la tierra, cuyos nombres no están escritos en el libro de la vida desde la fundación del mundo, se maravillarán. Y aquí hay mente que tiene sabiduría, como dijo de mí el ángel al Teólogo. Las siete cabezas son siete montes sobre los cuales, yo, la gran ramera, me asiento.

—¡Tú eres la mística Babilonia[216]! –repitió Román.

---

213 *Canción báquica (Baco)*: Canto que se entona en estado de embriaguez. El término alude a Baco, dios del vino en la mitología clásica.

214 *Cáliz*: Vaso sagrado donde se consagra el vino en la misa.

215 «*Era una mujer sentada sobre una bestia…*»: Fragmento perteneciente al Libro 17 del *Apocalipsis*. El secreto de la identidad de esta mujer y del papel que desempeña es una clave importante para entender las profecías bíblicas con respecto al reino del Anticristo y los acontecimientos que conducen a la segunda venida de Cristo. A la mujer [que cabalga la bestia] se la conoce como «la gran ramera del Apocalipsis», y constituye la figura central de la pesadilla erótica del cura Román.

216 *Babilonia*: Antigua ciudad de la baja Mesopotamia que en la cultura occidental servía de alegoría de la lujuria por influencia de algunos historiadores griegos y romanos. Símbolo generalizado de la maldad, según la Biblia.

—La mística Babilonia, imbécil, es Roma, la Ciudad Santa, también de los siete montes, por eso llamada la ciudad de las siete colinas. ¿No me has oído? ¿Quién, sino Roma, es *la mujer embriagada de la sangre de los santos y de la sangre de los mártires de Jesús?* ¿A quién, sino á Roma, corresponde aquel otro versículo en que se dice que yo, la gran ramera, soy *la grande ciudad que tiene reino sobre los reyes de la tierra?*

—¡Mentira! ¡Mentira! –decía el soldado de Cristo exasperado.

La mujer sonrió. Luego extendió sus brazos, sus hermosos brazos desnudos, largos como los de las esculturas de Cánova.[217]

—¡Abre los ojos! –dijo con voz dulcísima envolviéndole en una mirada enloquecedora–. ¡Abre los ojos, sacerdote!

¡Oh! ¡Lo que sucedió entonces! ¿Cómo describirlo? Román recordó, como muy lejano término de comparación, una vez que estuvo en el teatro siendo seminarista en Valladolid, y vio los llamados *Cuadros disolventes*[218]. Era algo parecido á esto, pero más grandioso y terrible. Una mancha negra que cubría el mundo y las edades.

—Ese es mi telón –volvió á decir la visión apocalíptica. –¡El traje talar!

De improviso, un foco luminoso se abrió paso entre las negruras del paño, haciéndolo como transparente. Román estaba horrorizado. Aquel foco era un círculo perfecto; era la hostia[219], la purísima hostia consagrada, la que iba á servir de fondo blanco, en el que al punto empezaron á formarse sombras y á presentarse colores. Se dibujaron árboles, un huerto, aguas corrientes, hierba verde, y, sobre todo ello, un firmamento[220] tachonado[221] de soles. En medio de aquel huerto se levantaba el árbol de vida.

La voz gritó: «EL EDÉN». Y bajo el árbol de la ciencia del bien y del mal estaba sentada la mujer primera. «¡*Eva*!»[222] ¡Sí! ¡Eva!

---

217 *Cánova*: Antonio Cánova (1757-1822), escultor y pintor italiano del Neoclasicismo. Su estilo estuvo inspirado en gran medida en el arte de la Antigua Grecia y sus obras fueron comparadas por sus contemporáneos con la mejor producción de la antigüedad.
218 *Cuadros disolventes*: Cuadros o escenas inventados por Henry Langdon Childe, que los exhibió por primera vez en 1840. Se trata de cuadros que, mediante trucos de iluminación, consiguen efectos de encadenado con los que se muestran transiciones del día a la noche y simulaciones de movimientos.
219 *Hostia*: Hoja redonda y delgada de pan ácimo que el sacerdote consagra en la misa para el Sacramento de la Comunión.
220 *Firmamento*: Cielo, bóveda celeste en la que se encuentran los astros.
221 *Tachonado*: Salpicado, inundado o cubierto. Un «firmamento tachonado de soles» es «un cielo tachonado (o cubierto) de estrellas».
222 *Eva*: La primera mujer que Dios creó sobre la Tierra y la mujer de Adán, el primer hombre. Su historia se encuentra en el libro bíblico del Génesis.

Hermosa como Ceres[223], desnuda como Venus[224]. En cuanto á su rostro... Román dió un grito. ¡Era el rostro de Gracia! ¡De su hermana! Su cara; sus labios entreabiertos por una sonrisa, dejando ver la blanquísima dentadura, tal como acababa de despertar en el comedor; su cabellera abundantísima, que cubría las morenas espaldas, llegando hasta los pies. Su hermana, mirándole como nunca le había mirado. Luego la visión se levantó, alzó su brazo, alcanzó una rama, cogieron sus dedos la bíblica manzana, y, volviéndose á la primitiva postura, mordióla; hecho lo cual, el brazo de la mujer dió impulso, la manzana salió del Edén, salió del foco luminoso, arrojada con fuerza, y cayó... ¡cayó sobre la cama de Román!, desvaneciéndose la visión tras esto. El sacerdote vió después á Sara, la mujer de Abraham; á Agar, la hermosa esclava egipcia, y á todas las concebidas del patriarca; á Rebeca[225] junto al pozo de agua de Nachor, llenando su cántaro y dando de beber al siervo; á Raquel[226] y á Lia[227]; á Jael[228]; á la mujer del Levita, de la que abusaron los de la tribu de Benjamín; a Ruth[229], la espigadora[230] de la heredad de Booz; á la apasionada Michal[231], que se enamoró de David; á Dalila[232], y á la reina de Saba[233] llegando á Jerusalén con un muy grande séquito, con camellos cargados de aromas, oro y piedras preciosas: *«Nunca hubo tales aromas como los que dio la reina de Saba al rey Salomón»*. Vió una tras otra á todas las mujeres de la Biblia, y á todas ellas, desnudas, cubiertas de pieles ó con

---

223 *Ceres*: En la mitología romana, Ceres era la diosa de la agricultura, las cosechas y la fecundidad.
224 *Venus*: Una importante diosa romana relacionada principalmente con el amor, la belleza y la fertilidad.
225 *Rebeca*: Matriarca bíblica, la mujer y sobrina segunda de Isaac. Su historia se narra en el *Génesis*. Rebeca fue la madre de los gemelos Esaú y Jacob.
226 *Raquel*: Personaje bíblico, segunda esposa, y favorita, de su primo Jacob, y madre del patriarca José y de Benjamín.
227 *Lia*: Según el *Génesis*, la primera esposa de Jacob, madre de seis de los hijos de éste.
228 *Jael*: Personaje del libro de los Jueces del Antiguo Testamento. Jael aparece como la heroína que mata a Sísara para salvar a Israel de las tropas de Jabín, rey de Canaán.
229 *Ruth*: Personaje bíblico que aparece en el libro que recibe su nombre (*Libro de Ruth*). Su nombre significa compañera. El libro de Ruth es el octavo de la Biblia y uno de los más cortos. Rut rebusca en lo que desechan los cosechadores y va a parar al campo de Booz, en Belén. A instancias de su suegra, Rut se acuesta a los pies de Booz, quien la toma por esposa.
230 *Espigadora*: Mujer que recoge espigas de trigo en los campos durante la cosecha.
231 *Michal*: Una de las esposas del bíblico rey David.
232 *Dalila*: La mujer a la que amó Sansón y que fue su perdición en el bíblico *Libro de los Jueces*.
233 *Reina de Saba*: Personaje legendario, presentada en los libros Reyes de la Biblia. Fue la gobernante del Reino de Saba, un antiguo país que estaba localizado en los actuales territorios de Etiopía y Yemen.

trajes de púrpura, rubias ó morenas, altas ó bajas, ¡a todas ellas con el rostro de Gracia! Por último, el foco luminoso se extinguió después de copiar la figura de la Magdalena[234] derramando ungüentos sobre la cabeza de Jesucristo. Quedó sólo la inmensa tela negra, dejando en su oscuridad el mundo. Sólo esto y la gran ramera, cuyo cuerpo parecía resplandecer como dotado de luz propia.

La gran ramera, que continuaba mirando á Román de un modo intenso, fijo, lascivo, y que, inclinándose sobre él dulcemente, lo estrechó en sus brazos, lo besó en la boca, y, por último, tendió su cuerpo de mujer junto al del sacerdote.

Luego, de pronto, un gran estupor, una sensación extraña; después, la luz de la mañana penetrando por entre los resquicios del balcón; la voz de Gracia, que cantaba allá en la cocina las alegres notas de su canción aragonesa, ¡el nuevo día!

El nuevo día, lleno de sol, de perfumes y de rumores. Las hojas verdes de las macetas humedecidas por el rocío, el jilguero revoloteando en la jaula.

Román despertó.

En el primer momento no se acordaba de su pesadilla. Miró á las bayetas negras, sobre las cuales destacaba la imagen de Jesús enclavado en el madero. Se incorporó para arrodillarse en la cama misma, para, antes de poner los pies en tierra, hacer, como de costumbre, la señal de la cruz[235].

Palideció intensa y repentinamente. Acababa de recordar; con el movimiento de los músculos pareció como removerse lo amodorrado de su memoria. Además, el lecho del célibe no era el inmaculado que corresponde a la virginidad.

¡La gran ramera! ¡Dios mío! ¡Él! ¡Un sacerdote!

---

234 *Magdalena*: María Magdalena aparece mencionada en el *Nuevo Testamento* como discípula de Jesús. Por culpa de su identificación con otras mujeres de los Evangelios, en Occidente se propagó la idea de que, antes de conocer a Jesús, María Madgalena había sido prostituta y pecadora.

235 *Señal de la cruz*: Gesto ritual utilizado por los católicos como inicio y cierre de sus oraciones y actos religiosos y para conjurar de la hipotética presencia del mal en una situación, idea o lugar.

V

Se consideró reo[236] de pecado mortal. Tenía en favor suyo (no como para excusarse, ¡no!, porque él no trataba de buscar disculpas a su delito, sino que, antes por el contrario, lo consideraba horrendo y nauseabundo), pero en su favor estaba el haber sido vencido durante el sueño.

No había en su espíritu desesperación ni reproches. No consideraba aquello sino como un castigo, tal vez por haber alimentado su virtud con soberbia. Como Job[237] en el muladar[238] clamaba al Ser Supremo, y como él podía decir:

«Ahora mi alma está derramada en mí, días de aflicción me han aprehendido».

«¡Quién me tornase como en los meses pasados, como en los días que Dios me guardaba! »

«Cuando los oídos que me oían me llamaban bienaventurado, y los ojos que me veían me daban testimonio».

Triste estaba su alma, hasta morir. La carne suya era flaca, y se mostraba propicia al pecado. Cerrábanse las puertas de la salvación en la otra vida. ¡Un sacerdote! Había incurrido en lascivias de imaginación. ¡Su sueño! Tenía que contarlo punto por punto en acusación sacramental ante el tribunal de la penitencia[239].

Se vistió apresuradamente; deseaba llegar cuanto antes á la iglesia.

Ya estaba puesto el manteo, corrido el sombrero, ya iba á salir; se dirigía á la puerta del cuarto, cuando ésta se abrió, presentándose Gracia en el umbral. Gracia, cuyo canto, allí en la cocina, había cesado de pronto con un grito agudo. La virgen aragonesa estaba demudada[240] y llorando.

---

236 *Reo*: Persona acusada de un delito o declarada culpable.
237 *Job:* Personaje bíblico sometido a prueba por Satanás con autorización de Dios y cuya dignidad y temple ante las dificultades es usado como ejemplo.
238 *Muladar*: Lugar o sitio donde se echa el estiércol o la basura de las casas.
239 *Penitencia*: Sacramento en el cual, por la absolución de un sacerdote, se perdonan los pecados cometidos después del bautismo a quien los confiesa con el dolor, propósito de la enmienda y demás circunstancias debidas.
240 *Demudar*: Cambiarse repentinamente el color, el gesto o la expresión del semblante.

—¿Qué tienes? ¿Qué te pasa? —preguntó el sacerdote con tono y gesto tan avinagrado, que la niña le miró sorprendida á través de sus lágrimas.

Pero, preocupándola más el pesar experimentado, exclamó entre sollozos:

—¡Román! ¡Román! ¡Se me ha escapado la gata!

—¿La gata? ¿Qué se ha escapado? Pero ¿cuándo?

Y el sacerdote se inmutó[241]: la noticia le puso densamente pálido.

—Sí, se ha marchado ahora mismo por el terradillo[242] de la ventana del patio. Desde la cocina saltó. Está en el tejado.

—¿En el tejado? Pero ¡qué ocurrencia!...

—Sí. Yo te contaré. Veras, verás tú qué mala es. Por supuesto, que no tiene ella sola la culpa, sino el otro. El otro, que la llama.

—¿Quién es el otro?

—Pues, ¡quién ha de ser! El de la vecina, un gato. Un gato negro. ¡Si llevamos con esto unos días! Figúrate que el demonio del gato ése se escapa también, y se va al tejado, como te he dicho. Y cuando está allí se pone a maullar; pero ¡qué maullidos! Dice la vecina que tiene dolor de muelas. Y la Morroña también lo tenía hoy; y como ha visto lo que hace el otro, va y lo imita. Allá arriba están los dos. Se van á caer á la calle; porque, ¡si los hubieras visto!, en cuanto se reunieron empezaron á jugar como si toda la vida hubiesen estado juntos; y á lo mejor se muerden. Ven, ven, ven corriendo. Llámala tú, á ver si á ti te hace más caso.

Le cogió de un brazo, tiró de él, y, que quieras ó no, a la fuerza llevólo al sitio de la catástrofe. Hízole asomar á la ventana.

—¡Mírala! ¡Morroña! ¡Morroña! ¡Piss!... ¡Piss!...

—¡Piss!...

¡Sí! ¡Allí estaba! Irguiendo la cola, paseando majestuosamente al sol, parándose á veces para lamer sus lanas y limpiarlas de no sabemos qué manchas reales u imaginarias, mirando á sus amos con actitudes de burla, estremeciéndose nerviosamente a cada siseo[243] y decidiéndose por ir al encuentro del otro animalejo, que la esperaba en el caballete[244] del tejado sin perderla de vista. ¡Allí estaba la gran ramera del Apocalipsis!

---

241 *Inmutarse*: Manifestar físicamente un estado de conmoción emocional.
242 *Terradillo*: Azotea o terraza de pequeño tamaño.
243 *Siseo*: Pronunciación repetida del sonido inarticulado de s y ch para manifestar desaprobación o para hacer callar a alguien.
244 *Caballete*: Parte más elevada de un tejado que lo divide en dos vertientes.

—Déjala —exclamó el sacerdote—; déjala y no llores.
—¡Pero y si no vuelve!
—Ya volverá. En cuanto tenga ganas de comer. En cuanto traigas la cordilla[245]. Y si no volviera, maldito lo que se perdía —añadió Román obedeciendo al rencor que originaban sus nacientes supersticiones con respecto á la *Morroña*.
—¡Ah! ¡No digas eso! Si no vuelve, soy yo capaz de ir por ella. ¡Pues no faltaba más! Es mía, es mi gata, y yo la quiero.

******

Aquella escena produjo en el cura una irritación nerviosa, que cambió por completo su anterior estado de abatimiento. Salió de su casa y se encaminó á la iglesia. Quería confesar, recobrar el perdido estado de gracia, antes de celebrar el santo sacrificio. Pero su confesión tenía que ser perfecta ¡tenía que reunir las nueve condiciones que necesita todo penitente para la validez de la suya: *Simple, Humilis, Pura, Fidelis, Nuda, Discreta, Libens, Integra y Verecunda*[246]. Y ahora no sentía ni contrición ni atrición[247] con aquella sublevación y sorda cólera que le dominaba. No sentía el intenso dolor del pecado cometido, dolor concebido por el amor de Dios sobre todas las cosas y perfecto en caridad, con propósito de no pecar en lo sucesivo y con voto de recibir el sacramento de la penitencia. No detestaba el pecado con el odio que produce por su torpeza ó fealdad, ó por el temor de las penas del infierno, cosas ambas que excluyen la voluntad de pecar, con esperanza de obtener el perdón. No había en él ninguno de los sentimientos y pesadumbres que preparan para la gracia. No podían agarrarse sus manos á la *segunda tabla después del naufragio*[248]; ni confesar, ni, por ende, decir misa. Pasar el día ¡un día entero en pecado mortal! Co-

---

245 *Cordilla:* Desperdicio de tripas de carnero, que se suele dar a comer a los gatos.
246 «*Simple, Humilis, Pura, Fidelis, Nuda, Discreta, Libens, Integra y Verecunda*». Expresión latina que alude a las condiciones de la actitud del pecador para recibir el sacramento de la penitencia: «Simple, humilde, pura, fiel, desnuda, discreta, voluntaria, íntegra y reservada».
247 *Atrición*: En el cristianismo, arrepentimiento y pesar de haber ofendido a Dios por miedo al castigo divino.
248 «*La segunda tabla después del naufragio*»: Alusión a la Penitencia. Este sacramento ofrece a los cristianos una nueva posibilidad de convertirse y de recuperar la gracia de la justificación. Los Padres de la Iglesia presentan este sacramento como «la segunda tabla (de salvación) después del naufragio, que es la pérdida de la gracia».

lérico estaba contra su cuerpo y contra sus sentidos. Casi quería reprochar á Dios que le hubiera abandonado. ¡Oh! y tan por completo, que ahora, despierto ya, puede decirse que en su entendimiento estaban preparándose cultivos de la dañina hierba filosófica. Empezaba á no ser claro con respecto á la idea del bien y del mal. Él había pecado. Pero ¿había sido él verdaderamente, su cuerpo sin intervención del alma? Y si esto era así ¿de qué tenía que acusarse? Apuntaba allí algo de la doctrina de Hobbes[249]. El bien, es decir, la sensación agradable. El mal, la desagradable. Huir de esta última y procurarse la primera. Esto era la moral. El hombre está revestido del derecho de sacrificárselo todo a sí mismo. ¿Cuál es la naturaleza y las fuerzas de nuestro espíritu?

—¡Ah! Estoy loco, tengo pensamientos de condena.

******

En tal situación llegó a la sacristía. El colector le saludó con su sonrisa de siempre.

—¡Mi señor don Román! ¡Santos y buenos días! Y la gata, ¿ha vuelto a sus lares?[250] ¡Demonio de bichos!

Una bomba estallando a sus pies no le hubiera producido más efecto de terror que aquellas sencillísimas palabras. ¡Cómo! ¡Hasta en la iglesia se conocía ya el episodio! ¿Acaso el padre Fermín era adivino? ¡Quién sabe! Pero entonces tampoco ignorarían lo de la gran ramera del Apocalipsis.

Quedóse mirando al colector estúpidamente, con ese asombro consistente en abrir la boca, enarcar las cejas, arrugar la frente y dar un paso atrás, una expresión tan cómica, que el padre Fermín soltó la carcajada.

—¿Qué le pasa, hombre, qué le pasa? ¿Qué tiene de particular lo que le he dicho?

—De particular... no ... verdaderamente. Pero sí es extraño que Ud...

Y sin poderse contener:

---

249   *Hobbes*: Thomas Hobbes (1588-1679), filósofo inglés. El pensamiento filosófico de Hobbes se define por enmarcarse dentro del materialismo mecanicista, corriente que dice que sólo existe el cuerpo, y niega, por tanto, la existencia del alma.
250   «*Volver a sus lares*»: Expresión que alude a retornar al lugar o casa de origen.

—¿Cómo sabe Ud. lo que acaba de suceder en mi casa?
—¡Bien dicen los otros! Sólo un soñador sempiterno[251] es capaz de hacerme esa pregunta.
—Es que...
—Pero, ¡alma bendita!, ¿hasta ahora no se entera Ud. de que somos vecinos? ¿Es posible eso, llevando, como lleva, ya dos meses en la casa? ¡Si será Ud. hurón[252]!

Verdaderamente, Román lo ignoraba. Entregado siempre a sus devociones, pasando la vida en aquel culto de todas horas a la imagen del oratorio, no preguntando nunca a su hermana, no sintiendo curiosidad por las cosas del mundo, ignoraba quiénes eran los inquilinos de los restantes pisos.

—Pues sí, señor. El gato negro es mío. Se llama Sultán –añadió el colector acentuando su sonrisa. –Conque vamos a ver, D. Román: ¿en qué altar va Ud. a decir la misa? Llega Ud. el primero. Puede ocupar el de la Purísima.

Entonces una idea se abrió paso en el torbellino de las que atormentaban su cerebro. Aquel sacerdote, que vivía en su misma casa, podía, ¡sí! podía confiarse á él.

—Padre Fermín, hoy quisiera dispensarme de la misa.

El colector le miró.

—Y quisiera otra cosa. Desearía hablar con Ud.

—¿Ahora?

—No. Ahora tiene Ud. sus ocupaciones, que son sagradas. Y aquí no es conveniente. Se trata, además, de una cuestión muy grave.

El padre Fermín se quitó los anteojos[253], frunció el ceño, no malhumorado, sino con expresión picaresca.

—Bueno. A las doce y media acaba mi tarea hoy. A esa hora como. Pasaré a verle a Ud.

—Le espero.

—Y ya que no puede Ud. celebrar hoy, hará bien en marcharse, para que nadie se entere.

Y despidiéndole con un gesto amigable:

—Hasta las doce y media o la una. Juntaremos los pucheros[254]. Comeremos los cuatro reunidos. Así será mejor.

---

251 *Sempiterno*: Que sucede siempre de la misma forma.
252 *Hurón*: Persona huraña que rehúye el trato y la conversación con la gente, poco sociable.
253 *Anteojos*: Gafas o lentes.
254 «*Juntamos los pucheros*»: Expresión que hace referencia a reunirse para comer, aportando cada uno de los comensales alguna cosa y compartiéndola con el resto.

—¿Los cuatro?

—Es claro. Usted, su hermana, Anita y yo. Anita es mi sobrina. ¡Ea! Hasta luego, hasta luego. Espéreme Ud.

Y con verdadera prisa le acompañó hacia la puerta, empujándole suavemente, expulsándole con mejores modos que los empleados por Dios cuando arrojó a Adán del Paraíso.

******

Román volvió á su casa más contento, sin saber por qué. A la verdad, no tenía motivos para ello, sino que más bien debería ser gravedad en su conciencia aquel regreso del templo, no saliendo de él lleno de pureza, con las alegrías eucarísticas en el espíritu, sino tal como entró, impuro, manchado aún por la suciedad de la noche pasada. Pero tenía una esperanza. ¡La conferencia! Todos sus anhelos cifrábanse en ella. El padre Fermín le aconsejaría. El padre Fermín, veterano ya en la milicia de Cristo, sabría dar remedios al bisoño[255] y defensas contra la carne rebelde. Eso. Eso es lo que necesitaba. ¡Un escudo! ¡Una trinchera! Él quería volver a ser el varón fuerte de que habla la Escritura.

—¡La *Morroña* ha vuelto!...

Esta fue la primera noticia que le dió su hermana.

—Vamos, mujer, ya estarás contenta –replicó el sacerdote con tono paternalmente cariñoso.

En seguida él, á su vez, participó que tenían convidados. Es decir, convidados, no. No era esa la palabra, puesto que ellos se traían su comida.

—Y á propósito, ¿cómo no me has dicho que nuestro vecino era también un presbítero?

—¿Un presbítero? –repitió *la niña* con sincera sorpresa. –Pues no lo sabía. Es decir, que no me lo figuraba. No le he visto si llevaba o no corona. Además, siempre le he encontrado de paisano.[256]

—¿De paisano?

—Sí. Y por cierto que él podrá ser todo lo cura que tú quieras, pero

---

255 *Bisoño*: Inexperto en algún oficio o actividad.
256 «*De paisano*»: Se refiere al militar o al eclesiástico, cuando no viste uniforme o hábito. Se usa sobre todo con los verbos «ir» o «vestir».

no se parece en nada a ti. Siempre está alegre; cantan y tocan ahí al lado.
—Serán rezos.
—¡Sí, sí; rezos! Buenos rezos te dé Dios. Unas canciones muy bonitas. El cura toca y ella es la que canta. Calla, hombre, que ahora caigo en ello. Como lleva la cara afeitada y no gasta bigote, me había creído yo que sería un torero.
—¿Por qué?
—Por eso, y porque lo que ella canta son malagueñas[257], y lo que él toca, la guitarra.
Hizo un gesto de desagrado.
—Déjate de chismes de vecindad. Ese señor es colector de mi parroquia, de nuestra parroquia. Es el padre Fermín. Prepáralo todo para cuando vengan.
—¿Y ella? ¿Quién es ella?
—Es su sobrina ¿Quién ha de ser?
—Pues, mira, es muy guapa.
Román dejó á su hermana y entró en el oratorio. Tuvo de pronto una de esas supersticiones tan comunes a los sacerdotes. Encima de la mesa, en el lugar más visible, estaba la Biblia. Allí creyó que encontraría palabras de consuelo, pero que las encontraría al azar. Abriendo el libro por la página que la Providencia misma había de designar.
Hízolo así, y leyó:

«Y aconteció, después de esto, que, teniendo Absalón[258], hijo de David, una hermana hermosa, que se amaba Thamar[259], enamoróse de ella Amnón[260], hijo de David».

«Y estaba Amnón angustiado, hasta enfermar, por Thamar, su

---

257 *Malagueña*: Género de música popular parecido al fandango en el que se cantan coplas de cuatro versos octosílabos, característico de la provincia de Málaga.
258 *Absalón*: En la Biblia, el tercero de los hijos de David, cuyo nombre significa «el padre es paz». Es destacado en el *Libro de los Reyes* por su belleza y por su abundante y hermosa melena. La historia de Absalón se enmarca en la llamada tragedia de la casa de David, que a la postre llevará a Salomón al trono. El mayor de los hermanos, Amnón, prendado de la belleza de su hermanastra Thamar, hermana de Absalón, la viola. Absalón decide vengarla matando a Amnón y luego huye.
259 *Thamar*: Personaje bíblico que aparece en el *Libro de los Reyes*. Thamar es hija de David y hermana de Absalón, media hermana de Amnón por parte de padre. Éste cae enamorado de ella, intenta seducirla, y acaba violándola. Absalón su hermano la vengará, matándolo.
260 *Amnón*: Personaje bíblico. Hijo de David. En su deseo por su medio hermana, Amnón escuchó el consejo de su primo, Jonadab, de fingir estar enfermo y atraer a Thamar a sus habitaciones. Thamar fue invitada con la pretensión de que Amnón quería preparar una comida especial para él. Haciendo caso omiso de sus protestas, la violó.

hermana; porque por ser ella virgen, parecía a Amnón que sería cosa dificultosa hacerle algo».

«Y Amnón tenía un amigo que se llamaba Jonadab, hijo de Simea, hermano de David; y era Jonadab hombre muy astuto».

«Y éste le dijo: Hijo del rey, ¿por qué de día en día vas así enflaqueciendo? ¿No me lo descubrirás á mí? Anmón le respondió: Yo amo a Thamar, la hermana de Absalón, mi hermano».

«Y Jonadab le dijo: Acuéstate en tu cama y finge que estás enfermo; y cuando tu padre viniere a visitarte, dile: Ruégote que venga mi hermana Thamar para que me conforte con alguna comida y aderece delante de mí alguna vianda[261], para que viendo yo, coma de su mano.»

«Acostóse, pues, Amnón y fingió que estaba enfermo, y vino el rey a visitarlo. Y dijo Amnón al rey: Yo te ruego que venga mi hermana Thamar y haga delante de mí dos hojuelas[262] que coma yo de su mano».

«Y David envió a Thamar a su casa, diciendo: Vé ahora a casa de Amnón, tu hermano, y hazle de comer».

«Y fué Thamar a casa de su hermano Amnón, el cual estaba acostado; y tomó harina y amasó e hizo hojuelas delante de él, y aderezólas».

«Tomó luego la sartén y sacólas delante de él; mas el no quiso comer. Y dijo Amnón: Echad fuera de aquí a todos. Y todos salieron de allí».

«Entonces Amnón dijo a Thamar: Trae la comida a la alcoba, para que yo coma de tu mano. Y tomando Thamar las hojuelas que había aderezado, llevólas a su hermano Amnón a la alcoba».

«Y como ella se las puso delante para que comiese, él trabó de ella, diciéndole: Ven, hermana mía, acuéstate conmigo».

«Ella entonces le respondió: No, hermano mío, no me hagas fuerza. Porque no se ha de hacer así en Israel. No hagas tal desacierto».

«Porque ¿dónde iría yo con mi deshonra? Y aun tú serías como uno de los perversos de Israel. Ruégote, pues, ahora, que hables al rey, que no me negará a ti».

«Mas el no quiso oír; antes, pudiendo más que ella, la forzó y echóse con ella».

Román cerró el libro con ira. Con verdadera cólera.

—Y esto –dijo sin poderse contener–; ¡esto es un libro sagrado! ¡Esta es la lectura que ponen en nuestras manos, cuando nuestras manos se han elevado al cielo para ofrecer en holocausto precioso la castidad! ¡Este es el libro sagrado, la *Santa Biblia*! Leyéndola, he

---

261 *Vianda*: Comida, especialmente carne y pescado.
262 *Hojuelas*: Porción de masa de harina que se fríe y se suele comer con azúcar o miel.

aprendido yo cuanto ignoraba. En estas páginas, toda virginidad se halla violada; éste es el verdadero árbol terreno del bien y del mal. Ataca, rompe y destroza brutalmente los velos de la inocencia. ¡Amar y temer a Dios! No es esa la enseñanza que se desprende del texto. Aquí se llega a la adoración del diablo, porque se llega al conocimiento de los placeres de la carne.

Después de decir todas aquellas blasfemias, volvió el demonio filosófico a soplar en su entendimiento vientos encontrados de ideas opuestas. La moral de los Padres de la Iglesia[263], fuerte y severa, elevando al hombre a la esfera superior a los sentidos, parecióle que no presentaba los caracteres y el enlace de un verdadero sistema. Aquel principio suyo fundamental, la voluntad de Dios y la obediencia del hombre a esta voluntad, era cierto, sí; pero ellos mismos dicen que el mal físico y moral es necesario, y que no se produce ni por orden ni sin orden de Dios: eso equivale a fundar la opinión de un mal tolerable. Lo derivan en parte de la libertad humana, y en parte también de la influencia de los malos espíritus.

Luego las contradicciones. El alma humana que los Padres concibieron, primero de naturaleza corporal, y después los platónicos y Nemesio[264] y Agustín[265] dijeron espiritual ¡como medios de conocer la voluntad divina, la Biblia y la razón, pero sobre todo la Biblia! El anhelo de unirse a Dios produciendo la bienaventuranza de la vida. Agustín, una de las primeras lumbreras de la Iglesia latina, declarando que, desde el pecado original, el hombre ha perdido la inmortalidad y la libertad de abstenerse del pecado, pero que ha conservado la libertad de cometerlo; que, por consiguiente, sólo Dios produce inmediatamente la voluntad del bien (la *gracia*), y que concede ó rehusa esta gracia á quien le acomoda. Un sistema famoso, que á Román le

---

263 *Padres de la Iglesia*: Grupo de pastores y escritores eclesiásticos, obispos en su mayoría, de los primeros siglos del Cristianismo, cuyo conjunto doctrinal es considerado fundamento de la fe y de la ortodoxia en la Iglesia.

264 *Nemesio*: Uno de los Padres de la Iglesia. La filosofía de los Padres de la Iglesia no es en conjunto un sistema filosófico independiente, sino una pieza levantada dentro de la estructura de la teología y enlazada con los fines de ésta, una filosofía religiosa al servicio de las enseñanzas de la fe. El platonismo ecléctico que se extendió en el tiempo posterior a Jesucristo encontró en los Santos Padres, por su espiritualismo y su concepción de lo suprasensible, favorable acogida, y fue transformado en sentido cristiano por Nemesio.

265 *Agustín*: Agustín de Hipona o San Agustín (354-430) es uno de los Padres de la Iglesia más importantes. Para San Agustín el compuesto humano está formado por el cuerpo y el espíritu. La cárcel del alma no es el cuerpo humano, sino el cuerpo corruptible; el alma no puede ser sin él dichosa. La tesis fundamental que ayuda a entender el misterio del hombre es su creación a imagen de Dios, que es propia del hombre interior, de la mente. Pero ha sido deformada por el pecado y será la gracia la encargada de restaurarla.

parecía contrario á la naturaleza del orden moral, y al que se llegó por ajustarse estrictamente a la letra de la Biblia en la disputa de Agustín con el bretón Pelagio[266], que atribuía al hombre el poder verdadero de obrar bien. La felicidad consistiendo en la contemplación de Dios; la revelación, origen único del dogma cristiano. Las tres maneras de conocer al Todopoderoso: por su imagen, por la naturaleza externa y por una revelación externa, inmediata, principio de los Padres que está reñido con el que ellos mismos asientan luego diciendo que la esencia de Dios no es accesible a la razón, por más que lo sea la intuición mística.

¡Ah qué enredos! Dijéranse las tramas en que se urde una gran mentira.

Todo este embolismo[267] le tuvo sentado ante la mesa, con los codos apoyados en ella, hundido el rostro entre las manos, una, dos, tres horas. ¿Cómo, desde la lectura del pasaje en que con tantas complacencias pornográficas de minuciosidad en el detalle se describe el incesto de Amnón y Thamar, había llegado repentinamente a las alturas de la Teología? Ni él lo sabía, ni era capaz nadie de explicárselo. El mismo Stendhall[268], que maneja las ideas y hace funcionar el cerebro de sus personajes como el jugador de ajedrez las figuras en el tablero, el mismo autor de *La Cartuja de Parma* hubiérase visto apurado para trazar órbitas en aquel universo creado de pronto dentro del cráneo del sacerdote.

Lo que se veía como lejana luz en la noche era su afán de justificar algo tan grave, tan peligroso, que no se mencionaba, que no quería decirse, que no había querido confesar y jamás confesaría ante el tribunal de la penitencia. ¡Oh! ¡Jamás!

Por fin bajaron los brazos, cayeron extendidos sobre la mesa, alzó Román la frente. Tenía el rostro inundado de lágrimas. ¡La pureza! ¿Cómo recobraría la pureza? La confesión, después de todo, no era remedio suficiente. La satisfacción sacramental, la aceptación de la

---

266 *Pelagio*: Monje bretón, ascético y reformista, que vivió entre los siglos IV y V d. C. Sufrió una dura persecución por parte de la Iglesia de Roma tras fundar una nueva corriente del Cristianismo (considerada herética por ésta) que negaba el dogma del Pecado Original.
267 *Embolismo*: Mezcla y confusión de muchas cosas.
268 *Stendhall*: Henri-Marie Beyle (1783–1842), más conocido por su seudónimo, «Stendhal», escritor francés del siglo XIX. Valorado por su agudo análisis de la psicología de sus personajes y la concisión de su estilo, es considerado uno de los primeros y más importantes novelistas del Realismo. Autor de novelas famosas, como lo son *Rojo y negro* (*Le Rouge et le Noir*, 1830) y *La cartuja de Parma* (*La chartreuse de Parme*, 1839).

pena impuesta por el confesor para reparar la injuria hecha á Dios por el pecado, no es bastante, puesto que la absolución no es completa, puesto que el santo concilio de Trento anatematiza al que dijere que de tal modo se perdona á todo penitente, después de recibida la gracia de la justificación, la culpa y reato[269] de la pena eterna, que no le queda reato de pena alguna temporal que pagar en este siglo ó en el futuro: no es absolución completa, porque así lo exigen la equidad y la conveniencia.

Sus ojos se fijaron en el oratorio, en la imagen tremenda; se levantó, cayó luego de rodillas, y de rodillas, desde donde estaba, fué arrastrándose hasta allí, ensuciando con el polvo de los ladrillos el manteo y la sotana, el traje talar.

Iba el mísero con las manos juntas, arrebatada su razón, sintiendo en ella la poderosa tensión que acerca á la locura; miraba al Redentor. Llegó, y se abrazó al madero, a los llagados pies, gritando con la suprema angustia de sus sollozos:

—¡Quiero el martirio! ¡El martirio para purificarme! ¡Quiero imitarte! ¡Quiero morir como tú, Jesús mío!

******

En aquel momento hubo de cesar su congoja. Una voz conocida, de acento burlón, hizo vibrar en su oído estas palabras:

—¡Mal síntoma! Hablar con las imágenes es como hablar á solas en voz alta. Señor don Román, la devoción á las imágenes no debe llevarse hasta el extremo de que se considere como abuso en el culto de los santos, y, como tal, error contra la fe sin advertencia de parte del entendimiento, O, lo que es lo mismo, delito de herejía material.

Era el colector.

—¡Hereje! ¡También hereje! —contestó el infeliz aterrado.

—¡Vamos, cálmese Ud., y recobre el espíritu la paz que necesita! Yo he entrado, porque su hermana me dijo que aquí lo encontraría y porque creí no hallarle tan consagrado á sus devociones. ¡Qué caramba! No pensemos ahora más que en comer. Allá está mi sobrina

---

269 *Reato*: Obligación que queda a la pena correspondiente al pecado, aun después de perdonado.

con la señorita Gracia, armando en el fogón una que ni la de San Quintín[270].

Román se levantó. De nuevo á la presencia del padre Fermín recobraba alientos su esperanza.

—¡Cuánto agradezco á Ud. que atienda mi ruego! ¡Que haya venido! Necesito de su experiencia y consejos. ¡Estoy pasando un día! ¡Si usted supiera! Hay momentos que parezco un condenado.

—Bueno, ya hablaremos de eso; á los postres. Nos encerraremos aquí. Ahora al comedor. De seguro que no ha tomado Ud. hoy ni el chocolate. Está Ud. en ayunas, y eso explica muchas cosas, señor don Román. ¡Ea, vámonos! Ha tenido Ud. muy mala idea con este decorado, esas bayetas negras y ese crucifijo. Esto está muy triste. Aquí hace falta alegría. Vámonos á buscarla en la mesa.

Y dándole el brazo, los dos curas, el uno con su uniforme, que vestía siempre, y el otro de paisano, fueron al encuentro de las dos mujeres.

Riendo y bromeando, el colector hizo entrar á Román en la cocina. Allí estaban Anita y Gracia, la una lavando platos y poniendo la mesa, la otra junto á las hornillas[271].

—¿Cómo andamos?

—Ya está. Ya está. Vayan Uds. sentándose, que allá vamos nosotras.

Las dos estaban muy contentas. Era para ellas el principio de su amistad tan alegre como el principio de una orgía.

---

270 *Armar la de San Quintín*: Expresión que se utiliza para describir un gran alboroto, una discusión muy fuerte o una contienda violenta. El origen de esta frase hecha está en la España de tiempos de Felipe II cuando, en 1556, las tropas enviadas por el monarca entraron en Francia desde Flandes y atacaron con fiereza la plaza de San Quintín, derrotando estrepitosamente a los ejércitos franceses.

271 *Hornilla*: Hueco hecho en los hogares, con una rejilla horizontal a media altura para sostener la lumbre para cocinar.

VI

La comida fue un tanto bulliciosa; y como don Fermín hubiese aportado al improvisado festín que resultaba de la reunión de manjares una lacrada de burdeos[272], obligó á su querido hermano en Jesucristo á que de ella se sirviera, reprochándole mucho su costumbre de no beber más vino sino el aguado de la consagración.[273]

—El vino es como todo. Huyendo de cometer excesos, conforta y ayuda la digestión, predispone el ánimo en contra de las ideas melancólicas, de las cuales me parece que mi señor don Román tiene grande acopio. Y tan exceso considero yo el abstenerse de la bebida como el embriagarse. Vaya, D. Román, otra copita.

—No puedo. No tengo costumbre ¡me va á hacer daño!

—Ande Ud. Bébala Ud. por mí –dijo Anitá cogiendo con sus dedos de rosa el cristal. Y antes de que Román previniera la acción, lo levantó lleno hasta el borde del generoso líquido, y humedeció en él los risueños labios, devolviendo después la copa catada al sacerdote. —Vamos –dijo–; y ahora, ¿lo rechazará Ud.?

—Ahora sabrá mejor– añadió el padre Fermín aprobando la travesura de su sobrina.

Román miraba á uno y otra como atontado.

—Vamos, bebe. No desaires á mi amiga –dijo Gracia.

Y no hubo recurso sino el de obedecer y apurar aquel cáliz, como el colector le dijo riendo.

******

---

272 *Lacrada de Burdeos*: Botella de vino procedente de esa región francesa y cerrada con lacre derretido.
273 *Consagración*: En la Iglesia católica, conversión del pan y del vino en el cuerpo y la sangre de Cristo por un sacerdote mediante la ejecución del ritual adecuado.

Anita, la sobrina de D. Fermín, era una mujer hecha y derecha, como suele decirse. Tenía ó representaba tener unos veinticinco años. Blanca y rubia, indolente y andaluza, ya sabemos que cantaba malagueñas, peteneras[274] y hasta seguidillas[275] gitanas. Su pelo era un poco rizoso, enmarañado; los ojos azules; limpia la mirada y brillante; el cuello y la frente de un blanco lechoso, que debía ser la encarnación general de todo su cuerpo. La nariz airosamente remangada[276], lo que daba á su expresión cierta malicia. Era la cara como la de un pilluelo[277]. La boca grande, pero muy bien jugada de mohines á cual más encantadores. Hablaba mucho, aturdidamente, sin esperar la respuesta cuando preguntaba y sin responder cuando le tocaba la réplica. Se bastaba y sobraba ella para decirlo todo. Una mujer, una verdadera mujer, que parecía tener hasta en la cabeza ruido de enaguas. Gruesecita, muy tentada de la risa, y *ut supra*[278] ya resultó perezosa y amiga de siestas.

Usaba agua de colonia para la ropa interior, vinagrillo[279] en el agua con que se lavaba, esencia de heno[280] en el pañuelo, pomadas caras para el cabello, jabón de olor de Oriza[281], y era de pies á cabeza un motín de perfumes que mareaba. Quizás por esto ella era también la primera víctima de los amotinados, y padecía de frecuentes jaquecas[282]. Pero, ¡oler bien! Para Anita era tan preciso ir á la perfumería como ir á la plaza; y siendo tan blanca su tez, no perdonaba, sin embargo, el uso de los polvos de arroz[283]. No se pintaba, porque don Fermín en este punto hubo de mostrarse de la más ridícula intransigencia. Otra preocupación suya era el calzado. Andaluza y de pequeña estatura, sus pies y manos dijéranse una monada. Tenían que hacer sus botas, porque hechas entre las de mujer no las encontraba nunca a la medida; y esto se lo contaba á todos los amigos y amigas

---

274 *Petenera*: Cante flamenco popular parecido a la malagueña.
275 *Seguidilla*: Música, canción y baile populares españoles, de ritmo vivo y alegre.
276 «*Nariz remangada*»: Cuando la punta de la nariz apunta hacia arriba.
277 *Pilluelo*: Joven astuto, pícaro.
278 «*Ut supra*»: Expresión latina que significa literalmente «como arriba». Se emplea para referirse a una frase escrita más arriba y evitar su repetición.
279 *Vinagrillo*: Cosmético compuesto con vinagre, alcohol y esencias aromáticas.
280 *Esencia de heno*: Perfume líquido con gran concentración de sustancias aromáticas procedentes de plantas gramíneas.
281 *Jabón de Oriza*: Jabón vegetal muy indicado para pieles sensibles.
282 *Jaqueca*: Intenso dolor de cabeza que ataca solamente en una parte de ella o en uno de sus lados.
283 *Polvos de arroz*: Producto de belleza hecho del grano de la planta del mismo nombre que las mujeres usan en sus rostros para mantener una apariencia suave e iluminada.

con cierto orgullo, añadiendo mil calificativos y comentos de burla acerca de las madrileñas. Su voz tenía notas de contralto; usaba como locución para empezar cualquier diálogo la palabra hijo ó hija, según el sexo á que el interlocutor pertenecía y fuera cualquiera su edad. D. Fermín tampoco se libraba de que Anita le añadiera este parentesco: «¡Hijo, qué tarde has venido!» «¡Hijo, qué frío hace en este Madrid!» «¡Hijo, cómo apestas á incienso los domingos después de la misa mayor!» Y D. Fermín, bromeando, replicaba: «¡Madre y sobrina, cállese usted y no me maree!»

******

En cuanto al colector, era, según confesión propia, de treinta y ocho años. Todo un hombre. Había sido cura de pueblo, y en el pueblo el mejor cazador. Teníasele por carlista[284]. De baja estatura, con los manteos no resultaba una figura tan imponente como la de Román, ¡oh! ni mucho menos; como que el bueno del colector jamás era posible que inspirase respeto. Estaba grueso, pero sin obesidad. Su refrán era: «carne cría carne, y vino buena sangre». De manera que con este género de alimentación y otras higienes de su vida que iremos conociendo, era en la parte física, y para emplear frases vulgares que lo retraten gráficamente, un hombre de huesos duros y de carne maciza. En su cuarto tenía unas pesas[285] con las que se entregaba su musculatura á ejercicios cotidianos: veinticinco libras[286] para cada brazo. Teníase por gran pulseador[287], y lo era en efecto; sin embargo, cuando Anita *echaba las dos manos,* no podía vencerla.

La cara de D. Fermín era lo que había que ver: ojos pequeños y muy propensos al guiño, como todas las facciones á maravillosa movilidad; pómulos salientes; la boca un tanto sumida, y el labio inferior adelantándose al superior, defecto asimismo de la mandíbula corres-

---

284 *Carlista*: Partidario de una doctrina y partido político de signo conservador que surgió en 1833 para defender las aspiraciones al trono de Carlos María Isidro de Borbón, hermano de Fernando VII, y de sus descendientes.
285 *Pesas*: Piezas de diferentes pesos que se utiliza para ejercitar los músculos.
286 *Libra*: Peso antiguo usado en España, que en Castilla equivalía a 460 gr.
287 *Pulseador*: Persona que, sujetando con su mano derecha la mano derecha de su contrincante, y puestos los codos en lugar firme, intenta abatir el brazo del contrario, con el propósito de vencerlo y resultar el ganador.

pondiente; cabellos cortos erizándose sobre una frente desarrollada; la nariz muy fina, aguileña; las orejas separadas de lóbulos, como saliendo al encuentro de los rumores de la vida, y de tamaño sobrado; toda la cabeza llena de salientes y entrantes; un cráneo que parecía forjado á martillazos. El conjunto, la cara mitológica del dios Pan[288]. Gustavo Doré[289] se hubiese complacido en aquel modelo para retratar a Mefistófeles[290]. En los tiempos en que las ninfas[291] andaban por los bosques, se hubieran entregado á él riendo a carcajadas. Su aspecto, como impresión del prójimo, especialísimo. Un cosquilleo.

******

¡Buena fue la comida! Gracia, ante lo frugal de lo que ella y su hermano aportaban, á fuer de ama de casa, experimentó humillación y vergüenza. Pero ni el colector ni su sobrina llevaron intención de que tal molestia resultase. Presentaron á la mesa lo que comían ordinariamente, sólo que este ordinario era buenos bocados: jamón, ternera, arroz á la valenciana[292], y en una fuente merluza[293] á la vinagreta[294]. Ellos comieron también del cocido[295] que había hecho Gracia; pero D. Fermín, después de declararlo exquisito y que, «pensando en que estaba hecho por tales manos, se chupaba uno los dedos de gusto», dijo doctoralmente:

—Bueno es tomar cocido de vez en cuando; pero, amigo mío, el

---

288 *Pan*: Dios griego de la fertilidad y de la sexualidad masculina desenfrenada. Dotado de una gran potencia y apetito sexuales, se dedicaba a perseguir por los bosques, en busca de sus favores, a ninfas y muchachos.
289 *Gustavo Doré*: Paul Gustave Doré (1832-1883), famoso grabador francés, ilustrador, entre otras obras maestras de la literatura y la cultura universales, del *Quijote* de Miguel de Cervantes.
290 *Mefistófeles*: También llamado Mefisto, demonio del folclore alemán. Mefistófeles es comúnmente considerado como un subordinado de Satanás encargado de capturar almas, o bien como un personaje-tipo de Satanás mismo.
291 *Ninfa*: Cualquiera de las divinidades femeninas menores de la mitología grecolatina que simbolizaban la naturaleza.
292 *Arroz a la valenciana*: Receta de cocina a base de arroz cocido, originaria de Valencia.
293 *Merluza*: pez marino de color gris claro, boca prominente, barbilla huidiza, cuerpo simétrico de hasta 1 m de largo y unos 5 kg de peso, y muy apreciado por su carne. Abunda en las costas de España.
294 *Vinagreta*: Salsa de aceite, cebolla y vinagre que se consume fría con los pescados y con la carne.
295 *Cocido*: Guiso de carne, tocino, hortalizas y garbanzos cocidos, muy común en España. Uno de los platos típicos de la gastronomía madrileña.

EL CURA. (CASO DE INCESTO). 65

cocido nutre poco y llena demasiado. No es una alimentación conveniente. Los hombres necesitamos algo más sólido; y las mujeres también, sobre todo en la juventud, y más todavía en la edad de la señorita Gracia.

Si Román no hubiera bebido tres copas de la lacrada ni comido mucho, aunque á fuerza de ruegos, acaso no con una, sino con muchas objeciones combatiera la doctrina del colector. Pero el diantre[296] del burdeos a los dos hermanos les produjo efectos extraños, y entre los tales una inconsciente inclinación al asentimiento de cuantas opiniones emitían los propietarios de la botella.

Además, el comedor parecía otro. No, como de costumbre, la blancura de los manteles daban una impresión de frío y el pulido cristal de las copas parecía aumentarla; antes por el contrario, regocijaba el ánimo, entrándose por los ojos, aparte de que el vino en el vaso y el vaso sobre el mantel, en los cuatro puntos en que los comensales se sentaban, eran cuatro colores rojos heridos por el sol, que chispeaban como rubíes en fusión. Luego Anita, Anita batiéndose como una leona con el silencio, no dejando respirar en las pausas; porque en cuanto una asomaba, descerrajaba[297] contra ella su descarga cerrada de palabras, graciosamente ceceadas[298] á la andaluza. Luchó no menos heroicamente con el aire, con la atmósfera respirable, la cual, a la media hora de estar allí la perfumada sobrina del colector, contenía, además de las cantidades necesarias de oxígeno, ázoe[299], ácido carbónico y vapor de agua, no sabemos cuántas partes de esencia de heno, opoponx[300], ilang-ilang[301], y demás preparados de Atkinson, que hubiesen dejado aturdidos á Dalton[302], de Húmboldt[303] y Boussingault[304], por lo mucho que variaban sus teorías de las proporciones constantes á todas las alturas.

---

296   *Diantre*: Eufemismo usado para referirse al demonio o al diablo.
297   *Descerrajar*: Disparar.
298   *Cecear*: Pronunciar la s con sonido de z. Pronunciación habitual en algunas zonas de Andalucía.
299   *Azoe*: Nitrógeno.
300   *Opoponx*: Perfume basado en la planta herbácea «opopanax».
301   *Ilang-ilang*: Aceite o esencia extraída de la flor del árbol del mismo nombre.
302   *Dalton*: *John Dalton* (176-1844), naturalista, químico, matemático y meteorólogo británico.
303   *Húmbolt*: Alexander von Humboldt (1769-1859), científico alemán. Se especializó en diversas áreas de la ciencia, como la etnografía, antropología, física, zoología, astronomía, geología, mineralogía o botánica.
304   *Boussingault*: Jean Baptiste Boussingault (1802 -1887), químico francés conocido por sus trabajos en el campo de la agroquímica y de la metalurgia.

Se despachó la botella, y con aire de *Pío felice, triunfador Trajano*[305], el padre Fermín, metiéndose la mano en el bolsillo interior de su gabán[306], sacó otra «hermana gemela de la difunta» (así dijo); y al llegar aquí no hubo resistencias por parte de Román, habiendo asegurado el colector, para, disipar todo escrúpulo, que dos botellas para cuatro personas no era ninguna cosa del otro jueves[307].

Gracia estaba excitada; reíase tanto como Anita y por los motivos más fútiles[308]. Miraba á don Fermín con una fijeza determinada por lo que la complacía lo faunesco[309] de aquellas facciones. Román nunca recordaba haberla visto así: tenía los ojos brillantes y húmedos, hoyuelos[310] en los extremos de la boca; encendido el color en las morenas mejillas, un tono cálido en toda la encarnación. A veces las dos muchachas, sentadas una junto á la otra, á la menor palabra, ó solamente con mirarse, sentían un gran enternecimiento. «¡Qué amigas vamos á ser!» Acercaban sus rostros y se besaban. Un beso sonoro en plena boca.

—Están en su punto –comentaba el colector.

—No bebas –ordenó Román alarmado.

Tan loca estaba la virgen aragonesa, que hizo una confidencia en voz alta. Esto fué así. Anita hubo de preguntarle, llevada de su manía, qué pomadas y esencias usaba para su tocador.

—Ninguna –contestó.– Román no quiere. Sólo me permite y me aconseja que me bañe. Me baño á diario; –y luego aturdidamente:– Hoy no. Hoy no podía ser[311].

La carcajada de Anita se oyó en todos los pisos de la casa. Román permaneció impasible. D. Fermín guiñó los ojos con mucha prisa, y todos los músculos de su satírico rostro hicieron bailar á las facciones

---

305 «*Pío felice, triunfador Trajano*»: Fragmento de un famoso poema titulado «A las Ruinas de Itálica», de Rodrigo Caro (1573-1647), en el que evoca al famoso emperador romano Trajano (53-117) y su reacción ante las ruinas de la ciudad donde nació. En el texto se usa para enfatizar el triunfo de los propósitos de Don Fermín de poder comer y beber sin recato.

306 *Gabán*: Abrigo o prenda de vestir para protegerse del frío.

307 «*No ser del otro jueves*»: Expresión para referirse a algo que no es llamativo o que no es una cosa tan importante como parece.

308 *Fútil*: De poca importancia, insignificante.

309 *Faunesco*: Perteneciente o relativo al fauno, semidiós romano de los campos y selvas, equivalente al sátiro griego.

310 *Hoyuelo*: Hoyo en el centro de la barbilla o el que se forma en la mejilla de algunas personas cuando se ríen.

311 «*Me baño a diario; –y luego aturdidamente:– Hoy no. Hoy no podía ser*»: En aquellos tiempos existía la superstición pseudo-médica de que las mujeres no debían bañarse durante la menstruación. En otras palabras, con su afirmación de que «hoy no me bañé, hoy no podía ser», Gracia revela a todos su estado, algo que el pudor de la época hacía poco tolerable.

una desordenada danza lúbrica[312] bajo las frondosidades del pelo.

Comprendió Gracia lo que había dicho, y, poniéndose encendida como la grana[313], trató de enmendar su yerro[314].

—Con el jaleo de la escapatoria de la gata y con el disgusto, no he tenido humor para nada.

El colector en aquel momento se llevaba la sopa a los labios y estaba mediándola de burdeos. Hubo de retirarla, apartarla de su boca precipitadamente, pero no tan á tiempo para contener el acceso, y espurreó[315] los manteles con el vino que la hilaridad rechazaba.

—¡Que guasa[316] tienes, hijo! –gritaba Anita secándose los ojos con la servilleta, pugnando por contener la risa, mordiéndose los labios y dando chillidos estridentes.

Aquello pasó, no sin que la niña maldijera en su interior de la torpeza cometida y del vino causa de esta espontaneidad, por la que estuvo un rato con los ojos bajos y colorada como una amapola[317]. Román anhelaba ya levantarse de la mesa.

—Ahora á charlar un rato de nuestras cosas –dijo el padre Fermín á los postres, conociendo esta impaciencia.– A su cuarto de Ud., mientras éstas quitan de en medio los manteles, cristal y loza[318].

¡Por fin! Por fin llegaba el momento supremo de la terrible confidencia.

******

Levantáronse los dos curas y entraron en la sala oratorio, cerrando la puerta Román, que entró el último.

Luego, como el colector se hubiera sentado, viendo que el otro continuaba de pie, le dijo:

—Vaya. Acerque Ud. una silla. Ya escucho; pero no hay que hacer

---

312 *Lúbrico*: Propenso a la lujuria.
313 «*Encenderse como la grana*»: Ruborizarse, ponerse rojo de vergüenza.
314 *Yerro*: Equivocación por descuido o inadvertencia.
315 *Espurrear*: Rociar una cosa con agua u otro líquido expelido por la boca.
316 *Guasa*: Broma, burla.
317 *Ponerse colorado como una amapola*: Ponerse rojo como una amapola (la amapola es una planta herbácea de flores rojas).
318 *Loza*: Conjunto de platos y tazas de barro fino, cocido y barnizado destinados al ajuar doméstico.

aspavientos. Usted me cuenta lo que le pasa, y yo, puesto que es tan grave, discutiré con Ud., á ver si encontramos el remedio.

—Padre, soy muy desgraciado –exclamó el sacerdote.– Soy muy desgraciado desde ayer.

—¿Desde ayer? Pues, hijo, eso sí que no lo creo, porque la fecha me parece muy reciente. Todos la tenemos más antigua; desde que nacemos.

—Es que lo soy desde ayer como sacerdote.

D. Fermín se encogió de hombros.

—No escucho hasta que Ud. se siente, ó me pongo yo también de pie; –y cuando se vió obedecido: hable Ud. ahora, claro y sin rodeos.

Entonces, balbuceando al principio y con acento más seguro después, Román hizo la relación de lo sucedido. La confesión, que por la mañana era imposible, fué completa; el estado de contrición, perfecto. Lloró, expuso sus dudas teológicas, cayó, por último, de hinojos[319], en la misma postura en que antes de la comida el colector hubo de sorprenderle.

D. Fermín le escuchaba sin pestañear. En dos o tres ocasiones hizo gestos de conmiseración casi desdeñosos. De asombro, de maravilla ante la enormidad de la culpa, ninguno. Al arrodillarse el penitente, no pudo contener sus ideas por más tiempo. Lo levantó con sus fuerzas de gimnasta brutalmente, lo sentó de nuevo con violencia, poniéndole ambas manos en los hombros, y así, de este modo, sin soltar su presa, le dijo de buenas á primeras[320]:

—Usted, mi señor don Román, no tiene motivo para haber dejado de celebrar hoy la misa. Usted, mi señor don Román, no es un pecador; y si yo no le conociera, había de juzgarle como mentecato[321] ó loco.

—Pero...

—No hay pero que valga. Usted no es un pecador, sino un enfermo que tiene necesidad de ponerse en cura. Aquí no hay caso de conciencia de ningún género. Aquí lo que hay es una afección del cerebro, órgano central y colectivo de todas las actividades del hombre, centro y foco común de todas ellas. Usted, mi señor don Román, es de carne y hueso como yo y como el vecino de enfrente, y se figura que el traje talar y el sacerdocio tienen poder bastante para dar especialísimas condiciones á su naturaleza, algo de espiritual y divino que

---

319   «*Caer de hinojos*»: Caer de rodillas.
320   «*De buenas a primeras*»: Expresión para referirse a hacer algo de repente y sin aviso.
321   *Mentecato*: Necio, tonto, falto de juicio o entendimiento.

permita dejar de cumplir con alguna de las funciones para cada una de las cuales hay un órgano en el cuerpo humano. Las pasiones no son facultades ni elementos de la voluntad, sino estados exagerados de las aptitudes, instintos y sentimientos del hombre que necesitan vivamente ser satisfechos; y que si no lo son, causan dolor y hacen sufrir: por eso son pasiones. Usted está empezando á desequilibrarse, y de aquí a perder la razón y á volverse loco no hay más que una escala gradual inevitable.

—D. Fermín, Ud. sabe perfectamente que ese desequilibrio no puede ni debe el sacerdote remediarlo. Sé á lo que Ud. se refiere. Nos está prohibido, puesto que se nos impone el celibato... el santo concilio de Trento...

Entonces el colector aproximó su silla, se inclinó al oído del penitente, y no dijo más que una palabra, una sola, en voz baja:

Román dió un salto en su silla.

—Sí, señor. Farsa, y farsa necesaria.

—¡D. Fermín!

—¡Ni uno solo de los que asistieron al concilio de Trento, estoy seguro de ello, ni uno solo, ¿me entiende Ud.?, guardaba la castidad!

El sacerdote estaba aterrado.

—Usted, mi querido amigo, parte de una confusión de ideas que deben estar perfectamente separadas: Ud. acepta al pie de la letra lo que lee, y hay que ver si esto puede ser aceptable en sana razón. ¡El celibato y el voto de castidad! Voy á ser para Ud. lo que José[322] para Faraón. Voy a explicarle su sueño, que por cierto la Biblia, el pasaje de la Biblia que, abriéndola al azar, leyó esta mañana, explicó también perfectamente. –Y viendo que su interlocutor palidecía:– No tema Ud. No quiero penetrar en secretos que no se me revelan. Digo solamente que se ponga Ud. en cura, porque está enfermo de una enfermedad terrible que han padecido muchos. La historia sagrada y profana esta llena de ejemplos de ella. Amnón, enamorado de su hermana Thamar, es uno de ellos. Hipócrates descubrió el amor de Perdicax[323], hijo de Amintas[324], rey de Macedonia, por Filis, con-

---

322 *José*: Uno de los patriarcas de Israel conocido según el relato del *Génesis* por su faceta de profeta e interpretador de los sueños del faraón de Egipto.
323 *Perdicax*: Rey de Macedonia. Durante la Guerra del Peloponeso, y en los años precedentes, fue voluble en sus alianzas, y se acercó a Atenas o a Esparta, según le convino en cada momento.
324 *Amintas*: Rey de Macedonia. A causa de la expansión de los persas se vio obligado a reconocer la soberanía del rey aqueménida Darío I sobre Macedonia y entregó a una hija en matrimonio a un alto dignatario persa.

cubina de su padre. Erasistrato[325], según cuenta Plutarco[326], conoció la causa de la enfermedad de Antíoco Sotero[327], muerto de amor por Estratonice[328], su suegra. En el sueño de anoche debe Ud. ver un aviso. Por ahora lo que Ud. tiene afecta más la forma de demonomanía[329] que de otra cosa. De no curarse, puede adquirir serias proporciones.

—¡Cómo! –exclamó el sacerdote asombrado. ¿Usted cree que yo estoy loco?

—Todavía no, pero puede llegar á estarlo. Hay más causas en Ud. para la locura que para la razón. En Ud..., como en todos los sacerdotes. En mí las hubo, pero me apercibí a tiempo, y ya no existen. Tuve la suerte de visitar una vez el manicomio de San Baudilio[330]. Encontréme con un loco que me dió mucho en qué pensar. Era un sacerdote cuyo tema consistía en decir que era *la cuarta persona de la Santísima Trinidad*. Luego leí á Esquirol[331].

—No conozco ese padre de la Iglesia.

—Es un médico.

—¡D. Fermín! Eso nos está prohibido.

—Pues, sin embargo, ¿sabe Ud. lo que resolví después de leerlo? Que era de absoluta necesidad pegarle un mordisco á la bíblica manzana –contestó el colector riendo, y añadió:– desde entonces vive conmigo Anita.

—¡Su sobrina de Ud.!

---

325 *Erasístrato* (c. 304-250 a. C.): Médico y anatomista de la Grecia Antigua.
326 *Plutarco* (h. 46 o 50 - id., h. 120): Historiador, biógrafo y ensayista griego.
327 *Antíoco Sotero*: Rey de la dinastía Seléucida. Se casó con su madrastra, Estratonice.
328 *Estratonice*: Reina seléucida. Se casó con Seleuco I Nicátor, rey de Siria. A pesar de la diferencia de edad, parece que vivió en armonía con el viejo rey durante algunos años cuando se descubrió que, a causa de su gran belleza, su hijastro, Antíoco Sotero, se enamoró apasionadamente de ella. Seleuco, para salvar la vida de su hijo, que estaba amenazada por la violencia de su pasión, consintió en divorciarse para favorecer el nuevo matrimonio y al mismo tiempo le hizo rey de las provincias orientales.
329 *Demonomanía*: Manía que padece quien se cree poseído del demonio.
330 *Manicomio de San Baudilio*: El Manicomio de San Baudilio de Llobregat fue uno de los hospitales para enfermos mentales más modernos y avanzados de la época. Su existencia y métodos progresistas se conocían y eran famosos en toda Europa. El alemán Juan Bautista Ullersperger, en su libro *Historia de la Psiquiatría y de la Psicología en España*, que publicó en el año 1871, dice de él que es «el manicomio mayor, más extenso, adecuado, sano, bello, generosamente dotado con los más modernos adelantos y el más elegante del mundo. [...] Los locos van libres por salas y pasillos o por las habitaciones de los hombres, sin que ello inspire el menor recelo de evasión o desorden. Incluso algunos de ellos, pertenecientes a familias distinguidas, acompañan a las visitas y hacen los honores de la casa. Guardan las más suaves formas de cortesía y buena educación. [...] [Los pacientes] se aplican a la agricultura, trabajos del campo, artes, ciencias, gimnasia, música, juego de billar, baños, servicio religioso y prácticas de iglesia».
331 *Esquirol*: Jean-Étienne Dominique Esquirol (1772-P1840), psiquiatra francés. Dedicó su vida a estudiar la locura y estableció un manicomio para realizar sus investigaciones.

—¡Eh! No, señor. No es mi sobrina, por más que todos los papeles, arreglados por mí, la acreditan como tal.

—¡D. Fermín, yo le he pedido á Ud. consejos, pero no incitaciones al mal! –dijo con amargo reproche Román.

Entonces el colector se puso muy serio.

—Yo incito al bien, al mal nunca. Mi consejo es sano. Lo que debe procurarse es ver la religión de manera distinta que Ud. la ve. La religión, amigo mío, es el primero y acaso el más acabado código moral, y nosotros, sus ministros, debemos dar el ejemplo de ello. Si Ud. no me entiende, no tengo yo la culpa. Por última vez, voy á explicarme de otro modo. La moral está fuerte é indisolublemente ligada con la higiene; la Iglesia está en lucha, lucha recrudecida cada vez más; la Iglesia ha de sufrir en todo lo que es su organización interna grandes modificaciones, porque, de lo contrario, perecerá. Y ¿sabe Ud. lo primero que va á ser objeto de reforma? El celibato eclesiástico. ¿Por qué? Porque es una inmoralidad de marca mayor; porque mientras el sacerdote tenga huesos y carne, sangre y nervios, es inútil que se crea de naturaleza tan divina que pueda dejar de cumplir una necesidad cualquiera de las muchas que afectan á nuestro organismo; porque al creer esto cometemos verdadero pecado de soberbia, presentándonos como superiores á nuestros semejantes, nosotros que debemos practicar con ellos la humildad. ¿Qué ha resultado de aquí? La ninfomanía[332] en los conventos, la satiriasis[333] en las iglesias, la pederastia[334] en los seminarios. En lo antiguo, San Antonio Abad[335], el de los ensueños lascivos, de los cuales Ud. empezó anoche á padecer, un teómano[336], y por último...

—Por último venció a las tentaciones del demonio.

—¡Por último sobrevino la impotencia! –replicó el colector.– Santa Teresa de Jesús, ¡otra que tal! Una histérica. Aquella mujer de que habla San Bernardo[337], una erotómana que por espacio de algunos años gozaba con el diablo. ¡Locos! ¡Una cuerda de locos de atar! Lea

---

332 *Ninfomanía*: Deseo sexual intenso e insaciable que siente una mujer.
333 *Satiriasis*: Estado de exaltación morbosa de las funciones genitales, propio del sexo masculino.
334 *Pederastia*: Abuso sexual cometido por un adulto contra los niños.
335 *San Antonio Abad*: Antón Abad (251–356), monje cristiano, fundador del movimiento eremítico. El relato de su vida presenta la figura de un hombre que crece en santidad y lo convierte en modelo de cristianos. Tiene elementos históricos y otros de carácter legendario; se sabe que abandonó sus bienes para llevar una existencia de ermitaño.
336 *Teómano*: Persona que padece una manía, la cual consiste en creerse Dios o estar directamente inspirado por él.
337 *San Bernardo* (1090-1153): Monje cisterciense francés y abad del monasterio de Claraval. Sus contribuciones han perfilado la religiosidad cristiana y la vida monástica.

Ud. con detenimiento el *Año Cristiano*[338]. La Iglesia tiene allí canonizados á todos esos enfermos; tiene hasta casos de licantropía[339]; todas las variaciones de la locura idiopática[340] por perversión, calificadas con esta palabra extraña: *Santidad*. –Y luego, variando de tono, haciéndolo insinuante y profundo, de convicción, queriendo llevar ésta al ánimo del hermano de Gracia:– Créame y oiga mis consejos. Sentiría mucho verle en el camino de lo que llamaría la condenación eterna; y yo, que le aprecio y sé lo que vale, se lo advierto. Mientras la cuestión del celibato no se resuelva, haga usted lo que hacemos todos aquellos que atendemos á conservar la pureza compatible con lo humano. Guarde Ud. las apariencias. Por mi sistema no se llega nunca al escándalo; por el que usted sigue.., por ese... casi siempre.

Román, ¡cosa extraña!, no se rebelaba contra aquellas teorías de un modo tan violento como hubiera sido de presumir, dada la exaltación de sus ideas religiosas. ¡Escuchaba! y es que, en efecto, cada palabra de D. Fermín dijérase que resplandecía, que entraba como una luz en su cerebro.

Viéndole callado el tío de Anita, hizo una transición de tono.

—¡Ea! Basta ya de confidencias mutuas. Si Ud. me tiene por hereje, guárdeme el secreto y yo le guardaré el suyo.

—¡El mío!

D. Fermín se echó a reír.

—Sí, el de la gata. ¡La gran ramera del Apocalipsis!

Pero como el colector no era hombre á quien sirviera de contento y tranquilidad para el ánimo explicarse á medias en asunto para él tan interesante, puesto que podía irle en la delación de un fanático la pérdida de sus beneficios eclesiásticos, se acercó, y, no dejando duda en su tono acerca de la amenaza, dijo al oído de Román:

—El de la visión de las mujeres bíblicas, todas ellas desnudas y todas con el rostro de Gracia.

---

338 *Año Cristiano*: Almanaque cristiano publicado anualmente durante el siglo XIX y aun hoy en día en España. Contenía un completo calendario y un martirologio o lista de los santos y beatos que para esa fecha señala el Martirologio romano. De esta forma cada día puede saber el lector cuáles son los santos que la Iglesia conmemora, y de la mayoría de ellos puede consultar una nota biográfica, extensa o breve.

339 *Licantropía*: Trastorno mental en que el enfermo se imagina estar transformado en lobo e imita los aullidos de este animal.

340 «*Locura Idiopática*»: Trastorno mental con síntomas característicos que afectan el pensamiento, emociones, impulsos y la conducta. Una manifestación importante en quien sufre esta enfermedad es el distanciamiento de la realidad.

VII

Aquella noche durmió Román tranquilamente, sin que turbaran su reposo profundo ensueños de ningún género. Atribúyase esto a los efectos del burdeos, que se prolongaron mucho en su naturaleza, no acostumbrada á otra cosa más que al agua pura. Atribúyase también a que, durante todo el día, los cuatro personajes no se separaron, y, por ende, la imaginación del paciente no tuvo lugar de trabajar en meditaciones, y se vió distraída por la conversación y la compañía de su colega.

Por la tarde se dió un paseo. Se obedeció á los gustos de Román, y fué elegida la Moncloa. Las dos mujeres iban delante, cuchicheando bajo los árboles. Román y Fermín no reanudaron su conversación, aquel diálogo entre el fanático novicio y el experto veterano sostenido en el oratorio, ante la imagen del Redentor, que, enclavado en la cruz, ladeaba la cabeza, la inclinaba hacia adelante y parecía prestar atención y retardar su muerte voluntaria para no perder una sola palabra de herejía ó de misticismo.

Al oscurecer, ya de regreso en el hogar, se decidió juntar la cena como se había juntado la comida. Román no pudo oponerse. Pero disimulando mal su disgusto, aceptó. ¡Sí! Le disgustaba ya sobremanera intimar con sus vecinos. No tanto por él como por Gracia. Desde que sabía el secreto de D. Fermín, y por qué Anita, en lugar de llamarle «tío», le llamaba «hijo» con su mimoso acento andaluz, creyó aquella amistad un peligro. La amenaza del colector le amedrentaba[341], no obstante, y por eso, por eso se contenía. En la cena también hubo burdeos y buenos manjares. Pero fue menos alegre que la comida. Notábase en todos los rostros menos franqueza. La revelación de secretos vergonzosos había sido mutua en aquellas inteligencias. Román sospechaba que las dos mujeres también hubieron de tener sus confidencias. ¡Las confidencias de Anita! El rayo cayendo en el cuartito famoso donde

---

341 *Amedrentar*: Infundir miedo, atemorizar.

estaba el Niño *de la Bola* le pareció que no podía causar tantos destrozos. Después de cenar, la andaluza se negó rotundamente á escuchar la lectura de Santa Teresa. El padre Fermín dijo uno de sus refranes de higiene: «Después de comer, ni un sobrescrito leer». Román se mordió los labios, pero no replicó. En cambio fue aceptada la proposición del colector, que fué la de jugar a las cartas. Se echó una brisca[342]. Se pagaba con judías. Gracia se distrajo muchas veces durante el juego. Por último, al acabar una partida, el colector indicó que eran las doce.

—Hora de recogerse: cada mochuelo a su olivo[343]. D. Román, señorita Gracia, buenas noches.

Y dando el brazo a su sobrina, se retiraron aquellos endemoniados concubinarios, sin dejar tras de sí olor á azufre, sino el de Anita, el opoponax, el ilangilang y cuanto contiene de más selecto la perfumería inglesa.

Nuestro presbítero aragonés atribuyó la gran pesadez de su cabeza a que el vino y los perfumes decididamente le mareaban. Sintió gran necesidad de sueño; y, como todas las noches, Gracia, al quedarse solos, se le acercó con la gata cogida por la piel del cuello.

—¡Buenas noches, Román!

Presentó la frente, y el sacerdote la selló con el acostumbrado beso.

—¡Buenas noches, hermana!

Ella tuvo verdadero apresuramiento en encerrarse en su cuarto.

Sin embargo, lo que es sueño, Gracia no tenía ninguno. Prueba de ello, que al entrar en el gabinete, en lugar de emprender la tarea de desnudarse, quedó largo rato sentada en el borde de la cama, fija la mirada en un punto de la habitación que no veía, abstraída, llena de vagos pensamientos, sin mover pie ni mano, siguiendo con más atención que nunca la gran sinfonía de vibraciones de su organismo, estudiándose, digámoslo de una vez, con arreglo al texto nuevo que Anita, su primera maestra, le había enseñado á deletrear.

Román sospechaba lo cierto. Aquella confidencia se había verificado al mismo tiempo que la de los dos sacerdotes, pero en forma muy distinta. La andaluza era la que hablaba y Gracia escuchaba, limitándose á esto. Una pregunta de la sobrina hubo de sorprender á la virgen.

—Pera dime, Gracia, ¿tú eres hermana de Román? ¿hermana de veras?

---

342 *Brisca*: Juego de naipes en el que se reparten tres cartas a cada jugador, dejando una boca arriba como palo, y en el que gana quien suma el mayor número de puntos.

343 «*Cada mochuelo a su olivo*»: Expresión con que se indica que se disuelve una reunión para que cada uno de los integrantes ocupe el puesto que le corresponde.

Júzguese cómo se fijarían en el rostro de Anita las miradas de aquellos ojos, cuyas pestañas, según ya queda dicho, parecían interrogaciones encurvadas.

—¿Por qué me lo dices?

¡Ah! ¡Malicia! ¡Contestaba interrogando! La otra vióse engañada por tal estrategia. Creyó que estaba Gracia en su mismo caso, y para disipar todo género de reservas y desconfianzas, habló, lo contó todo.

La inocencia es el más aprovechado oyente de vicios y picardías. Gracia, con su gran cama de matrimonio y todo su ajuar de novia, de que estaba haciendo uso en la doncellez, tenía formada del hombre como marido futuro la idea más absurda; y así como de sí misma suponía que estaba sujeta á una enfermedad común á todas las mujeres, y no como otra cosa, sino como padecimiento crónico, conceptuaba la periodicidad con que la naturaleza obraba en su organismo, echando, como por rebosamiento, fuera de su ser lo que en su ser era inmundicia sobrante, de idéntica manera, y con igual ignorancia llena de errores, el marido futuro, aquel varón desconocido cuya vida reclamaba unirse a la suya y emparejarse en el lecho nupcial, amplio y enorme, mullido, fuerte y heredado, el marido futuro no era para Gracia nada más que lo que le había dicho su madre: un compañero hasta la muerte, una protección, un apoyo y un apellido que se agregaría al propio, confundiendo así el sentimiento del amor con el del afecto, y llegando a lo más heterogéneo en sus conceptos de la unión sexual; tanto, que si bien no se le ocultaba que el matrimonio daba de sí la concepción y el parto, y aun se estremecía tiernísimamente pensando en los hijos posibles con esa anticipación que el sentimiento tiene en entrañas de mujer, pensaba también á menudo en la casta doncella de la casa de David, y no sabemos si llegó a figurarse que servirían para las vírgenes de Tudela, como para las de Nazaret, los buenos oficios del Espíritu Santo. Al abordar este punto, todo en su imaginación era desorden y nebulosidades. Quince años tenía Gracia, y razón su hermano en llamarla siempre *niña,* si se repara en lo que antecede. Los únicos maestros de su educación fueron su madre, cuando era niña de veras y no debían hacérsela ciertas revelaciones, y luego Román, un sacerdote.

Pero Anita vino á ser en aquel caos adorable el espíritu de Dios empezando á moverse sobre el haz[344] de las aguas, diciendo: «Hágase la luz», y apartando la claridad de las tinieblas.

Puede suponerse que de la revelación no perdió ni una sola palabra. Muchas quedaron para su entendimiento envueltas en misterio, llenas de vaguedad, ininteligible significado, acepción siniestra, oscuras, en sombra, sonando á hueco, pero sonando como cascabeles[345], con atronadora alegría, porque aquellas eran precisamente las que salieron más mimosamente ceceadas y entre sílaba y sílaba atiborradas[346] de risas, y al terminar coronadas con un picaresco guiño de la andaluza.

Dieron las tres de la madrugada, y aun estaba despierta y vestida en el borde de la cama matrimonial, con la vista fija en el mismo punto de la habitación. Ahora miraba y veía. La vibración de las campanadas hubo de disipar su abstracción. Aquel punto, aquel objeto era el *Niño de la Bola*. Sintió frío. La *Morroña* dormía acurrucada entre las sábanas. «¡Válgame Dios! ¡Qué mundo este!» Suspiró al decirlo. Pensó que era muy tarde. «¡Qué trabajo me costará levantarme a las seis!» Y ante la urgencia de dormir, para prepararse con algún reposo á las ocupaciones y tareas domésticas del día siguiente, se desnudó de prisa, apagó la vela y se acostó. Y en la oscuridad de la alcoba de nuevo se oyó murmurar á la aragonesa en voz baja: «¡Los hombres! ¡Las mujeres! ¡Qué cosas! ¡Anita y D. Fermín! ¡Los sacerdotes! Según parece, eso también es un uniforme y son tan hombres como los militares. ¡Válgame la Virgen!» Luego hubo una pausa, un silencio. En seguida se oyó el movimiento del cuerpo que se agitaba en el colchón. La voz empezó: «Por la señal de la santa Cruz...», y continuó el cuchicheo de los rezos largo rato.

Pero el sueño no quería venir. Lo atribuyó al estado especial en que se hallaba aquel día; siempre que no podía bañarse tenía estos insomnios; una irritación local que reaccionaba sobre el cerebro. Pero aquella noche, todos los fenómenos que la extrañaban eran más intensos en su manifestación. Así, de pronto sintió que de sus ojos corrían las lágrimas involuntariamente. ¿Por qué lloraba? ¿No era feliz? Sí, lo era. Su hermano la quería mucho. Su hermano, ¡el sacerdote! ¡Sacerdote como D. Fermín! Al llegar á esta idea, primero de calificación y luego de comparación, sus lágrimas se secaron, ani-

---

344 *Haz*: Conjunto de rayos luminosos de un mismo origen.
345 *Cascabel*: Bola hueca de metal con una ranura con trocitos de metal en su interior que la hacen sonar al moverla.
346 *Atiborrado:* Algo lleno en exceso.

máronse los ojos, y, abiertos en la oscuridad, tomó la mirada una expresión afectuosa; la causa de todo aquello seguía siendo física, instintiva, notoriamente patológica; pero por la misma razón su influencia sobre las ideas y sentimientos, poderosa é irresistible. ¿Qué le había dicho Anita? Disparates. Debían ser disparates, mentiras con que hubo de querer burlarse de ella. Sin embargo, ¡la cara de D. Fermín tenía una expresión tan reveladora de malicias! El diablo con solideo[347]: eso parecía el colector. En cambio Román... ¡Román! Era muy guapo. Tenía un hermano buen mozo. ¡Vaya! Allí tabique por medio estaría durmiendo como un bendito. Como antes la tristeza y las lágrimas la acometieron sin saber por qué, ahora se sintió embriagada de alegría sin motivo aparente. Latía el corazón con fuerza.

La *Morroña,* echada a los pies de la cama, lanzó un maullido de mal humor. ¿Qué tenía su dueña aquella noche? No se estaba quieta un minuto. ¡Bueno! Ahora se había puesto boca abajo, se agitaba con una actividad muscular que parecía convulsiva. La incomodaba, sin dejarla dormir. Variaba de sitio ella, la *Morroña,* e iban á buscarla siempre los pies de la niña estorbando su sueño. En aquel mismo instante, Gracia sofocó un grito mordiendo la almohada. Fué una exclamación de sorpresa inaudita y al mismo tiempo de placer intenso. Quedó como desmayada, inmóvil un rato. ¡Ah! Nunca, nunca, desde que padecía su mal, le había sucedido aquello. Había sido sin duda el roce de las sábanas. El roce, que otras veces la cosquilleaba tan sólo, ahora... ahora no supo explicarse el nuevo fenómeno; pero, ¡Dios mío!, llegó un instante en que creyó que se moría y que la muerte era un goce inefable, no del espíritu, sino de todo el cuerpo, que sentía materialmente la salida del alma, como cautiva que abre dulcísimamente las puertas de su prisión carnal. Al volver de estas alucinaciones, de su pasajero desmayo, experimentando una laxitud[348] extrema, abrióse paso otro orden de ideas. No había estado á punto de morir, ¡no! La muerte no era así. Lo que ella tenía era fiebre ¡si la pulsaran, estaba segura de que sería su pulso irregular, lento! ¡Iba á caer mala! ¡Iba tal vez á repetirse el accidente! Lo temía y lo deseaba. Decidió estarse muy quieta. ¡Rarezas! ¡Quién iba a suponer que por moverse!...

---

347 *Solideo*: Casquete de seda u otra tela ligera, que usan los eclesiásticos para cubrirse la coronilla.
348 *Laxitud*: Falta de severidad y disciplina, relajación moral.

******

A poco, la primera claridad del día entró en el cuarto. Para levantarse temprano, Gracia dormía dejando cerradas las puertas de cristales del balcón, pero las de madera abiertas, según costumbre de las gentes madrugadoras. En cuanto la luz se hizo mayor, prefirió vestirse á continuar acostada. No le diría a su hermano que había pasado la noche en vela. Ni le diría nada. ¿A la vecina? Tampoco. Mucho menos. Lo que ella tenía que hacer era enterarse bien. ¡Es tan ridícula la ignorancia! Anita era charlatana. Pues bueno: callando ella, la andaluza hablaría.

Con este infernalísimo plan, aquel ángel salía a las seis del gabinete, daba con los nudillos en la cerrada puerta de la habitación de su hermano para que éste se despertara, y marchábase á encender la lumbre en las hornillas, esperando á la asistenta que venía todas las mañanas y estaba encargada de ir a la compra.

La ventana del patio que estaba frente á la suya se abrió de par en par. Una cabeza se asomó despeinada de tal suerte, que era el desorden de pelo, por lo acabado y hasta minucioso, difícil de conseguir sin colaboración y ayuda; un desorden hecho, digámoslo así, a cuatro manos; era Anita; sus ojos rodeados de un círculo amoratado, sus mejillas sin color y todo el conjunto lánguido de expresión, indolente y perezoso más que nunca, acusaban la velada y el sueño repartidos cuando menos á turno impar durante las horas y misterios de la noche pasada.

—Hija, buenos días —exclamó apoyándose en el alféizar[349] de la ventana.

—¡Buenos te los dé Dios!

Ya se hablaban de tú, porque este era otro de los defectos de la andaluza, muy ajustado á la lógica, si se atiende a que, siendo por su locución[350] familiar, madre de los que hablaban con ella, era necesario que se tuteara[351] con cuantos hijos é hijas iba encontrando por el mundo.

—Y tu hermano, ¿se ha levantado ya?

---

349 *Alféizar*: Parte del muro que constituye el reborde de una ventana, especialmente su parte baja o inferior.
350 *Locución*: Modo de hablar.
351 *Tutear*: Hablar de «tú» a alguien, en lugar de «usted». Normalmente con su uso se borran todos los tratamientos de cortesía y de respeto.

—Estará vistiéndose.

—Pues bueno, dile de parte de Fermín que se irán a la iglesia juntos. Anda, vete á su cuarto, y díselo, pero no tardes en volver. Aquí te espero.

—¿Para qué? Además, no puedo entrar. Está encerrado. Cuando salga, que vendrá á despedirse, se lo diré.

—Ah! Se encierra. ¡Qué hombre! Es un hurón. Fermín duerme con las puertas abiertas de par en par.

Gracia sonrió. Anita hizo más. Después de lo dicho soltó la carcajada.

—¿Cómo has pasado la noche, hija?

—Bien –contestó la niña ruborizándose.

—Y dime –aquí Anita bajó la voz, –¿estás mejor hoy?

—Creo que lo mismo.

Mayor rubor y el corazón latiendo apresuradamente fueron los componentes de esta respuesta.

—¡Ya! ¡ya! Hija. Bien se te conoce en la cara. ¡Qué engorros tenemos las mujeres!

En aquel momento apareció detrás del cuerpo de la andaluza la figura del colector, *vestido de reglamento*[352].

—Buenos días, señorita. Santos y buenos. Y ese hombre, ¿se le han pegado las sábanas?

—No, señor; –y oyendo que se abría la puerta de la sala:– aquí viene.

Román entraba en la cocina. Oyó desde su cuarto las palabras del diálogo, las carcajadas de Anita.

—Don Román, ¿nos vamos? Vámonos juntos. Le esperaba á Ud. Así parecerá el camino más corto.

El presbítero se inclinó en señal de asentimiento.

No dijo una palabra. Su disgusto al ver estrecharse y crecer rápidamente aquella intimidad era cada vez mayor.

—Hasta luego, Gracia.

—Adiós.

—Vaya Ud. con la Virgen, hijo, –gritó desde su ventana y con cierto retintín de enojo la sobrina.

—Que ella la guarde á Ud. –contestó Román dulcemente sin pa-

---

352   «*Vestido de reglamento*»: Vestimenta acorde al reglamento o norma de vestido eclesiástico que establece la indumentaria apropiada en todo momento.

recer apercibirse del pique[353]. –Fermín, estoy a sus órdenes.

Luego, separándose del hueco de la luz:

—Con permiso de Ud. Oye, Gracia.

La llamó aparte. Al comedor.

—Tengo que decirte una cosa: procura enfriar un poco esto.

—¿El qué?

—La amistad con Anita... con... con esa mujer.

—¿Pero?...

—No es conveniente.

Gracia se echó á llorar. El sacerdote la miró sorprendido. Hubo de preguntar la causa de aquel llanto. La aragonesa no vaciló en decirla. Lo sentía, no precisamente por haber cobrado á su vecina un gran cariño. ¡No! afecto y nada más.

—Pero estoy sola la mayor parte del día –añadió–; tú, rezando en tu cuarto, no te ocupas de mí; y cuando no tengo nada que hacer, me causa aburrimiento el ocio. Anita me distraerá. ¡Ya ves! ¿Qué tiene de particular? Es un poco loca, pero muy buena; parece muy buena. Por hablar un rato, no creo... ¿qué mal hacemos?... En algo me he de entretener.

—¡Reza como yo! –contestó el cura.

La muchacha no pudo contenerse.

—¡Tengo quince años, Román, y no quiero ser monja, ya lo sabes!

Fué la primera rebelión de *la niña;* luego, echándole los brazos al cuello, cambiando su tono enérgico por otro insinuante y zalamero[354]:

—Anda, ¡déjame tener una amiga! Esa, nada más que esa.

Comprendió el sacerdote que de una manera brusca no realizaría sus propósitos. Además, el colector había salido, y en el descanso de la escalera se impacientaba esperando. Tiró de la campanilla, y á través de la puerta se oyó su voz:

—¡D. Román! ¡D. Román! ¡Que se nos hace tarde!

Se desprendió de la caricia fraternal que lo sujetaba.

—Bueno, ya reflexionaré, resolveré lo que sea para tu bien. Por hoy tienes razón... no es posible. Cuando vuelva hablaremos. ¡Adiós!

Durante el camino, el diablo del colector pareció estar dotado de don adivinatorio. Hé aquí lo que dijo de pronto:

—No crea Ud. que Anita sea capaz de abrir los ojos á la inocencia.

---

353 *Pique*: Resentimiento o enfado entre dos o más personas.
354 *Zalamero*: Persona que hace demostraciones de cariño exageradas o empalagosas.

Antes al contrario, á su hermana de Ud. le conviene intimar con ella. Aparte de sus perfumes y de su locuacidad, por lo mismo que sabe lo que sabe, es una consejera de honras como habrá Ud. visto muy pocas. Es de muy buena familia. Por último, amigo don Román, no haría bien en poner trabas á la amistad de las dos, porque sería preciso explicar, dar razones, y esto equivale á que sea Ud. mismo el que picardee[355] á su hermana. Además –añadió con su risita de amenaza–, por ahí empezaba á faltarse á lo convenido ayer tarde entre nosotros.

Román tembló. ¡Cierto! No podía librarse de la servidumbre á que le sujetaba la revelación de su secreto. ¡Harto se arrepentía de tamaña candidez!

D. Fermín, en las cercanías de la iglesia, se detuvo de pronto.

—Y hoy, ¿dirá Ud. la misa?

Román se puso pálido.

—La diré; –y mirando al colector fija y victoriosamente:– la diré, porque estoy en estado de contrición perfecta.

—¡Ah! Mejor. Entonces no hace falta confesarse, porque, amigo mío, el pecado cometido por Ud. es venial[356], y la confesión, mandato impuesto por el Tridentino[357] al sacerdote, es necesaria para el que se hallare en pecado mortal, en culpa grave. Para lo leve, no.

******

La entrada de ambos sacerdotes en la sacristía fué un acontecimiento. Allí estaban esperando al colector los curas flacuchos consabidos. Le rodearon, mientras fue Román, separándose del grupo antes de pasar al vestidor, arrodillado, rezó maitines y laudes y las horas menores correspondientes, así como las oraciones que están puestas en el Misal[358], prefiriendo éstas á otras por ser las reconocidas y aprobadas por la Iglesia, acabando, para formar intención y ganar los cincuenta

---

355 *Picardear*: Resabiarse, adquirir algún vicio o mala costumbre.
356 *Pecado venial*: Que se opone tan sólo levemente a la ley o a un precepto religioso, y por eso es de fácil remisión. Así como el «pecado mortal» exige confesión si se quiere comulgar o decir misa, el «pecado venial» no obliga a confesarse.
357 *Tridentino*: Referencia a El Concilio de Trento. Un concilio ecuménico de la Iglesia Católica Romana desarrollado entre el año 1545 y el 1563. Tuvo lugar en Trento, ciudad del norte de la Italia actual.
358 *Misal*: Libro litúrgico que contiene todas las ceremonias, oraciones y rúbricas para la celebración de la Santa Misa.

días de indulgencias[359] concedidos por el Papa Gregorio XIII[360], por recitar devotamente la súplica: «Ego volo celebrare misam...[361] »

Entre tanto los curas flacuchos abrumaban a preguntas al padre Fermín.

—¿Qué novedad es esta?

—Somos ya íntimos —contestaba el colector sonriendo.

—Eso indica —dijo el único gordo que había entre ellos, y que lo era en competencia con don Fermín-, eso indica mucho...

—Nada.

—A mí no me diga Ud. El pez ha mordido el anzuelo[362].

—No lo ha mordido, pero lo ha visto —contestó el tío de Anita bajando más la voz.

—¡Ah! —comentó un escuálido–. ¡Lo ha visto! Pues entonces lo morderá.

Se volvieron para observar lo que Román estaba haciendo.

—Está aplicando el sacrificio.

Estaba, en efecto, en *los mementos*[363]. *Hízolos* por todos los fieles cristianos, justos y pecadores, por los infieles, por los herejes, cismáticos[364] y excomulgados[365], aun *los no tolerados*. Al final, tan grande era el silencio de los curiosos, que se oyeron las palabras:

«Asimismo, Señor, os le ofrezco por todas las personas del estado secular y por cada una en particular; por el rey de España y por los demás reyes y príncipes católicos; por todos los jueces y ministros de justicia y por toda la gente de guerra; por los navegantes, por los cautivos cristianos, por los que están en pecado mortal, y por todas las necesidades espirituales y temporales de todos los fieles, en satisfacción de todos sus pecados y de las penas que hubiesen de pagar en el purgatorio[366], tan particular y enteramente por cada uno de todos ellos

---

359 *Indulgencia*: Remisión ante Dios que hace la Iglesia católica de las penas debidas por los pecados.

360 *Gregorio XIII* (1502-1585): Papa de la Iglesia católica. Empeñado en la renovación moral de la Iglesia, ya en su primer consistorio comunicó a los cardenales su intención de hacer cumplir estrictamente los cánones aprobados en el Concilio de Trento.

361 «*Ego volo celebrare misam*»: «Yo voy a celebrar la misa» parte de una fórmula de intención que pronuncia el sacerdote antes del inicio de la ceremonia.

362 «*Morder el anzuelo*»: Expresión con que se indica que alguien se ha dejado engañar.

363 *Memento*: Cada una de las dos partes del canon de la misa, en que se hace conmemoración de los fieles y difuntos.

364 *Cismático*: Que se aparta de la autoridad reconocida, especialmente en religión.

365 *Excomulgado*: Persona apartada por la autoridad eclesiástica de la comunión de los fieles y del uso de los sacramentos.

366 *Purgatorio*: Para los católicos, lugar donde los justos deben purificar sus imperfecciones antes de poder gozar de la gloria eterna.

como puedo hacerlo. Y, finalmente, lo ofrezco para que con el amor mío se supla el que no os tienen los pecadores de este mundo y los condenados en el infierno».

Allá, en el grupo de curas, hubo un cuchicheo de enojo.

—¡Cualquiera pensaría que lo dice por nosotros!

—¡Qué rubriquista[367]!

—Silencio, señores –exclamó D. Fermín.

Ya estaba de pie en el vestidor el hermano de Gracia, mirando la epacta[368], registrando la misa, supliendo así un olvido del sacristán[369]. Llegóse al aguamanil[370] y se lavó las manos, rezando la oración correspondiente. Volvió á la mesa, tomó el cáliz, colocó sobre él el purificador[371] limpio, después de pasarlo por el interior de la copa, sobrepuso la patena[372], en la que colocó la hostia redonda, limpiándola de fragmentos con las pulpas de los dedos, que rozaron blandamente su superficie; y dispuesta sobre ella la palia parva de lino[373], cubrió el cáliz con el velo, y sobre él la bolsa de los corporales[374], de manera que la abertura por donde se habían de sacar cayera hacia el sacerdote. Hecho esto se descubrió, colocando el bonete[375] sobre el vestidor; se santiguó con la mano, no con el amito. Inmediatamente tomó éste y lo besó en medio, en donde está la cruz; se lo colocó sobre la cabeza y hombros, y con las cintas se lo ató delante del pecho. «Poned, Señor, el casco de salvación en mi cabeza». Después tomó el alba y la dispuso sobre la cabeza y hombros, vistiendo primero el brazo derecho y luego el izquierdo, dejándola caer de modo que los pliegues descendieran verticalmente en derredor del cuerpo, pidiendo «ser emblanquecido en la sangre del Cordero y merecer la participación de las alegrías celestiales». Acto continuo tomó el cíngulo de lino, y del color del día, se lo ciñó, pidiendo á Dios «que pusiera en sus riñones un cíngulo de

---

367 *Rubriquista*: Persona versada en las rúbricas litúrgicas.
368 *Epacta*: También conocida como «añalejo». Es una especie de calendario para los eclesiásticos, que señala el orden y rito del rezo y oficio divino de todo el año.
369 *Sacristán*: Persona que ayuda al sacerdote en la misa y tiene a su cuidado los ornamentos y la limpieza y aseo de la iglesia y sacristía.
370 *Aguamanil*: Palangana o pila destinada para lavarse las manos.
371 *Purificador*: Lienzo de que se sirve el sacerdote en el altar para limpiarse los dedos.
372 *Patena*: Platillo de metal, generalmente de oro o plata, en el cual se ponen las hostias consagradas de la Eucaristía durante la misa.
373 *Palia parva de lino*: Lienzo de lino que se coloca sobre el cáliz.
374 *Bolsa de corporales*: Objeto litúrgico del rito católico tradicional. Es una funda, formado por dos tapas a forma de carpeta donde se guarda el corporal (lienzo cuadrado que se extiende en el altar para poner sobre él la hostia y el cáliz) antes de empezar y una vez acabada la Misa.
375 *Bonete*: Gorra que suele tener cuatro picos, usada por los eclesiásticos.

pureza para conservar la castidad», arreglando después el alba de manera que quedasen los pies libres en sus movimientos. Hizo en el cíngulo, por no tener éste botón ni presilla, el nudo romano[376]. Tomó el manípulo, lo besó en la cruz sin inclinar la cabeza, y lo colocó en el brazo izquierdo, en su parte media, entre el codo y la muñeca. «Merezca yo, Señor, llevar el manípulo de los dolores y lágrimas para recibir con alegría la recompensa del trabajo». Seguidamente recibió la estola, besándola en la cruz, y se la colocó en los hombros; la cruzó sobre el pecho de modo que la parte derecha estuviese sobrepuesta á la izquierda, sujetándola con los extremos del cíngulo. «Dadme, Señor, la túnica de la inmortalidad que he perdido por el pecado en la prevaricación[377] de nuestros primeros padres». Finalmente, tomó con las dos manos la casulla, y, sin besarla, se la dispuso al cuello, para lo cual levantó un poco hacia arriba la parte anterior, y cogió la posterior por las extremidades, elevándola por sobre la cabeza, hasta disponerla de modo que no apareciese la estola. Al tomarla dijo: «Señor, que habéis dicho: mi yugo[378] es suave y mi carga ligera, haced que yo lo lleve de suerte que merezca vuestra gracia». Sólo al fin de esta oración, que, como todas, rezó en latín, dijo: *Amén*.

Se puso el bonete, tomó el cáliz con la mano izquierda por el nudo del medio, de manera que tocase inmediatamente en él, y puesta la mano derecha de plano sobre la bolsa de los corporales, sin necesidad de doblar el velo sobre ella, lo llevó elevado hasta igualar la copa con el pecho, no apoyado ni apartado; hizo reverencia profunda, con la cabeza cubierta, a la imagen de la sacristía, y, precedido del acólito[379], que llevaba el misal, vinajeras[380], dos velas y la campanilla, pasó por delante del grupo de curiosos, que se inclinaron, y se dirigió á la iglesia.

—¡Al altar de la Purísima! –le advirtió el colector.

Y cuando hubo desaparecido, dirigiéndose á los que le rodeaban, dejando al fin rebosar su bilis:

—Hoy todavía es un héroe. ¡El paladín[381] de Cristo! Allá va armado de todas sus armas... Dentro de poco..., peor que todos nosotros.

---

376 *Nudo Romano*: Nudo en forma de ocho en el que las cuerdas salen en sentidos opuestos.
377 *Prevaricación*: Delito o falta que se comete al faltar, a sabiendas o por ignorancia inexcusable, a las obligaciones y deberes de un cargo.
378 *Yugo*: Opresión o dominio molesto.
379 *Acólito*: En la Iglesia católica, persona que ayuda al sacerdote en el altar y puede administrar la Eucaristía.
380 *Vinajera*: Cada uno de los jarrillos con que se sirven en la misa el vino y el agua.
381 *Paladín*: Defensor a ultranza de una persona o cosa.

Luego, variando de tono:

—¡Ea! Otra misa. ¿Quién va á decirla? Usted, D. Andrés. En el del Cristo de la Salud.

El D. Andrés era el cura gordo; y se comprende que le correspondiese aquel altar. Los demás esperaron las órdenes del colector, saliendo de dos en dos de vez en cuando á fumar un cigarrillo y comentar los chismes que acerca del *novato* se estaban creando en aquella atmósfera, ya tan enrarecida por las calumnias como por el incienso[382]. No sólo se oían los latines de rito, sino que se oían otros del colector, del *tío de Anita,* que á los que se mostraban insistentes en saber qué clase de anzuelo era el que iba á tragar su amigo contestaba riendo estrepitosamente y guiñando los ojos más que nunca:

—De todo hay en ese anzuelo. Calcúlese que en él lo de menos bulto está cebado con aquel delito de la carne que definen los cánones: *illicita virginis defloratio non precedente* (como es natural y aquí hasta imposible), *non precedente pactione conjugali*[383].

Y los rostros de los oyentes se alegraban de la noticia.

---

382 *Incienso*: Gomorresina de olor aromático que se quema en algunas ceremonias religiosas.
383 «*Illicita virginis defloratio, non precedente pactione conjugali*»: Expresión latina que literalmente significa «unión carnal con virgen no existiendo pacto conyugal» y que aparece recogida en las *Instituciones de Derecho Canónico* al referirse al estupro.

VIII

Algunos días transcurrieron sin que, al parecer, la serenidad de las aguas se viera turbada en aquella vida sacerdotal, tranquila como la superficie de un lago destinado únicamente á reflejar en la tierra el color azulado de la gran masa atmosférica y las estrellas del cielo. Ya de aquella turbación quedaba, pasado el susto, el convencimiento de que el famoso ataque de Satán sólo había sido una piedrecilla que lanzó la mano de un niño travieso, una guija[384] que, al caer en el lago, produjo ondas concéntricas. La piedra llegó hasta el fondo y se hundió para siempre; las ondas se fueron ensanchando, los círculos se hicieron mayores, hasta tocar las orillas, y allí se quebraron y desvanecieron. ¡Nada! El cielo otra vez, otra vez los soles y las nubes pasando y copiándose con fidelidad pasmosa en el alma de Román como en un espejo. Dios y el sacerdote. Dos abismos azules que se miraban y se gozarían en esta contemplación eternamente.

Seguía al pie de la letra las máximas de Kempis[385], y leía á todas horas, como ejercicio de fortificación para el espíritu, lo que el devotísimo agustino del Monte de Santa Inés recomendaba en ellas para la imitación de Jesucristo:

«*Quien me sigue no anda en tinieblas,* dice el Señor».

«¡Qué te aprovecha disputar altas cosas de la Trinidad, si no eres humilde, por donde desagradas á la Trinidad!»

«Por cierto las palabras subidas no hacen santo ni justo: mas la virtuosa vida hace al hombre amable á Dios».

«Más deseo sentir la contrición que saber definirla».

«Si supieses toda la Biblia á la letra y los dichos de todos los filósofos, ¿qué te aprovecharía todo sin caridad y gracia de Dios?»

---

384 *Guija*: Piedra pequeña, redondeada y lisa.
385 *Kempis*: El beato Tomás de Kempis (1380-,1471), monje cristiano renacentista del siglo XV y autor de libros de devoción cristiana redactados a propósito de la formación de los monjes, pero que ha sido valorado por otros seguidores de Cristo, fuera del monaquismo. Sus escritos son de carácter devocional e incluyen meditaciones, cartas y sermones. A veces el término «el Kempis» se usa para referirse al devocionario *La Imitación de Cristo*, del que se piensa que puede haber sido su autor.

«*Vanidad de vanidades, y todo vanidad,* amar y servir solamente a Dios».

«Suma sabiduría es, por el desprecio del mundo, ir á los reinos celestiales».

«Y pues así es, vanidad es buscar riquezas perecederas y esperar en ellas».

«También es vanidad desear honras y ensalzarse vanamente».

«Vanidad es seguir el apetito de la carne y desear aquello por donde después te sea necesario ser castigado gravemente».

«Vanidad es amar lo que tan presto se pasa, y no buscar con solicitud el gozo perdurable».

«Procura, pues, desviar tu corazón de lo visible, y traspasarlo á lo invisible ¡porque los que siguen su sensualidad manchan su conciencia y pierden la gracia de Dios!»

Estudiaba también la vida de este mismo monje, tan amador y tan amado de Cristo; y como una tarde le preguntara D. Fermín, con maligna curiosidad, si habían vuelto á turbar su sueño las visiones apocalípticas, contestó con gran seriedad:

—No, por cierto; y atribúyolo á que el demonio, sin duda, es sabedor de que estoy tan armado contra él, que todos sus ataques serían rechazados por el mismo procedimiento que empleó el venerable Tomás cuando se le apareció una noche, y como viese que se iba acercando á su cama, empezó á temer, no sabiendo qué remedio tomar para ahuyentarle de sí. Pero inspirado de Dios comenzó á repetir, temblándole la voz, la Salutación angélica, y con todo eso se le iba acercando el maligno espíritu; hasta que, prosiguiendo con la misma Salutación, llegó á pronunciar el dulcísimo nombre de Jesús, á cuya poderosa virtud, no pudiendo resistir el enemigo, luego desmayó, y huyó vencido, dejando libre al venerable religioso. Por esta devoción, cuando tomaba la disciplina, cosa en él muy frecuente, rezaba el himno: *Jesus stetit*[386].

—Pero Ud. recordará también, puesto que tan buena memoria tiene –replicó el colector aguantando la risa–, que el demonio que se le aparecía á Kempis era una espantosa *y horrible figura.*

—Cierto.

—Pero el de Ud. es distinto; y no veo yo que cuando se sueña con

---

386   *Jesus Stetit* : Título de un canto gregoriano que se entonaba durante la Pascua y que hace referencia a un encuentro de Jesús con sus apóstoles recogido en el evangelio de San Mateo.

buenas mozas, amigo don Román, valgan de gran cosa los disciplinazos como acompañamiento del *Jesus stetit;* al menos á mí, que hablo en este punto por experiencia, no me ha sido de ningún auxilio. En mal camino filosófico le veo á Ud.

—¡La filosofía! –exclamó Roman-. Y ¿qué tengo yo que ver con ella?

—Eso le dijo Jesús á su Madre –replicó el diabólico colector-. «Mujer, ¿qué tengo yo que ver contigo?» Pero, lo repito, no desconozca Ud. que la filosofía le maneja y revuelve el espíritu encauzado por el ascetismo[387] de Kempis. Se va Ud. derecho, acaso sin saberlo, á las teorías del judío Baruch[388], teorías preparadas, si se quiere, por los cartesianos[389]. Ud. no reconoce que exista más que una sola sustancia, Dios, el ser infinito, con sus atributos, infinitos también, de pensamiento y de extensión, siendo todas las cosas finitas puras apariencias, determinaciones ó modos de la extensión infinita y del infinito pensamiento. De aquí á declarar que el alma es inmortal por ser simple deducida del pensamiento, pero que, inmortal y todo, es imperfecta porque el pensamiento no es infalible, no hay, fíjese Ud. bien, ni la distancia de un cabello..., de un cabello de Gracia.

Estas réplicas del colector, como la viva luz á los ojos, molestaban mucho al sacerdote, y más cuando su contrincante le recordaba las mismas palabras de Kempis:

«No hay hombre seguro del todo de tentaciones mientras que vive; porque en nosotros mismos está la causa de donde vienen, pues que nacimos con la inclinación al pecado».

Un día, exasperado, le contestó Román:

—Pero ¿qué se me prueba con eso? ¿Cree Ud. que yo me considero invencible? Tanto no es así, que estoy madurando una resolución, la de enviar á Gracia á Tudela.

—Amigo D. Román –replicó el tío de Anita verdaderamente asustado–: eso sería un disparate; y ya que le exaspera á Ud. lo que digo, al que no quiere caldo la taza llena[390]. Allá va en contra de eso otra máxima del Kempis: «El que solamente quita lo que se ve y no

---

387 *Ascetismo*: Doctrina y actitud que busca la perfección del hombre por sus propios medios mediante la práctica de una vida austera y mortificante.
388 *Baruch*: Baruch de Spinoza (1632-1677), filósofo holandés sefardí, heredero crítico del cartesianismo, considerado uno de los tres grandes racionalistas de la filosofía del siglo XVII, junto con el francés René Descartes y el alemán Gottfried Leibniz.
389 *Cartesiano*: Seguidor de la doctrina filosófica de Descartes y sus discípulos.
390 «*Al que no quiere caldo la taza llena*»: Refrán para referirse a quien le disgusta algo y se ve obligado a hacerlo o a vivirlo repetidas veces.

arranca la raíz, poco aprovechará: *antes tornarían a él más presto las tentaciones y hallarse ha peor*». Ahora haga Ud. eso, y verá Ud. cómo sin estar aquí la Morroña reaparece cuando menos lo piense la gran ramera del Apocalipsis.

Román bajó la cabeza confuso y sin querer confesarse á sí mismo que el tiro esta vez había dado en blanco.

******

Era verdad. La presencia de Gracia, su vista, el saber que estaba allí, que mientras rezaba, *la niña* andaba dando vueltas por la casa, producíale una embriaguez de alegría, una felicidad para el estado general del organismo, que el mísero atribuía al renacimiento de los inefables gozos místicos.

El colector pensaba de esto, allá para sus adentros, haciendo un juego de palabras. ¡Román sí que se halla siempre en verdadero *estado de Gracia*!

Lo que el sacerdote calificaba de amor á la soledad y al retiro era su deseo constante de permanecer en el oratorio. Iba a la iglesia y volvía de ella con verdadero apresuramiento. Su casa, y nada más que su casa; y en ella, las visitas de D. Fermín y de Anita recibíalas como si le estorbaran la realización de algún plan que había meditado poner por obra á una hora dada ó á todas las del día.

El plan era muy sencillo; se cumplía por sí solo, sin que Román tomara la iniciativa. Como que consistían sus proyectos en las costumbres adquiridas por los dos hermanos para aquella vida en común. Sentábase Román á la mesa del tapete verde, y leía unas veces; otras, arrodillado ante la imagen, rezaba sus horas; y siempre, en cualquier momento, el ruido de una silla que se movía en el inmediato gabinete; los pasitos menudos que se alejaban por el corredor, pisando con cuidado para no distraerle; la vajilla que sonaba removida en el fregadero; el grito de «¡*Morroña,* bájate de esa silla! ¡Zape!»; el ruido especial, parecido á un beso prolongado, con que, frunciendo los labios, se procuraba excitar al jilguero para que cantase, y la fresca y alegre voz que le contestaba entonando la jota; y á la hora del baño, la puerta cerrándose; el aviso: «voy á lavarme; no entres»; el chillido débilmente sofocado al poner los pies en el agua; el ruido de ésta, exprimida por la esponja y corriendo por las desnudas carnes; alguna risa, y entre la risa la exclamación: «¡caramba, qué fría está hoy!», todo aquello, todo, ¡qué mayor felicidad, ni más sana alegría! Sentía vivísimos deseos de repetir devotísimamente las palabras del salmo:

«*Quam bonum et quam jucundum est habitare fratres in unum*».[391]

Así se lo escribió á sus padres en una carta llena de calurosos elogios acerca de *la niña*, carta que sintió grandes deseos de que leyera ésta; y no pudiendo resistirlos, la llamó y dio por pretexto que pusiera al pie una posdata.

—Bueno; yo pondré la posdata y no necesito saber lo que dice.
—Conviene que la leas.
—Pero ¡si es muy larga! ¡Tres carillas!
—Anda, perezosa.

La hermana empezó á leer primero indiferentemente, luego con extremadísima atención, sintiéndose conmovida. «¡Dios mío! ¡Qué bien escribía su hermano! Y ¡cuánto la quería! ¡Ah! ¡Por cierto que es un gran gusto tener un hermano así!»

—¿De veras? ¿Esto es de veras? ¿Estás tan contento y satisfecho de mí?
—Ya lo creo. Sigue, sigue.

Él iba estudiando en la fisonomía de la lectora todas las impresiones que recibía.

También, también durante este examen le latía el corazón con insólita fuerza. Contenía el aliento. Seguía con los suyos el movimiento de los ajenos labios, que iban modulando la palabra escrita en voz alta. Esta voz empezó a velarse en un párrafo, el más apasionado, y los ojos, los hermosísimos ojos de Gracia se llenaron de lágrimas. Había escrito Román:

«Y quiera el Todopoderoso, mis amados padres, que esta unión íntima entre Gracia y yo se prolongue todo cuanto dure mi solitaria vida, y que ella, *la niña,* sea la que reciba la última bendición de este humilde sacerdote, y cierren sus dedos piadosamente mis ojos a la hora de la muerte».

---

391   «*Quam bonum et quam jucundum est habitare fratres in unum*».: Cita biblica recogida en el *Libro de los Salmos*: «Mirad cuán bueno y cuán delicioso es habitar los hermanos juntos en armonía».

La aragonesa no pudo contener su emoción; se levantó, soltó la carta, y en un arranque abrazó á su hermano con pasión, con la pasión fraternal excitada por la lectura.

—Sí, hermano mío, sí. Siempre, siempre viviremos juntos. ¡Bah! Yo no seré monja, pero tampoco me casaré. Mereces esto. Lo mereces.

Y luego:

—Pero no quiero que tengas esas ideas tan tristes. ¿Quién piensa en morirse? ¡Vaya, tontón! ¡Dame un beso! ¡Otro! ¡Otro! Así. ¡Tómalo tú ahora!

Y le besó íntimamente en las mejillas, en la frente, en los ojos, en la boca.

Román dió un grito; se levantó, rechazándola con un movimiento brusco.

—¿Qué tienes? ¿Qué te pasa? ¿Te he pinchado con algún alfiler?

Conoció el sacerdote la inocencia con que se hicieran aquellas caricias en la sorpresa inaudita que reflejaba el semblante de la hermana. Se dominó para contestar:

—¡Sí, un arañazo habrá sido!

—¿Dónde?

—No, pero no gran cosa. No se puede ver recién hecho. Ya saldrá. Pero vete, vete, déjame solo.

—¿Y la posdata?

—Llévate el tintero. Escríbela en el comedor.

Así lo hizo ella; y cuando el mísero quedó solo, fué, como el primer día de la tentación, á besar los llagados pies del Crucificado.

—¡Jesús, Jesús mío! ¡Socórreme! ¿Qué es esto? ¡Ah! *La Imitación de Jesucristo*[392]. ¡Qué razón tiene! ¡Qué será de nosotros al fin, pues ya tan temprano estamos tibios! ¡Ay de nosotros, si así queremos ir al descanso como si ya tuviésemos paz y seguridad, cuando aun no parece señal de verdadera santidad en nuestra vida religiosa! ¡Con mucha razón podemos humillarnos y no sentir de nosotros cosa grande, pues somos tan flacos y mudables! ¡Presto, presto se pierde por descuido lo que con mucho trabajo dificultosamente se ganó por gracia!

Postrado, hundiendo por fin la frente en el polvo, recitó de memoria la oración del monje agustino:

---

392 *La Imitación de Jesucristo*: *La Imitación de Cristo*, (título original en latín, *De Imitatione Christi*) es un libro de devoción y ascética católico atribuido a Kempis y escrito en forma de consejos breves cuyo objetivo, según el propio texto, es «instruir al alma en la perfección cristiana, proponiéndole como modelo al mismo Jesucristo». La traducción de Fray Luis de Granada al castellano fue muy popular durante el siglo XIX.

«Señor Dios mío, que me criaste á tu imagen y semejanza, concédeme aquesta gracia, que declaraste ser tan grande y necesaria para la salvación, á fin de que yo pueda vencer mi perversa naturaleza, que me arrastra á los pecados y á la perdición».

«Pues yo siento en mi carne la ley del pecado, que contradice á la ley de mi alma y me lleva cautivo á obedecer en muchas cosas á la sensualidad, y no puedo resistir á sus pasiones, si no me asiste tu santísima gracia, eficazmente derramada en mi corazón. »

«Necesaria es tu gracia y grande gracia para vencer la naturaleza, inclinada siempre á lo malo desde su juventud».

«Porque, abatida en el primer hombre, Adán, y viciada por el pecado, pasa a todos los hombres la pena de esta mancha: de suerte que la misma naturaleza que fue criada por ti buena y derecha, ya se toma por el vicio y enfermedad de la naturaleza corrompida; porque el mismo movimiento suyo que le quedó, la induce al mal y á lo terreno».

«Pues la poca fuerza que le ha quedado es como una estrellita escondida en la ceniza».

«Esta es la razón natural, cercada de grandes tinieblas, pero capaz todavía de juzgar del bien y del mal y de discernir lo verdadero de lo falso: aunque no tiene fuerza para cumplir todo lo que le parece bueno, ni usa de la perfecta luz de la verdad, ni tiene sanas sus aficiones».

******

Sí. Había sido aquello como una estrellita escondida entre la ceniza. El fuego existía, no se apagó; antes, por el contrario, con los besos de su hermana, besos en la frente, en las mejillas, en los párpados, en la boca, había renacido más poderoso. Después de recitar con gran fervor toda la oración del Kempis, comprendió que era ineficaz y que de nada le servía. Ardíale la piel, una gran tensión que no podía dominar; era como una incomodidad local que le producía fiebre. Tenía sed, mucha sed. «¡Jesús! ¡Jesús mío!, volvió á decir, y tornó a humillarse, á hundir la frente. Besó los llagados pies, las rodillas ensangrentadas, las cubrió de besos, y lágrimas; luego subió más en su adoración: se abrazó á los muslos de la escultura; pero al hacer esto, retrocedió de nuevo asustado. De nuevo la ceniza descubría el fuego entre ella escondido. Los muslos de la imagen no tenían la blandura de lo que imitaba; eran madera pintada, pero tenían el color y la forma de la carne.

—¡Agua! ¡Agua! ¡Me abraso! ¡Aire! ¡Dios mío, aire, que me ahogo!

Tropezando como un hombre ebrio, se dirigió al balcón, lo abrió de par en par; luego corrió de igual manera al sitio donde estaba la jofaina[393]. No quería llamar á Gracia. No quería tenerla cerca de sí estando bajo la influencia de aquella crisis terrible. ¡Vaso! ¿Para qué? Bebió allí, echando el agua del jarro en la jofaina, á grandes sorbos, casi con succiones de los labios y la lengua como los animales. Esto, sin embargo, no le procuraba alivio. Conoció que necesitaba una reacción violenta de frío, rápida y desagradable. Tuvo la precaución de cerrar la puerta, y luego, con movimientos apresurados, se quitó la sotana, los pantalones, la camisa, todo. Se quedó en cueros[394], puso la jofaina en el suelo, llena, repleta de agua, y se sentó sobre ella, sofocando el grito de la impresión que buscaba y encontró por último.

Volvió á vestirse más aliviado, más sereno, casi tranquilo. Había obedecido en todos sus actos al instinto, sólo al instinto, que le aconsejaba hacer lo que hizo.

En aquel punto y hora volvió su hermana; encontró resistencia en la puerta.

—¿Estas encerrado? ¿Rezas?

Román descorrió el pestillo.

—No, ya puedes entrar.

—Ya escribí la posdata. Léela, á ver si te parece bien.

El sacerdote se guardó muy bien de hacerlo. Fingió obedecer, pero procuró que sus ojos no se fijaran en ninguna de las letras que simulaban hechas con patitas de mosca.

—Está bien.

Plegó la carta, la metió en un sobre.

---

393 *Jofaina:* Palangana, vasija de gran diámetro y poca profundidad que sirve principalmente para lavarse la cara y las manos.
394 «*Quedarse en cueros*»: Expresión que significa «quedarse desnudo». Hace referencia a la piel descubierta de ropaje y la relaciona con la piel o cuero de algunos animales.

—Voy á echarla al correo.

Un pretexto, porque lo que él quería era salir, irse solo fuera de la población, probablemente á la Moncloa. Quería cansar su cuerpo, producir en él la fatiga, una fatiga inmensa; buscar la extenuación de algún modo, anular aquellas inmensas fuerzas que sentía en los músculos, y á las que necesitaba dar empleo de algún modo más eficaz que el rezo en una reducida estancia y la inmovilidad de rodillas delante de un cadáver. Andar, y, cuando estuviera en el campo, correr, como corría en los buenos tiempos del seminario por los patios de éste, ó por los paseos de Valladolid, á las horas de recreo; buscar un sitio donde nadie fuera testigo del ridículo espectáculo que debería ser la vista de un ministro del Altísimo entregado á ejercicios gimnásticos, tan impropios de la amplitud de pliegues en que severamente le envolvía el traje talar.

******

Salió. Cumplió primero el deber de franquear la carta y echarla en el buzón de la calle de Carretas. ¡La carta causa de todo! Y luego... luego perdió la primera inclinación y abandonó su intento.

Prefirió el bullicio de las calles al bosque rumoroso, y anduvo errante por la ciudad sin dirección fija, codeándose con los transeúntes, convertido en un átomo de la masa-muchedumbre.

La soledad le espantaba. La temía, porque no se reprodujeran en ella las rebeliones de la carne flaca. Creyó obedecer á estas ideas para la resolución adoptada. Creyó que el susto de las tentaciones en él, como en los niños, necesitaba, para desaparecer, la presencia de la gente. No era eso, no. Bien pronto se sorprendió mirando con instintiva complacencia lo humano que pasaba junto a él: las mujeres que con menudo paso cruzaban de una á otra acera; mujeres del pueblo, grandes señoras y burguesas; las unas envolviendo sus turgentes formas en mantones de lana, que las simulaban más opulentas; las otras dejándolas ceñir por la seda y el brillante raso[395], que parecían pulimentarlas; y todas, todas ellas mirándole al pasar, con esa ojeada

---

395 *Raso*: Tela de seda lisa y brillante.

de rápido y furtivo análisis que tienen los femeniles ojos; y en la mirada la expresión del comentario natural hecho por el pensamiento. «Un cura joven y guapo, ¡qué lastima!» ¡Qué lástima! Sí. Eso sentían al verle. Un sentimiento análogo al que se experimenta ante cualquier desgracia que coge, inutiliza y tritura en la mejor edad una vida. ¡Qué lástima! Lo mismo hubieran dicho al verle impedido a los veintidós años, sordo, acometido de ceguera, de mutismo ó de locura. Exacto. Tenían razón en compadecerle. Eso era, eso tenía que ser el sacerdote célibe. Sordo, mudo y ciego para la carne.

Sintió de nuevo la tensión, la gran tensión que produjeran poco antes los fraternales besos de Gracia. Estuvo a punto de gritar en alta voz, a riesgo de que las gentes le miraran: «*Vade retro*[396]», de entonar el consabido «*Jesus stetit*». Luego sonrió amargamente. Pensó en el colector, en el tío de Anita. ¡Que razón tenía aquel hombre!

El celibato estaba llamado á desaparecer. Se conservaba acaso sólo por tenaz y terco empeño, para no imitar la conducta de los anglicanos y griegos. Nada más. Por hacer lo contrario de lo que practicaban los enemigos de la Iglesia. ¡Insensatez! Y entonces, no como un átomo de la masa, yendo de aquí para allá en el mundo, consideró al sacerdote, sino como un punto, imperceptible al principio, que luego iba extendiéndose, amplificándose, siendo mancha de la que toda humanidad intentaba huir, y que al fin penetraba en el seno de las familias, llegaba como suciedad negra y grasienta; un contagio, un peligro social, disfrazándose con las armas de la pureza para mejor acercarse al lecho de las vírgenes, cuyos adorables secretos producían, al pasar por la rejilla, ardores extraños al soldado de Cristo, que los escuchaba en la garita llena de sombras del confesionario[397]. ¡Violación! ¡Estupro! Y ¿por qué no? Todo se conjuraba favorablemente para ello. ¡Soldados de Cristo! ¡Disciplina eclesiástica! ¡Militares! ¡Lo eran! Y á veces también se convertían en soldadesca[398] desenfrenada, que entraba á sangre y fuego en las casas para vengarse de las penalidades y abstinencias sufridas durante el asedio y la campaña.

Conoció que estaba muy cerca del vencimiento. Una, entre todas

---

[396] *Vade Retro*: Expresión que significa rechazo a algo o a alguien. Tiene su origen en la original en latín «Vade retro Satana», que significa «Apártate, Satanás». Es una oración medieval católica usada en el exorcismo. Proviene de la frase pronunciada por Jesucristo «Vade retro me Satana» según el *Evangelio de Marcos*.

[397] *Confesionario*: En las iglesias, recinto aislado dentro del cual se coloca el sacerdote para oír las confesiones sacramentales.

[398] *Soldadesca*: Tropa indisciplinada.

las mujeres que transitaban, pasó muy cerca, le rozó suavemente; sintió las formas extrañas como cediendo a la presión con blandura dócil. Ella le miró picarescamente, con lascivia, excitándole y provocándole. Era una prostituta que, sin duda, se equivocaba acerca del respeto que merece el traje talar. Román no quiso exponerse á más; iba á oscurecer. La sombra empezaba en el mundo y en su alma. Tomó un coche y volvió en él á su casa.

******

—¡Cuánto has tardado! –dijo la niña al abrir la puerta.

No contestó. Llegar al pie del crucifijo y arrodillarse fue instantáneo. Llegó como llega el sediento al manantial[399].

—No entres –exclamó–; necesito orar.

Gracia, sin responder, cerró la puerta. No se explicaba lo que sucedía a su hermano desde aquel episodio de la carta, pero acusaba algo muy grave el trastorno del semblante. El sacerdote, á solas ya, alzó los párpados; sus miradas quedaron fijas en el rostro del Redentor, en aquellos ojos medio cerrados que vidriaba la agonía, en aquellas demacradas facciones, cuyo barniz, con los reflejos de los cirios, presentaba como imitados los últimos sudores de la muerte. Estuvo así largo rato, sin orar, inmóvil. Ni el hombre ni la escultura pestañeaban. Sintió un ruido especial en los oídos; le pareció que la boca de Jesús se movía. ¡Sí! Se movía, y él, en el movimiento de los labios, iba descifrando las palabras. ¡Jesús le hablaba! Le hablaba, ¡oh asombro!, pero sin reconvenirle.

«Hijo, no puedes permanecer siempre en el deseo fervoroso de las virtudes, ni perseverar en el más alto grado de la contemplación, sino que es necesario, por el vicio original, que desciendas alguna vez a cosas bajas, y también á llevar la carga de esta vida corruptible, aunque te pese y fastidie».

«Mientras lleves el cuerpo mortal, sentirás tedio e inquietud de corazón».

«Es preciso, pues, mientras vives en carne, gemir muchas veces

---

399 *Manantial*: Naciente o fuente natural de agua que brota de la tierra o entre las rocas.

por el peso de la carne, porque no puedes ocuparte perfectamente en los ejercicios espirituales y en la divina contemplación».

«Hombre eres, y no Dios: carne, y no ángel».

«¿Cómo podrás tú estar siempre en un mismo estado de virtud, cuando le faltó al ángel en el cielo y al primer hombre en el Paraíso?»

«Yo soy el que levanta con entera salud á los que lloran y traigo á mi divinidad los que conocen su flaqueza».

El asombro, la sorpresa que produjeron estas palabras fué tal, que, distendiéndose los músculos como resortes, se encontró de pie y retrocedió asustado. La alucinación cesó con esto. El Crucificado recobró su inmovilidad de estatua. Pero había hablado, ¡eso sí! Hubo un momento en que habló, en que brotaron de aquellos labios, ora inánimes[400], los raudales de una filosofía extraña. ¡Jesús expresándose como D. Fermín! Jesús diciéndole: «¿De qué te extrañas? ¿Del pecado? ¿Vas á cometerlo? ¿Y qué? ¡También lo cometió el primer hombre en el Paraíso!»

—¡Eso, eso lo he leído yo en alguna parte! –exclamó enloquecido–. Eso debe ser alguna proposición herética. No ha sido Jesús, ha sido mi memoria recordando. Veamos, pronto.

Y fué, a la mesa. Allí, delante de todo, estaba un libro abierto por la última página leída. Involuntariamente se fijó en las letras, mientras buscaba en el montón de los volúmenes, porque no creyó que aquella página diese la clave del enigma.

Leyó:

«Hombre eres, y no Dios: carne, y no ángel». ¡Cielo santo! ¡Allí estaba! ¡Allí! En el libro del venerable monje agustino. Del que aseguraba triunfar del demonio dándose sendos disciplinazos al compás del himno *Jesus stetit*. ¡Tomás de Kempis! ¡La *Imitación de Cristo*! Una alegría inmensa se apoderó de su alma. Parecióle ser un prisionero que recobra por fin su libertad. *Hombre era y no Dios* por cierto. Podía incurrir en el pecado de la carne ó en otro cualquiera.

La virtud le faltó al ángel en el cielo, al primer hombre en el Paraíso. A él, sacerdote, con más motivo llegaría lógicamente á faltarle en la tierra. El mismo Jesús le allanaba el camino de la disculpa ¡encontraba, como experto abogado, las circunstancias atenuantes!

Perdió todo miedo. Abrió la puerta:

---

400 *Inánime*: Dicho de algo que está ya sin vida o sin señal de vida.

—¡Gracia! ¡Gracia! ¡Ven!

La gentil aragonesa se presentó. Llegó tímidamente turbada, esperando encontrarse ante el continente siempre austero de Román, ante su hermoso rostro de asceta joven. Notó el cambio en seguida.

—Vamos, ya se le pasó –se dijo mentalmente, y luego en voz alta– ¿Qué querías?

—Entra, mujer, entra ¡vamos á ver qué es lo que pusiste en la posdata!

—¿Lo leiste?

—Pero no leí bien. Quiero oírlo de tu boca.

—Pues puse nada más que tres líneas: «Mucho me quiere mi hermano; pero las mujeres queremos más y de otra suerte. Ya veis, amados padres, que la felicidad que cifre en mí la tendrá siempre que me la pida».

IX

Ya no hubo disgustos ni contrarió Román las inclinaciones afectuosas que Gracia sintiera hacia la perfumada andaluza. Antes bien, siempre que su hermana terminaba los quehaceres domésticos solía decirle el sacerdote:

—¿Por qué no llamas á Anita para que te haga compañía un rato?

Los dos caracteres habían variado mucho. El de ella y el de él. Notablemente. Sobre todo el de la niña, á partir de sus confidencias con la sobrina de D. Fermín.

Andaba preocupada con ideas, absurdas antes, y ahora claras, lógicas, enlazadas de modo tan íntimo, que se explicaban con su mismo enlace por sí solas. No lo sabía todo, pero sabía bastante. Su mirada era menos franca, pero más inteligente. Cuidaba con acrecentado mimo á la *Morroña,* que desde su primera salida al tejado en compañía del gato negro habíase hecho más perezosa y se le abultaba un tantico el vientre. La amistad de Anita, su conversación, lejos de aumentar la frecuencia con que al principio solicitaba su trato y compañía hizo que disminuyese esta necesidad de expansión. Sentía un trastorno en su ser que no podía explicarse: era tímida, ella, la virgen aragonesa, antes tan arrojada y valiente. Apetecía estarse horas enteras sola, en lo oscuro del comedor, «pensando (como dijo una vez) en las musarañas»[401], es decir, meciéndose el cerebro en pensamientos indeterminados y vagos.

Continuaba gozando, al parecer, de buena salud pero, lo mismo que la *Morroña* prefería el descanso á la actividad; y no por inclinación propia de las naturalezas meridionales, como la de la andaluza, no, sino por un entorpecimiento especial de los miembros; á veces no podía reprimir sus deseos de bostezar; eran bostezos a menudo interrumpidos; *se cansaba de hacerse cruces en la boca*[402]. ¡Cosa más rara!

---

401 «*Pensar en las musarañas*»: Estar distraído, no prestar atención.
402 «*Se cansaba de hacerse cruces en la boca*»: Expresión que alude a una de las tres fases de la persignación. Acto que consiste en hacer con los dedos índice y pulgar de la mano derecha cruzados, o solo con el pulgar, tres cruces, la primera en la frente, la segunda en la boca y la tercera en el pecho, pidiendo a Dios que nos libre de nuestros enemigos. En sentido figurativo denota aburrimiento.

No tenía sueño. ¿Sería apetito? Partía de una rosca[403] lo más tostado, que era lo de su gusto, lo mordiscaba, haciendo un verdadero esfuerzo de la voluntad. Tampoco era eso, ¡tampoco! D. Fermín, viéndola una noche bostezar tres veces seguidas, exclamó:

—Hambre, sueño ó ruindad del dueño[404].

¡Ruindad del dueño! Vaya Ud. á remediarlo. Lo cierto es que la molestaba.

Seguía bañándose; pero la operación de lavarse todo el cuerpo de arriba abajo ahora duraba mucho.

Quedábase en ciertos momentos parada, inmóvil, con la esponja chorreando agua en la mano, mirando su desnudez como en un éxtasis. No era tan morena como cualquiera se figuraría al ver su cara. Tenía como indicios é incipiencias de blancura en los muslos y los pechos; y en cuanto á vello, aunque pareciese raro, tenía muy poco. Por lo demás, no se la conocía un hueso, sin que por esto perdiera su esbeltez: ancha de hombros, una curva reentrante hasta la cintura, y luego la amplitud de las caderas. La esponja escurría por fin en ellas sus últimas gotas. Frotábase con vigor. La gustaba producirse rosetones[405]. Y así examinaba la propia carne, los detalles todos de la forma, no de otro modo sino como niño dueño de un juguete, al que da vueltas entre sus manos, sin llegar a comprender su complicado mecanismo, sabiendo que existe un resorte en alguna parte, sabiendo hasta el sitio en que está, pero ignorando cómo ha de usarlo. ¡Anita no supuso la ignorancia hasta un grado tal, y explicó su ciencia dejando como inútiles, por lo conocidos, los primeros rudimentos! ¡Ella no se atrevió á intentar la indagatoria! ¡Escuchar, ser toda oídos y callar! Ya sabemos que fué lo que se propuso. Así es que llegaba un momento en que, deslumbrada por la belleza estatuaria de su virginidad, entornaba los ojos para seguir viéndola entre los velos que ponían sus larguísimas pestañas. Luego, como acometida de un frenesí, saltaba fuera del redondo recipiente que la sirvió de pedestal, enjugábase malamente y se vestía con grande apresuramiento un traje de lana cerrado hasta el cuello, y al abrochar la última presilla lanzaba un suspiro de satisfacción.

Indudablemente, su sensibilidad se exaltaba de día en día. Se repitieron los accesos de llanto; tenía á lo mejor que esconderse para que

---

403 *Rosca*: Pan o bollo de forma redonda o cilíndrica.
404 «*Hambre, sueño, o ruindad del dueño*»: Expresión con que se indican las causas del bostezo.
405 *Rosetón*: Mancha circular de color rosado que sale en la piel a consecuencia de frotarse intensamente.

no la sorprendieran llorando y le preguntasen la causa. ¿Qué sabía ella? Lloraba sin motivo, como por una necesidad orgánica, porque el llanto quitaba una opresión que la sofocaba en el pecho y una gran molestia en la garganta. Durante la cena, una noche se le desvaneció la vista, la acometió un vértigo, hasta el punto de que tuvo que agarrarse con ambas manos á la mesa para no caer al suelo, casi perdido el conocimiento; por la noche, su sueño era interrumpido y con sobresaltos; además de estos signos, que acusaban una exageración morbosa de la excitabilidad, en el cerebro ocurrían fenómenos extraños: unas veces le parecía que su cerebro estaba en ebullición; otras que le habían echado por los oídos en el cráneo aceite hirviendo, y llegó á quejarse de un dolor violentísimo limitado á un pequeño espacio de la cabeza, ordinariamente á uno de los lados de la sutura sagital[406].

Román se alarmó ante la frecuencia de aquellas jaquecas, única cosa que descubrió en el padecimiento de su hermana.

—¿Quieres que te vea un médico? —dijo al verla acudir vanamente á los paños de agua y vinagre y á otros mil remedios caseros que Anita le recomendaba.

Pero Gracia se opuso tenazmente. Y el sacerdote, atribuyendo las alteraciones y trastornos orgánicos a la falta de ejercicio, la obligaba á salir muchas tardes. Ibanse juntos adonde siempre, á la Moncloa; pero tuvo que desistir de estos paseos ante las súplicas de la paciente, que se negaba a andar, asegurando que le costaba un inmenso trabajo mover las piernas.

******

El aspirante de santo, como burlonamente lo calificaba D. Fermín, era ya un hombre distinto. Perdido su horror al pecado en aquella especie de transacción y pacto con la carne cuya fórmula le diera, á su entender, Jesús, hablando el lenguaje del padre Kempis, trataba de resistir cuanto le fuera posible, es cierto, pero no más de lo que está en las fuerzas humanas y es llevadero para los seres mortales. Don

---

[406] *Sutura sagital*: Lugar donde los dos huesos parietales se funden en la parte superior de la cabeza.

Fermín pecaba y decía misa. El procuraría decirla sin pecar... el mayor tiempo que la carne se lo permitiera. Se dedicó afanoso al estudio de sí mismo, no en la parte espiritual, en la que tenía la seguridad de no llegar nunca á conocerse, sino en la material y física, en aquel cuerpo varonil que hasta entonces había echado en olvido, y en los lazos terrenos que le tenían, no elevado, sino caído, sujeto, de pie y vivo, andando por el mundo y respirando la misma atmósfera cuyo oxígeno se repartían todos los seres de la naturaleza. Encontró natural lo que antes le pareció inexplicable. Sus tentaciones tenían otro nombre: se llamaban *juventud;* el pavoroso *delicta carnis* era á los veintidós años anhelo de cumplir con la naturaleza, la obediencia corporal saliendo al encuentro del precepto divino: *Crescite et multiplicamini:* Creced y multiplicaos y poblad la tierra. El se sentía capaz de poblarla por sí solo. Pero había otro agregado, que era, en este sentir de poblador, de la mayor importancia. Capaz de poblarla él como varón; pero la hembra... ¡la hembra! Había perdido todos los miedos, incluso el de confesarse que su hembra era Gracia, ¡su hermana! ¡Estaba enamorado de su hermana! Lo conocía, lo sabía perfectamente, y no se asustaba. No encontraba horrendo ni depravado aquel gusto y predilección.

En los tiempos de la visión apocalíptica, que fueron los de tinieblas, el sueño en que las mujeres bíblicas tenían todas el rostro de la doncella aragonesa le sobrecogió, hubo de producirle hondo trastorno. Pero ya se hizo la luz. Miraba al sol sin que cegaran sus pupilas, con vista de águila y frente á frente.

¡Incesto! El no quería llegar al incesto; consagraría á su ídolo humano a un culto secreto; lo respetaría... y lo serviría. No quería llegar, porque, ante todo, estaba para el sacerdote el canon[407]. Pero los más ilustres canonistas, ¿qué dicen acerca del incesto de esta índole? Pues se cuestionaba mucho al legislar sobre los impedimentos dirimentes del matrimonio en el primer grado de la línea transversal igual, para saber si este impedimento entre hermano y hermana es de derecho natural. La opinión más probable consiste en creer que el impedimento es sólo *de derecho eclesiástico*. La razón que aducen los doctores no tiene vuelta de hoja: el género humano se propagó en un principio mediante los matrimonios entre hermanos, sin que conste

---

407   *Canon*: Decisión o regla establecida en concilio por la Iglesia católica sobre el dogma o la disciplina eclesiástica.

que Dios dispensase en esta ley. No es la consanguinidad en la línea transversal como en la línea recta, que es la que dirige en todos los grados hasta el infinito, como dijo el papa Nicolao I[408] en contestación á la consulta de los búlgaros. De modo que si Adán viviese, no podría contraer matrimonio, porque todas las mujeres descienden de él en línea recta. Así, pues, que él amase á Gracia podía no ser muy eclesiástico, pero indudablemente era de naturaleza. Más «natural» que lo de D. Fermín con Anita. Amarla... y respetarla; y una vez conocido este amor, hallábase en la situación del que sabe las fuerzas de que dispone el enemigo contra quien ha de combatir, la pericia de sus generales y posee hasta el plan estratégico de los movimientos que ha de ejecutar en contra suya. En mejor situación que antes, cuando lo ignoraba todo. ¿Qué es lo que él deseaba? ¡La castidad! Pues la castidad podía venir por ese camino. Podía venir, y había venido.

Aquella tarde de memorable lucha, la tarde de la carta, que tan bien se grabó en su memoria con el nombre de la *tarde de los besos,* conoció de pronto su amor, y enérgicamente la voluntad arrancó la venda de los ojos al pobre ser que andaba á ciegas, tropezando horas antes por las calles de la gran ciudad con todas las mujeres, ¡con todas! ¡Hasta con las prostitutas! Encauzó sus sentimientos, hízolos seguir apacible curso; amó á Gracia, consagrando al objeto de su amor un culto puro, secreto. Se hizo su esclavo: ejecutaba cuanto ella quería con una fidelidad pueril; obedeció hasta sus caprichos, y se quedaba extasiado delante de sus reales perfecciones y de otras que él se fingía, completamente imaginarias: desesperábase cuando ella estaba ausente, en el piso de al lado, en casa de Anita; sus miradas se abatían, su color tornábase pálido, se alteraban sus facciones: unas veces estaba inquieto, pensativo otras; llegaba hasta sentirse colérico... El regreso de Gracia embriagábale de alegría; la felicidad que disfrutaba entonces aparecía en toda su persona, extendiéndose á cuanto le rodeaba; aumentaba su actividad muscular; era locuaz, y aunque no con otros, hablaba consigo mismo de su amor.

Día y noche andaba perseguido por las mismas ideas, por las mismas afecciones, que eran tanto más desordenadas en razón á estar concentradas y exasperadas por la contrariedad. Le parecía Gracia, *la niña,* el ser más bello, más amable, más grande y más perfecto; vivía

---

408   *Nicolao I*: Papa que convocó un Concilio en Roma en 863 en el que se establecieron las bases de la futura separación entre las Iglesias de Constantinopla y Roma como consecuencia de la disputa entre los partidarios búlgaros del Patriarca de Constantinopla y los de la iglesia romana.

en su corazón, dirigía sus movimientos, arreglaba sus ideas, gobernaba sus acciones, animaba y embellecía su existencia. Ahora siempre deseaba que la niña estuviese con él en el oratorio, en su cuarto y hacíala sentar allí, enfrente de la mesa, donde leyendo su breviario se pasaba la tarde.

Gracia se conformó; trasladó su sillita baja del gabinete, púsola delante del balcón de la sala, y allí cosía contenta, satisfecha, encontrando en aquel amor fraternal la práctica de las teorías expresas en la epístola famosa.

Un episodio vino á dar la medida de este cariño.

******

—Me gusta coser aquí, hacerte compañía y hablar contigo –exclamó ella una tarde–. Esta sala es muy bonita. Pero D. Fermín tiene razón: esto resulta triste. No te enfades por lo que voy á decir...

—Di lo que quieras.

—Pues bien: yo creo que si quitaras esas bayetas negras, esos cirios y... y...

—¡El crucifijo!

—Eso. ¡Si vieras qué miedo me da!

El sacerdote se levantó presuroso.

—¡Trae la escalera!

Gracia hubo de mirarle sorprendida.

—¿La escalera?

—Sí, la escalera, y ayúdame.

De un voleo se quitó el balandrán[409] y la sotana.

La niña volvió, y el sacerdote, en mangas de camisa; como el día de la llegada de Tudela, riendo y bromeando:

—Verás, verás qué pronto– dijo.

Apoyó la escalera en el tabique y subió con la ligereza de un mono, después de apagar los cirios de dos soplos.

—Pero ¿estás loco? ¿Qué vas á hacer?

—¿No lo ves? Dame el martillo y las tenazas; voy á quitar las ba-

---

409 *Balandrán*: Vestidura talar ancha y con esclavina que suelen usar los eclesiásticos.

yetas negras, el Cristo; el oratorio, ¡tienes razón! Esto me produce ideas de tristeza, y á ti también. Quizás por esto tienes tú esa variación en tu carácter, que no parece sino que eres víctima de pasión de ánimo. Sí, hija mía, tu salud ante todo. Además, que á Dios se le adora sin necesidad de imágenes. De acuerdo con los iconoclastas[410]. Se le adora en sus obras.

Fué un espectáculo. El sacerdote, encaramado en el último tramo, se consagró a desclavar del madero los dos brazos del Redentor. La imagen, del tamaño natural, estaba construida de tal suerte, que en efecto, se sostenía con los clavos mismos, con los tres clavos de la Pasión, y quitados éstos, separábase de la cruz.

—Quita tú el clavo de los pies y sujeta el cuerpo para que no se caiga, con las dos manos, en la cintura, así, ten firme.

En el instante mismo se presentó el colector; quedó extático contemplando aquella parodia de la escena sublime del Descendimiento[411]; luego, con su oportuna burla de siempre:

—Buenas tardes tenga José de Arimatea. ¡Aquí viene Nicodemo, por si hace falta echar una mano! Anita, mi sobrina y madre, hará de María Magdalena.

—Buenas tardes –contestó Román secamente, con enojo.

—Ha sido un pronto que le ha dado –explicó Gracia.

—Cuando yo digo que mi señor don Román tiene vena de loco –agregó el implacable don Fermín.

Entonces el sacerdote, desde lo alto de la escalera, tomó gran empeño en sincerarse.

—No ha sido un pronto, ni mucho menos un acto de locura. Es que... he pensado regalar esta imagen á la iglesia.

—¡Bravo! ¡Buen pensamiento! Supongo que á la nuestra.

—Sí, señor. Allí estará en más sagrado lugar y más apropiado para su tamaño.

—Ya lo creo ¡como que es mejor esa talla que todas las que allí tenemos!

—En cuanto á mí, pienso mañana mismo transformar el oratorio. ¿Qué te parece, Gracia? Si pusiéramos aquí un altar y la imagen de la Purísima...

---

410   *Iconoclasta*: Contrario al culto a las imágenes sagradas.
411   *Descendimiento*: Después de la muerte en la cruz de Jesús, José de Arimatea preparó el descendimiento y posterior sepelio de Jesús. Durante el descendimiento, estaban presentes, entre otros, María y María Magdalena, además de Nicodemo y José que, con la ayuda de una escalera y unos lienzos, descendieron a Jesús de la cruz.

La aragonesa palmoteó de alegría.

—¡Eso! ¡Eso! La Virgen. Y en lugar de las bayetas negras, el fondo de una tela azul pálido.

Fué un regocijo general. El mismo colector hubo de aprobar socarronamente[412]. En cuanto á Anita, tuvo también ideas felicísimas. Aconsejó que en el altar hubiese siempre muchas velas encendidas y búcaros[413] floreros. Profusión de luces y flores.

—Flores de trapo, por supuesto, para que no la falten en todo tiempo; yo sé hacerlas, y tengo todos los avíos[414]. Enseñaré á Gracia, y luego, para que huelan, se les echan esencias, á cada una la suya: á las violetas, de violeta; de jazmín, á los jazmines; de rosa, á las rosas. Así tengo yo mi Virgen en casa.

—¡Ah! –exclamó Román maravillado. –¿Usted es devota de la Virgen? ¿De la Purísima é Inmaculada?

Y contestó el colector:

—Anita reza á la Virgen de la Leche y Buen Parto.

---

412 *Socarronamente*: Burlonamente.
413 *Búcaro*: Florero de arcilla roja.
414 *Avíos*: Utensilios necesarios para alguna cosa.

X

«Mucho me quiere mi hermano, pero las mujeres queremos más y de otra suerte. Ya veis, amados padres, que la felicidad que cifre en mí la tendrá siempre que me la pida». Tal era la posdata de Gracia, expresión fiel, aunque no acabada, de sus pensamientos.

Cierto. Ella quería más, y, como mujer, *quería de otra suerte*. Lo que significaba en la virgen de Tudela sospechas, presentimientos ó adivinaciones no todavía precisas, sino vagas, de lo que en el espíritu y en el cuerpo del sacerdote iba ocurriendo. Vagas, sumamente vagas, porque se envolvían en los velos de lo imposible y de lo absurdo.

Datos tenía que sin este absurdo hubiera considerado como positivos. Entre otros, aquel brusco cambio en el carácter y hasta en las costumbres de Román, haciéndose menos ensimismado, más expansivo, extremadamente afectuoso; aquella transformación, cuyo origen era desde la tarde de la carta, ni más ni menos, ni antes ni después ; desde que, conmovida ella por los extremos de cariño con que Román se expresaba, se arrojó en sus brazos, le besó, y en uno de estos transportes hubo de decirle: «Siempre viviremos juntos. No seré monja, pero tampoco me casaré». Cosa era sospechosa, pero también dificilísima de averiguar, si la regocijada y nueva manera de ser obedecía á esta declaración y promesa de permanecer en la doncellez, ó á los besos con que se declaró el propósito, ó juntamente a entrambos hechos y dichos. ¿Qué le importaba á Román el porvenir de su hermana en este sentido? Si se casaba, ¿debería alegrarse? ¡Alegrarse! Lo cierto es que casándose, el infeliz, acostumbrado ya a su compañía, perdíala de pronto, y acaso para siempre. Recordaba Gracia el párrafo escrito que la hizo prorrumpir en lágrimas al leerlo. Sí. Cuando Román muriera, no estaría su hermana allí para cerrarle los ojos. Y la imaginación de la niña se figuraba ver al sacerdote solo en su alcoba y en su lecho, abandonado á mercenarios cuidados, presa de horrible fiebre, delirante y llamándola repetidas veces en su delirio: «Ven, Gracia, ven; cuídame tú. Tú sola. Tú, que eres mi hermana». Mientras que ella estaría acaso muy lejos, donde estuviera su marido, ignorante de todo, gozando del amor y de la vida en medio de cuyos goces, como una puñalada por la espalda que llega al corazón, vendría á sorprenderla la noticia. «¡Tu hermano, el sacerdote, ha muerto!» Estremecíase de horror; y ante estas ideas, las de la unión sexual, las de los hombres se borraban, las borraba ella misma. ¡Los hombres! El primero entre todos era aquel, su hermano.

******

Al llegar á este punto es ya muy difícil analizar los sentimientos y sensaciones propios de lo que es femenino. Hállase cuanto con lo interno de la sensibilidad de la mujer se relaciona envuelto por conveniencia de ella misma en sombras y misterios. Es una especie de consigna tácita desde la creación, á la que no han faltado ni siquiera las mujeres escritoras. Hay quien supone en distinta organización una equivalencia de sentimientos, cuando ni siquiera existe paridad de sensaciones entre lo viril y lo femenino. En Gracia algo podía, sin embargo, descubrirse que sirva de norma para generalizar un poco. La virginidad de Gracia préstase al experimento, es más dócil, digámoslo así, para someterse al análisis. Ignorante de lo que es nauseabundo[415], cerrado como su carne, estaba su espíritu á conocer de la repugnancia. Había sólo en ella una línea divisoria, ancha y profunda, que separaba en dos partes desiguales el sentimiento y los sentidos. El sentimiento llevábase la parte mayor. Curiosa por lo ignorado de la materia, éralo, en efecto, como ya hemos visto; pero no por figurarse que la materia fuese manantial de goces tales que se equilibraran cuando menos con los del espíritu. Adivinaba que la mujer, en la procreación, es la parte pasiva, obediente, no tanto á su placer como al ajeno, y aun el suyo consistiendo en el que por su medio veía procurado al distinto sexo. El amor, palabra mágica, cuya magia para la virgen aragonesa, con respecto al acto carnal, sospechaba que no pasaba de esto, si bien, en los dependientes

---

415 *Nauseabundo*: Que causa o produce náuseas o repugnancia.

de actos puramente espirituales, el campo tenía amplísimas dimensiones. La mujer llega acaso á la prostitución por este desprecio con que desde la virginidad mira su carne; no se vende lo que se estima, y por ello el hombre llega sólo por depravación[416] de instinto a constituir el tipo mal retratado por Dumas[417]. El *Alfonso. El* prostituto. La promesa de doncellez hecha por Gracia, sacrificio era, pero no tan cruento como lo era el voto de castidad en el sacerdote. Si Gracia hubiese podido presenciar las luchas terribles en que hemos visto a Román empeñado, acaso todos los fenómenos de la rebelión de la carne la sorprendieran como incomprensibles. ¡Ah! ¡Conque el hombre era eso! ¡El instinto de la bestia podía llegar á tamañas exageraciones! Y observándose luego, encontraría algo parecido á aquello en sus órganos y en sus entrañas, algo parecido, pero no lo mismo. No. Ella, si hubiera conocido la historia de las religiones, no comprendería sino como aberración el culto al falo; y en cuanto al matrimonio, bueno era convertirlo en sacramento, pero consistía en el ejercicio de una función. De esta categoría no lo deja pasar ningún temperamento de mujer bien organizado.

******

Gracia estudiaba aquel extraño mal que hemos acusado en su naturaleza, aquellos vértigos, aquellos bostezos, la risa convulsiva y el llanto. Recordaba haber oído que tal era el estado en que se encontró otra mujer, que, sin embargo, fué fundadora de conventos y canonizada por la Iglesia. Ella lo contaba, Román lo leyó. «La vida de Santa Teresa escrita por ella misma». Pero su mal tenía como *base la excitación morbosa de los nervios motores.* El colector, que había estudiado medicina, lo dijo en estos términos, explicando lo que padecía la otra santa. Y luego lo explicó más claramente. Era histerismo[418]. Si

---

416 *Depravación*: Corrupción, perversión de la conducta.
417 *Dumas*: Alejandro Dumas (hijo) (1824-1895), escritor francés, quien siguió los pasos de su padre Alexandre Dumas. Autor de la obra teatral *Monsieur Alphonse* (1873), un drama en torno al adulterio de donde viene el origen de la expresión «El Alfonso».
418 *Histerismo*: Enfermedad nerviosa que recibió gran atención durante el siglo XIX. Según el saber de la época, desembocaba frecuentemente en ataques convulsivos y aquejaba principalmente a las mujeres solteras y vírgenes. Se pensaba que entre las consecuencias de la abstinencia sexual (femenina) estaban la histeria y la ninfomanía. En los varones, la abstinencia sexual podía llevar a la satiriasis y, como en el caso del cura Román, al incesto. (Para un estudio más detenido de la histeria femenina y sus repercusiones, remitimos a la Introducción).

D. Fermín aconsejó y recetó a Gracia el casamiento, seguramente fue, por broma, cosas que el pícaro cura decía. ¿Qué tenían que ver los *nervios motores* con el casamiento?

Ella estaba bien, aparte de tales molestias. Sentíase querida, muy querida, envuelta en la atmósfera de pasión, de la pasión de su hermano, atmósfera caliente que la abrigaba. ¡Cambiar! Ni siquiera de postura. ¿Para qué? El hermano había descolgado a Jesús de la cruz, porque Jesús causaba miedo y tristeza á la niña. Pues ella arreglaba en el sitio mismo un precioso altar, que alegraba la vista con sus blancos mantelillos de encaje, sus luces y sus flores; ponía sobre el altar, en lugar del muerto, una mujer joven, hermosa, doncella, la doncella de Nazaret, pura y sin mancha como la de Tudela, y se complacía en verle de hinojos adorando la virginidad simbólica. ¡Oh! ¡Y con qué fervor! El antiguo soldado de Cristo no desertaba, pero era ya devotísimo siervo de María.

Luego aquellos otros extremos de cuidado y anhelosas solicitudes con que atendía el sacerdote á su hermana dejaban á ésta perpleja, un poco aturdida, y con el aturdimiento se aumentaba la dificultad de distinguir bien los fondos oscuros del cariño y ver si en el abismo había pureza ó impureza, nieve sin hollar ó cieno[419].

Por las noches, encerrada en su cuarto, tendida en su lecho, pensaba fijamente en todas estas cosas; insomne ó dormida, oía siempre en la habitación inmediata crujir el catre donde reposaba su hermano, acusando movimientos bruscos y un sueño agitado, interrumpido, tardo en acudir y pronto en alejarse del cerebro.

******

La vida, en las horas de vigilia, no se resentía de estas inquietudes nocturnas, y era en extremo agradable. Sólo turbada por los raros padecimientos de Gracia, por los accesos de llanto, el entorpecimiento de los miembros, la risa convulsiva que no podía contener y la opresión en la garganta cuando cualquiera de estas cosas acontecía.

Anita, su amiga, tenía ahora en los ojos, al mirar a la doncella ara-

---

419 *Cieno*: Lodo blando que forma depósito en ríos, y sobre todo en lagunas o en sitios bajos y húmedos.

gonesa, una expresión compasiva y en el corazón un deseo cada vez más creciente de revelar algo, una revelación que fuera seguida de un consejo. «Esto es lo que padeces, y con esto otro se cura». Pero no se atrevía.

Por instancias reiteradas de Román, el colector y su sobrina casi puede decirse que vivían con los dos hermanos. El sacerdote esperaba conseguir, por medio de la distracción, algún alivio á la paciente. Cuando los dos curas estaban en la iglesia, Anita y Gracia, en la cocina, atendían al cuidado de las hornillas, porque ahora diariamente comían los cuatro juntos.

Luego Román era el que llegaba primero, sofocado, á pesar del corto trayecto que tenía que recorrer y que mediaba entre la casa y el templo. Sofocado por andar de prisa. Antes que nada, aun con el sombrero puesto, llamaba á Gracia.

—¿Cómo estás hoy? ¿Y los nervios?

—Lo mismo, Román, lo mismo.

Se esperaba con impaciencia el regreso de don Fermín. El buen humor de éste, sus ocurrencias y chistes, su misma cara de Mefistófeles, de diablo metido a cura, solían disipar algo las melancolías y tristezas de la doncella. Así es que á la hora de la comida, á las dos de la tarde, no faltaban risas que nada tenían de convulsión, sino motivadas por la broma y la chacota[420], en que Román, para distraer á la *niña,* también tomaba parte.

Lo malo era que D. Fermín, en sus cuentos tenía mucho de Rabelais[421], y ni uno solo dejaba de aderezar con salsa picante[422]. Anita se desternillaba[423] de risa, y luego con el pañuelo le azotaba la cara. «¡Guasón![424]» Y le miraba apasionadamente.

Una tarde, á los postres, el mismo Román propuso que cantara la andaluza. El colector, *de un voleo*[425], fué al otro piso por la guitarra. Gracia había tenido un acceso de llanto convulsivo, y estaba rendida, no podía moverse; y, en efecto, no se había movido de la silla en que se sentó tres horas antes.

---

420 *Chacota*: Bulla y alegría mezclada de chanzas y carcajadas, con que se celebra algo.
421 *Rabelais*: François Rabelais (1494 - 1553), escritor y humanista francés, famoso autor de *Gargantúa y Pantagruel*, colección de cinco novelas en las que abundan los excesos (entre ellos, los gastronómicos), la escatología y el libertinaje sexual. Para escribir sus novelas, Rabelais se inspira directamente en el folclore y la tradición oral popular.
422 *Picante*: Malicioso o atrevido en lo que respecta a temas sexuales.
423 *Desternillarse*: Reírse mucho, sin poder contenerse.
424 *Guasón*: Burlón, bromista.
425 *De un voleo*: Con presteza o ligereza.

—¿Qué canto? –preguntó Anita.
—Malagueñas –fué la respuesta de Román.
—¡Y muy flamenco! –agregó el colector después de templar su instrumento.

La andaluza entonó la copla:

> «Lástima me da de ver
> Al que se harta de llorar.
> Que quiere ganar la *oriya*
> Y no le deja la mar»

Pero Gracia se entristeció mucho más; hubo precisión de abandonar el género sentimental; y, mediante un guiño del colector se entregó la sobrina al género picaresco:

> «Dicen que la *Peñaranda*,
> La que canta en el café,
> Ha *perdío* la *vergüensa*
> Siendo tan mujer de bien».

Largo rato continuó esta extraña sesión musical, hasta que, por último, pasada la melancolía tan sin motivo como hubo de venir, Gracia dijo un secreto al oído de su amiga y ésta se puso un poco seria, y las dos mujeres corrieron á encerrarse en el gabinete.

******

Al quedarse solos, el colector miró a Román como siempre que se disponía á emprender algún ataque en regla.

—Amigo mío, las mujeres siempre serán las mismas. Un puro capricho, que las hace variar de carácter y de pensamientos á cada paso. Ahí las tiene Ud. encerradas las dos, contándose... sabe Dios cuántos horrores.

—¡Oh! No será nada. Deseos de estar solas.

—¡Psh!

Lió un cigarrillo y luego dijo:

—Y Ud., mi señor don Román, ¿cómo está? Esa imaginación parece que descansa. Las visiones nocturnas, ¿no han vuelto á repetirse? ¡Tanto mejor! Usted también sufre sus transformaciones... en todo. Ahora veo yo que va Ud. por buen camino, en punto á filosofía. Román quiso eludir la conversación, pero le fué imposible. Cuando el colector se proponía una cosa, ello había de ser.

—Sí, amigo mío. Va Ud. recorriendo todas las etapas. Cuando yo le conocí, puede decirse que era Ud. un hombre del año quince, un partidario de la escuela espiritualista teológica. Punto de partida: la revelación y la autoridad de la Iglesia. Doctrinas metafísicas: el hombre es una inteligencia á la que sirven sus órganos. La Iglesia enseñando que el primer hombre pecó, y con él toda su raza: el pecado hereditario. El destino del hombre reconquistar, á fuerza de arrepentimiento, el bien de que le apartó el vicio de nacimiento; por encima del hombre, espíritu inmortal hay un Dios, espíritu también, que mira á su criatura. Espía y levanta acta de sus obras, sentenciando siempre al final del proceso. Doctrinas morales: la vida es el dolor, una expiación: los males de este mundo son castigos que se deben sufrir con resignación y con alegría. El Crucificado como ejemplo de sacrificios. Tendencias políticas de esta escuela, de la nuestra, de la sacerdotal: como la humanidad no es buena, necesita la severidad; si los que la gobiernan lo hicieran blandamente, no cumpliría su destino, la penitencia. Así, pues, poca ó ninguna libertad, y ésta considerándola como una concesión local y pasajera, pero nunca como un derecho esencial y nacional. El gobierno no debe ceder nunca á las exigencias del pueblo, sino que debe dominarlo soberanamente y hacerle sentir de vez en cuando el peso de su autoridad. El jefe del Estado no es un tutor, es un capataz[426] encargado de una cuerda de presidiarios[427]. El príncipe recibe esta misión de Dios, y Dios tiene un representante en la tierra, que es el papa. Una monarquía teocrática universal, y todos los reyes como delegados ó subordinados de Roma; política, en fin, ultramontana[428]. Pasemos ahora á las tendencias estéticas: misticismo y devoción; el alma católica ve la belleza en el espíritu y en la intimidad del sentimiento; no la encuentra nunca en la materia, sino velada y como expresión. Lirismo, ante todo, para manifestar la emoción; palabras más que símiles, gritos del alma más que cuadros, desdén del color, del dibujo, del espectáculo de la naturaleza.

---

426 *Capataz*: Persona responsable de conducir un grupo de reclusos durante su traslado a un establecimiento penitenciario.
427 «*Cuerda de presidiarios*»: Conjunto de penados que van atados cuando transitan fuera de los presidios.
428 *Ultramontano*: Partidario y defensor del más alto poder y amplias facultades del Papa.

—Y eso sigo siendo –interrumpió Román agolpándosele la sangre á las mejillas.
—¡Oh! Perdone Ud. Hoy ya varía. Encuentro otro hombre distinto. Es como el oratorio. Antes, Cristo; ahora, la Virgen. Ahora vive Ud. en el año treinta. Ahora el espiritualismo racional. Vea Usted si no por el mismo procedimiento cómo se conforma este sistema con las ideas que a Ud. le dominan. Usted ahora pretende apreciar en su justo valor la sensación y la relación, procediendo de la conciencia y de la observación psicológica; se esfuerza Ud. en deducir una teoría que complete y aclare los dos sistemas filosóficos entre los cuales es el de Ud. mediador. Este es el punto de partida. Doctrinas metafísicas: no creer que el cuerpo sea todo el hombre, sin rechazar ni admitir todos los dogmas católicos, aspirando á limitar la materia, pero no á su aniquilación; procurar que se aclaren esos misterios, sacando de ellos puras verdades espiritualistas, pero no místicas; afirmando la inmortalidad del alma, pero tratando de encontrar una confirmación racional en la observación psicológica; asintiendo á la idea del Dios católico, pero sin prestar á la Providencia los atributos de un poder en este mundo.
—Se equivoca Ud. de medio á medio[429] –gritó Román interrumpiéndole exasperado–. Se equivoca Ud. tanto, que yo creo firmemente en la intervención divina. Lo creo, y lo he experimentado; hablo por lo que á mí me ha sucedido. Mi variación consiste en eso.
—¿En la intervención divina? –preguntó socarronamente el colector.
—Si, señor.
—Entonces no he dicho nada. Yo creí que la única que había intervenido en esto era Gracia, y todo lo más, Anita, con sus perfumes. ¡Ah! ¡Los perfumes de Anita! ¡Écheles Ud. á esos filosofías! Ello es que la salud ha mejorado.
En aquel momento se oyó un grito agudo que partía del gabinete.
—¡Dios mío! ¿Qué sucede? ¡Gracia! ¡Es Gracia!
Y el hermano se levantó asustado.
D. Fermín le siguió.

---

[429] «*Equivocarse de medio a medio*»: Confundirse del todo, por completo.

******

Al entrar en la habitación inmediata, el espectáculo que se ofreció á la vista de los dos sacerdotes les impresionó profundamente.

Gracia estaba tendida en el suelo, con el corpiño[430] desabrochado violentamente, los pechos al aire, sin haber perdido el conocimiento, pero sí el uso de la palabra. Anita, extremadamente pálida, la miraba, y se iba contagiando de aquella convulsión, de tal manera, que imitaba las contracciones de los músculos de la cara, los movimientos de los brazos y piernas. Sin embargo, pudo explicar algo.

—Es la bola[431]. Me lo ha dicho. La sintió subir, y luego cayó.

D. Fermín conoció los síntomas, y la frase de Anita se lo explicó todo. Al mismo tiempo hubo de comprender que Anita, por imitación ineludible, y de continuar allí, caería en el mismo ataque.

—Sal. Sal inmediatamente. Vete; no la veas. Déjanos solos con ella. Espera en el comedor.

Era, en efecto, el histerismo bajo su manifestación del globo histérico.

El ataque de Gracia empezó por la sensación de un frío interior, propagándose á los miembros y el tronco, y seguido muy pronto de la sensación de la bola que dijo sentir en el vientre, una contracción dolorosa; luego la bola se corrió por el pecho hacia la faringe, produciéndole falta de respiración, casi asfixia. El ataque era una irritación que obraba sobre los nervios; las sacudidas de los brazos se repetían con cortos intervalos. Los dos hombres se arrodillaron para contenerla. Román cogió la mano derecha de Gracia, y ésta estrechó la suya con placer y fuerza.

En el primer momento, el sacerdote acudió á remediar el desorden de ropas de la convulsionaria. Pero D. Fermín le dijo:

—Déjala. Creerá probablemente que se ahoga y que así respira mejor. Yo, en estos casos, no miro la carne de mujer. Es la de una criatura que sufre.

Y así hubieron de quedar los dos, arrodillados sin poder conseguir levantarla del suelo, temiendo que el movimiento natural del cuerpo,

---

430 *Corpiño*: Prenda de vestir muy ajustada al cuerpo, sin mangas y que llega hasta la cintura.
431 *La bola o globo histérico*: Uno de los síntomas característicos de la histeria, según la medicina y psiquiatría decimonónicas. Se describe como la sensación subjetiva de tener algo, un bulto o una masa, en la garganta. No hay un mecanismo fisiológico específico y se creía que era más frecuente en mujeres.

al ser trasladado a la cama, sirviera sólo para exacerbar la intensidad del ataque. De vez en cuando, con intervalos de tres, cuatro ó cinco minutos, los gritos y movimientos convulsivos cesaban. Gracia se quejaba, pero sin recobrar la palabra. Fue terrible la duración, desde las tres de la tarde hasta las nueve de la noche. ¡Seis horas! Román se desesperaba.

—Un médico; hay que llamar á un medico.

—Eso luego; ahora lo que se puede hacer lo haré yo.

—¿Usted?

—Es claro; yo, que he faltado á los cánones leyendo algo de materia médica. Pero necesito moverme, y es preciso que Ud., por un momento, la sujete. Tengo que ir á mi casa.

—Pero yo solo no voy á poder dominar la convulsión.

—¡Bah! ya lo creo; así no, pero abrazándola, coge Ud. los dos brazos y ya no se mueve. Abrácela Ud.

Y como Román palideciera intensamente:

—¡Qué diablo! Si se tratase de una extraña ¡pero Gracia! Son Uds. hermanos.

Y él mismo, empujándolo, colocó á Román sobre el cuerpo que estaba tendido en tierra. Luégo se levantó.

—Vuelvo en seguida. Yo tengo éter[432], acetato de amoniaco[433] y las esencias aromáticas de Anita. Hasta ahora. Así. Estréchela Ud. contra su cuerpo; muy bien.

Y salió, dejando a Román casi tan desmayado como la paciente, casi tan convulsivo, casi epiléptico[434].

Volvió á poco, en efecto, y encontró a los dos hermanos en la misma postura. D. Fermín hizo aspirar á Gracia los vapores del amoníaco, del éter y del alcanfor[435], haciéndola aspersiones[436] del agua fría sobre el pecho, el cuello y la cara. Todo era inútil. A las nueve, Gracia

---

432 *Éter*: Líquido transparente, inflamable y volátil, de olor penetrante y sabor dulzón, que se obtiene al calentar a elevada temperatura una mezcla de alcohol etílico y ácido sulfúrico. Se empleaba en medicina como antiespasmódico y anestésico.

433 *Acetato de amoníaco*: Goma resinosa en lágrimas o en masa, compuesta de grumos de color amarillo rojizo por fuera y blanco por dentro, de sabor algo amargo y nauseabundo y olor desagradable. Se usaba como medicamento expectorante.

434 *Epiléptico*: Persona que padece epilepsia. Una enfermedad neurológica producida por una disfunción en la actividad eléctrica de la corteza cerebral y que se caracteriza por crisis convulsivas con pérdida brusca del conocimiento.

435 *Alcanfor*: Producto sólido, cristalino, blanco, urente y de olor penetrante característico, que se obtiene del alcanforero tratando las ramas con una corriente de vapor de agua y se utilizaba principalmente en medicina, como estimulante cardíaco.

436 *Aspersión*: Esparcimiento de agua u otro líquido en forma de pequeñas gotas.

manifestó en su rostro, hasta entonces contraído por el enervamiento[437], la expresión de una alegría grande; estrechó el cuerpo de su hermano, le abrazó á su vez con un movimiento rápido, el último, que Román no pudo prevenir ni contener; prorrumpió en una ruidosa carcajada y luego en abundantísimo llanto. Abrió los hermosos ojos.

—¡Román!

—¡Habla! ¡Ya puede hablar! —exclamó éste con inusitado regocijo.

—Sí, puedes dejarme. Conozco que ya se me pasó.

Levantóse el mísero con el rostro encendido de calor por tan prolongados y temidos contactos. El paroxismo[438], en efecto, había cejado. Gracia estaba rendida. Movíase con dificultad.

—Tengo estropeado todo el cuerpo.

Su fisonomía presentaba cierto grado de admiración y estupor. Sudaba copiosamente.

—¡D. Fermín! ¡Román! Un momento, déjénme Uds. sola un momento; ya no se repetirá, lo conozco, lo sé positivamente.

Los dos curas obedecieron.

Sola Gracia, se encerró, corrió a la cómoda y al ropero; sacó ropa blanca interior, otro traje de lana. ¡Oh! ¡Qué vergüenza! Siendo mujer, no poder dominar las funciones del organismo... Lo que sólo es disculpable descuido en la infancia... ¡eso! ¡eso le había pasado! Tenía que mudarse de pies á cabeza. ¡Cuanto antes!

---

437 *Enervamiento*: Acción de debilitar, quitar las fuerzas. (Galicismo: poner nervioso o irritar).
438 *Paroxismo*: Accidente peligroso en que el paciente pierde el sentido y la acción por largo tiempo.

XI

La noche fué terrible para el sacerdote. La tentación de la carne, con más fuerza que nunca le acometió. Le acometió y le venció. Pero esta vez en buena lid[439], frente a frente, no durante el sueño, porque éste no lo pudo conciliar, sino despierto.

Grande culpa tuvo en ello la descripción de la enfermedad de su hermana hecha por el médico que trajo D. Fermín, un médico de quien era el colector grande amigote.

—En efecto –exclamó el doctor, que era materialista[440]–; su hermana de Ud. ha tenido un ataque histérico.

—Y ¿qué es eso? ¿Cómo se cura? –preguntó Román–. ¿Es grave?

—Muy grave puede llegar a ser. Hoy no lo es todavía. Las circunstancias que predisponen más al histerismo son una influencia hereditaria, la constitución nerviosa, tan desarrollada siempre en las mujeres, y la edad de doce á veinticinco o treinta años.

—Gracia tiene quince.

—Está en la edad, ya lo he visto.

—Pero en nuestra familia, nadie ha padecido de eso. Ha dicho Ud. que la influencia hereditaria...

—Esa es una de las causas; pero el histerismo es dolencia exclusivamente propia del sexo femenino, y fácilmente se comprende que sus fenómenos y síntomas deben depender en gran parte de todas aquellas influencias que se refieren a las funciones sexuales. La temperatura elevada favorece el desarrollo del histerismo, y por eso se observa frecuentemente en los climas cálidos y en las estaciones calientes. Las afecciones morales tienen también mucho influjo; y el efecto de este orden de causas puede ser mediato ó inmediato, pues unas veces se presenta el histerismo algún tiempo después de recibir una emoción moral, y otras inmediatamente, como, por ejemplo: á consecuencia de

---

439   «*En buena lid*»: Por buenos medios, sin trampas ni argucias.
440   (*Médico*) *materialista*: Especialista que desarrolla una medicina alopática basada exclusivamente en la química y el tratamiento del síntoma.

un susto. Igual influencia tienen también las sensaciones tristes ó alegres, la lectura habitual de obras apasionadas ó tiernas.

—Ha puesto Ud. el dedo en la llaga[441] –interrumpió el colector.

—¡Cómo! –exclamó Román–. Pues qué, ¿Gracia lee novelas sin saberlo yo?

—Anita es la que las lee. Gracia oye leer una cosa más apasionada y más tierna que todas las novelas del mundo.

—¿El qué?

—Santa Teresa. Que le diga á Ud. el doctor si no es bastante este libro y cualquiera otro de los que reflejan el misticismo, con sus ilusiones extáticas, sus intuiciones y emociones.

—Es cierto –agregó el médico–; sobre todo si á estas lecturas se agrega una continencia[442] muy prolongada.

—¡Caballero! –objetó Román–, mi hermana es soltera.

—Pues que se case –contestó el galeno[443] brutalmente–; ahora es tiempo, porque la enfermedad es todavía muy reciente; ahora es cuando el matrimonio puede ser útil satisfaciendo la necesidad del corazón más bien que la de los sentidos. En cambio, más tarde el matrimonio agravaría el histerismo. Además, esa señorita observa la higiene contraria en todo á la que debiera observar. No hablemos de la continencia, hablemos de la alimentación, que es, según yo me he enterado, tónica y excitante; y como si esto no basta, toma á diario un baño de esponja.

—El baño refresca –objetó Román con timidez.

—Es el tónico más poderoso. Conviene cuando la continencia no existe, cuando se ejercen las funciones sexuales; pero en la condición y en la naturaleza de su hermana de Ud., señor cura, es un puro disparate, ha producido en ella una excitación considerable de los sentidos.

—Mi hermana es una niña en punto á inocencia.

—¡Eh! La fisiología se ríe de los estados inocentes, señor mío. Con toda su inocencia, no será de distinta naturaleza que el resto de los mortales –exclamó el

materialista irritado ya ante las ignorancias de Román.

—Doctor –gritó también el sacerdote–, ¡está usted hablando de mi hermana!

---

441 «*Poner el dedo en la llaga*»: Figuradamente, la expresión se aplica a la acción de señalar e insistir en el punto que más preocupa a una persona.
442 *Continencia*: Abstinencia sexual.
443 *Galeno*: Médico.

—Estoy hablando de una enferma. Si es hermana de Ud., tiene Ud. el deber de escucharme y de obedecer a mis instrucciones para que se cure. Todos los padres de la Iglesia y todos los textos sagrados no me harían variar de opinión. Su hermana de Ud. es para mí un caso patológico. Pues bien: ¿sabe Ud. en qué estado se halla? Con inocencia, con virtud, si la paciente sigue tomando baños, bebiendo el burdeos de D. Fermín y comiendo carnes magras, la excitación de los sentidos llegará á su grado máximo. Lo alimentará, como ha dicho muy bien D. Fermín, la lectura de obras místicas, la soledad en que con Ud. vive; y yo no digo que ella tome la iniciativa, porque su misma inocencia se lo prohíbe; pero si un hombre cualquiera, en el momento del baño, ó en el sueño durante la noche, cuando ella esté desnuda y excitada por su propia desnudez, si un hombre se acerca y puede llegar hasta ella en aquel momento, se entregará sin resistencia. Esto no es un ultraje, es un dictamen facultativo.

Lejos de la cólera que D. Fermín esperaba ver desbordarse por los labios de Román, la contestación fue relativamente mesurada, si bien la más á propósito para exaltar al médico por todo extremo.

—Creo –replicó el sacerdote, sonriendo con desdén–; creo que la ciencia se equivoca.

—¡Ah! ¿La ciencia se equivoca? Pues bien: ¿sabe Ud. cuál es una complicación que puede sobrevenir en el histerismo? ¿Sabe Ud. lo que es esa complicación y el nombre que recibe? Esa es la temible, esa se llama *ninfomanía*, y á fe, señor cura, que voy á explicarme sin omitir ninguna palabra técnica, por fuerte que sea, para que comprenda Ud. lo que es esta neurosis. Voy á hablar al hermano de la paciente, al hombre, y no al sacerdote.

—¡Respete Ud. la castidad que he de guardar por mi estado!

—Respete Ud. la ciencia de que yo soy sacerdote, no confunda Ud. el lenguaje científico con los relatos de Boccacio[444]. Y ahora sepa Ud. que la ninfomanía es una excitación morbosa irresistible de los órganos genitales; inclinación al amor físico hasta el delirio, expresada por palabras obscenas, miradas apasionadas y gestos provocativos, que suelen contrastar muchas veces con la conducta ulterior de las enfermas, y a la cual se agrega siempre un desorden mayor ó menor de la inteligencia. La Iglesia llamó á estas pacientes endemoniadas, y las

---

444 *Boccacio*: Giovanni Boccacio (1313 –1375), escritor y humanista italiano. Es recordado sobre todo como autor del *Decamerón*, un libro constituido por cien cuentos alrededor de tres temas: el amor y el erotismo, la inteligencia humana y la fortuna.

quiso curar con exorcismos. A eso está expuesta esa joven, á la ninfomanía; porque esta enfermedad aparece en aquellas personas en que existe una predisposición orgánica, casi siempre bien marcada, como en este caso, que constituye lo que se ha llamado impropiamente temperamento uterino, y se las reconoce por los caracteres exteriores que va Ud. á oír, y que retratan á la señorita Gracia de cuerpo entero.

A una musculatura muy pronunciada y poco provista de tejido celular, se agregan abundancia y color subido del sistema piloso[445]; cabellos y cejas muy espesos y negros; ojos grandes y vivos del mismo color; fisonomía expresiva y móvil; labios gruesos y de un rojo vivo; dientes blancos, y muy pronunciados los atributos sexuales, á saber: buena conformación de las mamas, que son consistentes y de un volumen notable; caderas bien marcadas y contorneadas; pelvis ancha y con prominencias redondeadas; miembros abdominales de igual forma; pero... ¿para qué seguir? Pasemos á los síntomas. La enfermedad no se hace evidente por ningún carácter exterior; pues aunque las enfermas empiezan á tener deseos venéreos exagerados, son todavía bastante dueñas de sí mismas para no dejar traslucir los pensamientos obscenos de que se hallan poseídas. Por el contrario, avergonzadas de experimentar semejantes sensaciones, hacen los mayores esfuerzos para sujetarlas; y aunque el pudor y la razón destruyen á veces por un instante las imágenes voluptuosas que las persiguen, no tardan en hallarse otra vez poseídas de los mismos desvaríos eróticos, y entonces son presas de un calor intenso, espasmo, tensión con prurito[446] en los órganos genitales y en las mamas, dolores sordos en los lomos; la enferma no puede estar sentada, porque el calor irrita demasiado los órganos; se ve obligada a andar lentamente, separando las piernas para evitar el más pequeño roce; al mismo tiempo se dejan sentir los deseos más violentos; la imaginación se exalta; los ojos y el rostro se animan; pero en algunos momentos este ardor se ve remplazado con el abatimiento y la tristeza, y el semblante unas veces se sonroja y otras palidece.

La razón, el deber y el pudor luchan con energía contra el desorden de los sentidos; y si las mujeres llegan á disimular casi siempre á todos el fuego que las consume, no pueden, sin embargo, resistir por completo á sus deseos, y buscan en el vicio de nombre bíblico, en el

---

445 *Sistema piloso*: Conjunto de todos los pelos que crecen en la superficie de la piel.
446 *Prurito*: Comezón, picazón de la piel.

onanismo[447], un alivio insuficiente y pasajero. Si pueden satisfacer sus necesidades, la enfermedad queda limitada á estos primeros síntomas. Mas si, por el contrario la causa que preside al desarrollo de la afección continúa obrando con intensidad, la mujer no es dueña de sí misma: se entrega sin resistencia a sus inclinaciones, pues ya no siente esa turbación interior que la causaba al principio la sola idea de sus torpes deseos. Entonces ya no trata de ocultar sus sentimientos; se vale de mil artificios para hacer que la conversación recaiga sobre los placeres de Venus; y si no se refiere á objetos lascivos, la enoja. Parécele la cosa más natural y licita entregarse á estos goces; así que su porte, sus palabras, sus gestos expresan públicamente las ideas que la asedian; la vista de un hombre exalta los deseos y determina un espasmo voluptuoso en los órganos genitales. La enferma, menospreciando los hábitos más inveterados[448] de honestidad, los sentimientos religiosos más puros, se entrega al primero que llega, y aún solicita los halagos de otras mujeres; y, abandonando á sus padres, á sus hermanos, á su familia, va á buscar muchas veces en la prostitución un remedio, y en ella encuentra casi siempre la muerte.

—Caballero –dijo Román con mayor desdén–, si lo que Ud. me cuenta es científico, declaro que la ciencia tiene también sus leyendas, á no ser que trate de disfrazar los crímenes con el nombre de enfermedades.

—En efecto. Este crimen es en medicina legal un caso de locura –contestó fríamente el doctor–; y sólo añadiré un consejo, señor sacerdote; uno solo, y me retiro: Case Ud. á la paciente, que ahora no es ninfómana, sino histérica.

—Por ahora, no. No creo en esos peligros.

—¡Ah! ¿Que no? Entonces, señor sacerdote, oiga Ud. una profecía.

—¿Profecías científicas? –exclamó Román encolerizándose.

—Más ciertas que las de la Biblia.

—Y ¿cuál es esa?

—Esta: si Gracia no se casa, se prostituirá con el primero que entre en esta casa.

—En esta casa no entra nadie más que yo –contestó el sacerdote sonriendo burlonamente.

---

447 *Onanismo*: Masturbación.
448 *Inveterado*: Antiguo y arraigado.

—Pues si llega la ninfomanía, pudiera ser que no viera en Ud. el hermano, sino el hombre.

Román dió un salto sobre su silla.

—No vuelva Ud. más. Salga Ud. de mi casa, ó me olvido de lo que soy.

El médico, con el sombrero encasquetado, dió la réplica:

—Si Ud. lo llega á olvidar, no extrañe que yo tampoco lo recuerde. Buenas noches.

Y salió. Ya era tiempo. El presbítero de tierra aragonesa, con los ojos inyectados en sangre, cerrados los puños y trémulos[449] los labios, había dado dos pasos, y fué necesaria la fuerza de don Fermín para contenerle.

Cuando se vió detenido por el colector, y á solas con él, le dijo con sordo acento y enronquecida la voz:

—He estado á punto de cometer una muerte. Déjeme Ud., necesito rezar.

—Anita vendrá a velar á Gracia.

—Lo agradezco, pero á mi hermana la velaré yo.

Díjolo tan seco, que el tío de la andaluza no replicó.

Alegróse, porque en realidad el ofrecimiento hízolo por pura fórmula. «¡El histerismo se contagia! Bueno fuera que a su sobrina le diese por esta imitación». Despidióse después de su compañero de sacristía, y se retiró riéndose para sus adentros.

—Esto acabará por donde empieza. ¡Diantre de médico! Desde hoy le llamaremos el doctor Cantaclaro.

---

449 *Trémulo*: Tembloroso.

XII

Román estuvo largo rato de rodillas al pie del altar.

Rezó fervorosamente, pero teniendo que volver á empezar la oración á menudo, por verse acometido de frecuentes distracciones.

Dos palabras estaban como clavadas en su cráneo con letras de hierro y el hierro candente. ¡HISTERISMO!¡NINFOMANÍA! Recordó las frases del médico, aquel retrato científico de Gracia. Su retrato *de cuerpo entero*. «Musculatura muy pronunciada, cabellos y cejas muy espesos y negros». ¡Cierto! Negro, muy espeso, abundante ¡él lo sabía, él lo pudo comprobar cuando Gracia se le presentó despeinada, buscando el elogio de su cabellera!

«Ojos grandes y vivos, también negros; fisonomía expresiva y móvil; labios gruesos y de un rojo vivo; dientes blanquísimos».

¡La sonrisa que vió la noche memorable de la visión apocalíptica!

Y llégo otra cosa que había dicho la ciencia, otra cosa que hasta aquella tarde no pudo ver, y que era exacta; otra cosa que, cuando sujetaba los movimientos convulsivos, abrazado al cuerpo de Gracia, pudo comprobar por el desorden y descendimiento de ropas de la accidentada. Textualmente repitió con prodigiosa memoria el tecnicismo científico.«Muy pronunciados los atributos sexuales, á saber: buena conformación de las mamas, que son consistentes y de un volumen notable».

Román se estremeció poderosamente.

—¡No puedo rezar! ¡Es imposible!

Se levantó; no resistía ya. Abrió la puerta del gabinete.

—Entra. Estoy despierta –dijo la enferma desde el lecho.

Entró.

—Mira, Román, perdóname. Te he dado un mal rato. ¡Dios mío!

Pero ya te harás cargo de que yo no tengo la culpa. Y que si lo sé, no vengo á vivir contigo. Pero ¿qué ha dicho el médico? Son los nervios, ¿eh?

—Sí. Son los nervios.

Estaba junto al lecho, mirándola con el ceño fruncido.

—Siéntate. Mira, siéntate sobre la cama, y así hablaremos mejor. Ya ves que es grande, no me molestas. ¡Anda!

Sentóse en el borde, sin cesar de mirarla; seguía en sus ropas el bulto del cuerpo, y volvía á recordar:

«Mamas de buena conformación, consistentes y de un volumen notable; caderas bien marcadas y contorneadas; miembros abdominales de igual forma...»

—¿Cómo estás? ¿Estás mejor?

—Si, mejor. Muy rendida, quebrantada. No tengo fuerzas ni para mover un dedo.

¡No tenía fuerzas, no se resistiría! Un brillo siniestro, el mismo con que los ojos despidieron al médico, apareció en las pupilas del sacerdote. ¿Qué iba á hacer? ¿Qué sería mejor? ¿Violarla, ó matarla?...

—¡Dios mío! –murmuró por lo bajo-, quitadme los dos pensamientos.

Pero Gracia le vió mover los labios.

—¿Qué haces? ¿Rezas?

—Rezo por ti.

—¡Oh! Ya estoy bien. Tómame el pulso.

Y sacó el brazo, buscó con su mano izquierda la del sacerdote.

—Yo no entiendo.

—No importa. Verás cómo no va muy de prisa.

Fuéle preciso coger la muñeca. Él no sabía, en efecto, cómo se tomaba el pulso; puso los dedos dónde y cómo la niña le dijo, y luego, cuando quiso retirar el brazo, un impulso irresistible hízole estrechar la diminuta mano, que nerviosamente correspondió á la presión.

—¡Qué bueno eres! Ya sé que no has querido que se quede Anita. Vas á velarme tú. Pero no hace falta. Acuéstate. No tengo nada. Duerme. Vas á perder mañana la misa.

—Déjalo. Cuando es por un motivo así, no me pesa.

Gracia insistió más; pero Román se opuso tenazmente.

—No, no. No me acuesto: pudiera pasarte algo. Además, no tengo sueño.

—Ni yo; pero no quiero que pases la noche ahí, sentado. Escucha, échate.

—¿Dónde? –preguntó el sacerdote asustado.

—A mis pies, atravesado en la cama. Como es de matrimonio, no estarás mal. Tiéndete tú también, y hablaremos. ¡Anda!

Gracia tenía aquella noche una manera especialísima de decir aquel imperativo: «¡Anda!», que se convertía en sus labios, no en una orden, sino en manifiesta insinuación de la mujer caprichosa– No había medio de resistirla.

El mísero sacerdote, cuyos oídos zumbaban de un modo extraño, vestido como estaba, echó el cuerpo hacia atrás, se tumbó de espaldas, y éstas cayeron sobre los pies de la mujer, que recibieron aquel peso sin molestia alguna, al parecer, por la opresión.

—¿Te hago daño?

—No, no. Estáte quieto; estoy bien.

Volvió Román á recordar la última sintomatología médica, aquel proceso científico de la ninfomanía:

«Mas si, por el contrario, la causa que preside al desarrollo del mal continúa obrando con intensidad, la mujer no es dueña de sí misma; se entrega sin resistencia á sus inclinaciones, pues ya no siente esa turbación interior que le causaba al principio la sola idea de sus torpes deseos. Entonces ya no trata de ocultar sus sentimientos; se vale de mil artificios: parécele la cosa más natural y lícita entregarse a estos goces, y todo en ella revela las ideas que la asedian: la vista de un hombre exalta sus deseos y determina un espasmo voluptuoso en los órganos genitales...»

—¿Qué haces, Gracia? ¿Por qué te mueves?

—No me he movido. No hago nada. ¿Qué quieres que haga?

¡Ah! Decididamente estaba loco. ¡Maldito médico! Con su vocecilla aguda clavaba las ideas de punta en el cerebro, como alfileres. En verdad, la niña no se movía; era él; no podía estarse quieto un momento.

—¿Estás mal ahí? ¿Quieres una almohada? Toma una de las mías. Tendrás la cabeza baja.

Y riéndose, le dió un grande almohadón. Luego le volvió á preguntar:

—¿Rezas?

—Ya recé –contestó, incomodado por la pregunta. Luego dulcificó la voz.

—Recé antes de venir aquí, y también hace poco.

¡No! Gracia no era todavía *aquello*. La prueba es que, por una de esas transiciones tan propias del estado histérico, empezó á charlar con volubilidad suma acerca de los asuntos más variados: de don Fermín, de su carácter bromista, de Anita y de sus perfumes, de cómo se hacían las rosas de trapo, de lo bonito que estaba el altar de la Virgen, de los vestidos del Niño de la Bola, del proyecto que tenía de quitarlo de la cómoda, sacarlo de su fanal y llevarlo *con su madre*. Allí estaría mejor.

—Y para que tú le reces, le quitaré el collar y las pulseras.

Su brazo continuaba extendido fuera de las sábanas. Román no pudo contenerse y lo cogió. Gracia tuvo un ligero estremecimiento al sentir el inesperado contacto. Su charla cesó de pronto y se puso muy pálida. Miró, pero no pudo ver la cara del sacerdote, que estaba echado á sus pies.

Román creyó por un momento que no podría vencerse, ni vencer al demonio en cuyo poder estaba. Recordó otras palabras, las más terribles del diagnóstico:

«La mujer, en este estado, se entrega al primero que la pretende».

Y luego, la amenaza del materialista:

«En estos casos, hasta en el hermano no se ve más que el hombre».

¡Cielos! No habían transcurrido muchas horas, y la profecía, por parte de él, de Román, podía cumplirse. ¡Eso nunca!

—¡Todo menos eso! Transijo con el pecado, pero en eso jamás. ¡Jesús! ¡Qué horror!

Así clamaba *in mente,* mientras que su mano febril, sin darse cuenta de ello, ó tal vez á pesar de la voluntad en contrario, acariciaba el brazo desnudo de Gracia. Esta seguía inmóvil y silenciosa, con las cejas contraídas, demudado el color, casi rígida en todos sus miembros.

Luégo se oyó un suspiro de la aragonesa, suspiro como de desahogo, como de ser que acaba de salvarse de un peligro casi milagrosamente; y al oír una especie de gruñido sordo de Román, la mano de la hermana cogió la que la acariciaba y la estrechó con reconocimiento, con inmensa gratitud.

El sacerdote había quedado sumido en una especie de espasmo, repugnándose á sí mismo, pero penando con alegría:

—Amnón pudo haber hecho lo que Onán, y Thamar[450] se hubiera salvado.

Luego allí, á los pies de la cama, de improviso se vió acometido de un sueño profundo.

Gracia no durmió. Sus grandes ojos negros seguían revelando el estupor y la admiración, restos del pasado y reciente ataque histérico.

De vez en cuando se llenaba de lágrimas. En ocasiones, acabado su llanto, los rojos labios sonreían.

Su mano continuó estrechando la del pecador dormido toda la noche.

---

450 *Onán y Thamar (o Tamar)*: Personajes bíblicos que aparecen, en el libro del *Génesis*. Después de que su hermano mayor falleciera, Onán debía casarse con su viuda Tamar, tal y como dictaba la Ley judía. Según la Biblia, cada vez que tenía una relación sexual con su cuñada, eyaculaba sobre la tierra. De ahí viene el término «onanismo» como sinónimo de masturbación.

XIII

A la mañana siguiente, el sacerdote despertó á poco de amanecer. Se incorporó penosamente sobre los colchones, y regresó á su cuarto andando de puntillas. Gracia estaba despierta; pero fingió dormir, para evitarle toda confusión.

Román entró en la sala repitiendo las palabras del apóstol San Pablo: «Gracias doy á Dios por Jesucristo señor nuestro. Yo mismo, con la mente, sirvo á la ley de Dios, mas con la carne á la ley del pecado».

Entre tanto la aragonesa, en quien no por el sueño, sino por el descanso, habíase restablecido la fuerza y la salud, se levantaba con el alma inundada de no sabemos qué secretos regocijos.

Vistióse con el mayor esmero. Por primera vez echó de ver que los zapatos eran de forma ordinaria y no se ajustaban estrictamente al admirable modelado de su pie, y su traje de lana muy sencillo, mientras que el de Anita estaba, por el contrario, todo lleno de arrumacos[451]. Se recogió el cabello cuidadosamente, pero poniendo más arte en el peinado. Oyó en esto un lavoteo feroz en el cuarto de Román, y se entreabrieron los labios con una sonrisa, al par que sus mejillas mostraron el color del sonrojo.

Salió, por fin, llegó a la cocina y abrió la ventana del patio. Dos cabezas curiosas y llenas de malicia estaban asomadas en la de enfrente y como esperando este hecho. Eran ó correspondían á los cuerpos de D. Fermín y Anita, que se apretaban mucho uno contra otro para caber en el hueco.

—¡Buenos días! –dijo Gracia.
—¿Cómo se ha pasado la noche?
—¿Cómo estás hoy, hija?
—¿Veló mi señor don Román? ¿Ha dormido usted bien?

Aquella explosión de preguntas con que tío y sobrina la recibieran enojó un tanto á nuestra heroína. Contestó secamente:

---

451 *Arrumaco*: Adorno o atavío estrafalario.

—He dormido bien. Román veló echado á los pies de la cama. Ya se me pasó todo. Estoy buena.

Y estuvo a punto de agregar con cierto retintín, propio del caso: «¿Quieren Uds. saber más, señores curiosos?»

D. Fermín guiñaba los ojos, entornando los párpados, para ver mejor la cara de Gracia; el colector era miope[452], y esta costumbre de mirar así no dejaba de tener mucha expresión de insolencia.

—¿Va D. Román á la iglesia?

Antes de que la niña tuviera tiempo de contestar, la voz del interesado hízolo oportunamente.

Había salido de su cuarto sin que se apercibiera nadie de ello.

—Voy á la iglesia. Cuando Ud. quiera, señor colector.

D. Fermín se mordió los labios. Él quería averiguar, y averiguaba en efecto. ¿Pero qué? Si no le estaban engañando, si no se habían puesto de acuerdo los dos hermanos, allí, aquella noche, no había pasado nada.

Entonces... entonces el presbítero era un santo y su hermana otra que tal. ¡Santos de Tudela! No. Aragoneses. A lo que nadie los ganaba era á tercos[453]; serían capaces de morir con tal de salirse con la suya.

—Vamos andando, D. Román, que yo también estoy, como Ud. ve, hasta con el sombrero puesto.

Y dirigiéndose á Gracia:

—Anita pasará en cuanto se arregle.

El patio volvió á quedar desierto y las ventanas cerradas.

Mientras que tío y sobrina se daban besos en la otra casa, él á ella un bofetoncillo y ella á él un pellizco, los dos hermanos se estrechaban la mano en silencio, pero con mucha fuerza.

—¡Adiós, hijo y tío!

—¡Adiós, sobrina y madre! –decían allá, haciendo gala, como se ve de un lujoso parentesco.

—Adiós, Román.

—Adiós, Gracia, hasta luego –decían el héroe y la heroína de esta historia bajando los ojos, llenos de turbación como dos enamorados.

******

---

452 *Miope*: Que padece miopía, un defecto de la visión causado por la incapacidad del cristalino de enfocar objetos lejanos.

453 *Terco*: Pertinaz, obstinado, que no cambia de actitud o parecer aunque haya argumentos convincentes en su contra. Los aragoneses, en España, tienen fama de ser muy tercos y cabezotas.

Por el camino, Román se propuso no contestar á las preguntas de su curioso colega más que con monosílabos, con lo cual aumentó, lejos de disminuir, la curiosidad de éste.

—¿Durmió bien la hermana?
—No.
—¿Va Ud. á decir misa?
—Es claro.
—¿Se le pasó la cólera contra mi médico?
—Sí.
—¿Luego ha comprendido Ud. que sus observaciones eran justas?
—No.
—¿Es entonces por practicar la humildad?
—¿Y no quiere Ud. que se case Gracia?
—Cuando ella quiera.
—¿Y ella quiere?
—No lo sé.

Decididamente nada sacaba en limpio con este interrogatorio. Llegaron á la sacristía. Se repitió la escena que ya dejamos narrada en otro capítulo. Los curas flacuchos y el cura gordo rodearon al colector mientras que Román se vestía.

D. Fermín, como todo aquel a quien se le estorba un propósito, estaba irritado, y su irritación se comunicó bien pronto á todos los demás. Contó los sucesos del día anterior: el ataque histérico, la malicia con que consiguió que Román quedase un buen rato abrazado a la accidentada; luego hizo el relato de lo que él llamó el «conflicto entre la religión y la ciencia»; es decir, la disputa entre el cura y el médico, y, por último, la profecía de éste.

El auditorio escuchaba sin pestañear, con verdadero interés: los ojos de todos aquellos tonsurados brillaban, y, como vulgarmente se dice, la boca se les hacía agua. Cuando el colector pintó con vivos colores el desorden de ropas de la histérica, tendida en el suelo y la actitud de Román abrazando y sujetando los movimientos de la buena moza, de la que repitió retrato científico *de cuerpo entero,* porque también al padre Fermín aquellas cosas que dijo el galeno se le pegaron mucho al oído. «Una musculatura muy pronunciada, cabellos y cejas muy espesos y negros; ojos grandes y vivos, del mismo color; no se qué otras cosas del sistema piloso y del tejido celular, fisonomía expresiva y móvil; boca de labios gruesos y de un rojo vivo; dientes blancos, y muy pronunciados los atributos sexuales; es á saber (señores, no estrecharse tanto, parece me van Uds. á comer vivo)... Es, pues a saber: buena conformación de las mamas, que son consistentes y de un volumen notable...»

—¡Notable! –repitió el cura gordo, sin poder con su impulso, que le llevaba á usurpar las atribuciones de la ninfa Eco[454].

D. Fermín continuó:

—«Caderas bien marcadas y contorneadas; miembros abdominales redondeados...»

—Basta; diga Ud. que es Venus la chiquilla, y estamos al tanto –interrumpió uno de los flacuchos.

—Pues bien: á pesar de eso, ¿querrán Uds. creer que no ha pasado nada todavía? –rugió, más bien que habló, el tío de Anita.

—¡Ese hombre es un imbécil!

—¡Un animal!

—¡Una bestia de carga!

—Poco á poco, señores; puede ser lo que nosotros no somos, ¡un santo! Además, que si no fuera su hermana... La virtud es fácil en estos casos.

—Un santo... en este sentido lo son los eunucos[455]; y si está enamorado de ella, ya no siente la consanguinidad.

—Pues bueno: acaso él... recordemos las palabras de Jesús en el Evangelio de San Mateo: «Porque hay eunucos que nacieron así del vientre de su madre, y hay eunucos que se hicieron a sí mismos eunucos por causa del reino de los cielos: el que pueda ser capaz de eso, séalo». Quien sabe...

—¿El qué? ¿Román? –gritó D. Fermín exasperado–. Olvida Ud. el ridículo sueño con la gata.

La sacristía entera se regocijó con este recuerdo. Y es que había dentro de las sotanas hombres, y éstos, en cierto modo, sentíanse heridos por la virtud y castidad de aquel otro que era de carne y hueso como ellos; un interés inenarrable les hizo seguir paso á paso aquella intriga. La tardanza, la resistencia, cosas eran para hacerles montar en cólera. ¡Ah! El día del vencimiento, ¡con qué placer lo verían á su mismo nivel, concubinario[456] como todos ellos, metido hasta la coro-

---

454 *Eco*: En la mitología griega, ninfa de cuya boca salían las palabras más bellas.
455 *Eunuco*: Hombre castrado.
456 *Concubinario*: Hombre que tiene concubina o mujer con la que convive y mantiene relaciones sexuales sin haberse casado con ella.

nilla⁴⁵⁷ en el fango⁴⁵⁸ del tremendo *delicta carnis,* y pudiendo decirle entonces verdadera y gráficamente *compañero*!

******

Entre tanto el hermano de Gracia, dicha ya su misa, volvía del templo muy pálido, pero impasible, callado, saludando sólo con una leve inclinación de cabeza, después de quitarse los emblemáticos ropajes, ponerse el manteo y recorrer á lo largo de la sacristía, sombrero en mano.

—Vaya Ud. con Dios; hasta luego –exclamó el colector desde su mesa-despacho, donde cobraba los estipendios de misas, bodas, entierros y bautizos.

—¡Quede Ud. con la Virgen! –contestó el presbítero sin volver la cabeza.

Y cuando hubo desaparecido:

—El que quiere quedarse con la virgen es él –murmuraron las voces de los conjurados.

Luégo el cura gordo se acercó de nuevo á don Fermín, que tenía la vista fija en un papel donde hacía sumas.

—¿Conque dice Ud. que son *consistentes y de un volumen notable?* Notable, ¿eh?... Cuando el ataque, Ud. las vería.

El tío de Anita estaba de tan mal humor, que ni se dignó guardar buena crianza.

—Déjeme Ud. en paz. ¿Hábrase visto?

Pero se arrepintió, porque, á la verdad, no creyó oportuno malquistarse⁴⁵⁹ con ninguno de los que tenían con él comunidad de intereses; así es que, dulcificado el acento, añadió en seguida:

—Usted dispense; no creía que fuera Ud. No conocía la voz. Sí, señor, las vi. Notabilísimas.

—Pero, hombre, ¿y cómo no?... ¡Parece mentira!

—Y puede ser que lo sea –terminó el fauno⁴⁶⁰ de la andaluza dando suelta á toda su inquina⁴⁶¹.

---

457 «*Meterse hasta la coronilla*»: Estar muy implicado en algún hecho o acción.
458 *Fango*: Deshonor, degradación.
459 *Malquistarse*: Indisponer o enemistar a alguien con otra u otras personas.
460 *Fauno*: Semidiós romano equivalente al sátiro griego. Sinónimo de hombre lascivo.
461 *Inquina*: Aversión, mala voluntad.

—A mí no me engaña, porque soy zorro viejo[462] y tengo mucho instinto. Podrá haber celebrado sin confesar y todo lo que le dé la gana. Pero se me figura... que huele á hembra.

El gordinflón dió un suspiro digno de salir con acompañamiento de órgano.

—Lo sentiré... Lástima de buena moza... Yo, que para eso me pinto solo...

******

Román regresó a su casa llevando en la mano una caja de cartón atada con balduque[463] color de rosa.

—¿Qué traes?

—Una libra de dulces. Guárdala. No la enseñes; es para ti; no quiero que des *á los otros*. Ya sé que eres golosa.

Gracia ocultó la caja precipitadamente en su cómoda; luego, á escondidas de Anita, que andaba por la cocina, sacó una yema[464] y se la comió. En la tapa de cartón se leía *La Dulce Alianza*.

Ignoraba si era su regocijo motivado por el paladeo del dulce ó por la nonada[465] de tener ya que guardar al mundo un secreto que sólo sabían ellos dos... y la confitera[466].

Pero ¿verdaderamente era este el secreto, y era la dulzura cosa que sentía en el paladar, ó en el alma?

El caso es que le supo muy bien la yema y que mentalmente repetía el letrero de la tapa.

Aquel día y en los siguientes, el único suceso que ocurrió fué que D. Fermín y Anita se dieron por vencidos, declarando que no era posible averiguar lo más mínimo.

---

462 «*Ser zorro viejo*»: Persona que se comporta de forma muy taimada y astuta, como consecuencia de su experiencia.
463 *Balduque*: cinta estrecha, por lo común encarnada, usada para atar paquetes.
464 *Yema*: Dulce seco compuesto de azúcar y yema de huevo.
465 *Nonada*: Cosa de insignificante valor.
466 *Confitera*: Persona que fabrica o vende confites, pasteles y otros dulces.

XIV

Las salas de los dos pisos estaban separadas por un delgado tabique, y eran las habitaciones respectivas de ambos sacerdotes en una y otra casa. Así es que por las noches, después de la despedida hecha en el comedor, había otra consistente en unos cuantos golpes dados discretamente en aquella endeble[467] separación.

Oíase todo. Cuando Román rezaba, solía interrumpirle un acceso de tos de D. Fermín, ya acostado; y hasta el chasquido del fósforo al encenderse por frotamiento en la caja y el soplo con que después apagaba la bujía[468] eran ruidos perceptibles para el que de los dos curas permanecía insomne por más tiempo.

Noches hubo en que Román, despierto, en aquellas terribles crisis, sublevaciones y luchas con la carne oyó lo que detrás del tabique pasaba. Oyó besos y risas de mujer que se siente cosquilleada en lo oscuro; porque así era el tremendo *delicta carnis* entre el tío y su sobrina postiza; así era como lo trataban, como en son de broma, por vía de diversión. El fauno y la ninfa retozaban[469] y oía Román el crujir de la cama, con el cual suponía el sucio movimiento de que habló el inmortal clásico; y en estos momentos era cuando él también sucumbía, allí, en su desierto lecho, solo y pensando en Gracia y queriendo á todo trance morir él, pero morir respetándola.

Una noche resonó un grito en el gabinete de ésta. Se asustó. Era un grito agudo ¿Se habría repetido el ataque? Se levantó, echóse el balandrán para cubrirse de cualquier modo.

—¡Gracia! ¡Gracia! –dijo acercándose á la puerta.

—Entra, Román, está abierto.

—Pero ¿has gritado? ¿Qué pasa? –contestó el sacerdote apareciendo con el balandrán y bajo él en ropas menores, por lo que si el burlón de D. Fermín le hubiera visto, le calificaría con frase de jugador de dominó, comparándole con *el seis blanca*.[470]– ¿Qué te pasa? ¿Te pones mala?

---

467 *Endeble*: Débil, flojo, de resistencia insuficiente.
468 *Bujía*: Candelero en que se pone una vela.
469 *Retozar*: Practicar juegos amorosos.
470 *Seis blanca*: Ficha del dominó sin puntos en un campo y seis puntos en el otro.

—Calla, hombre, ¡por Dios! Si tú supieras... Al principio me asusté, pero ¡mira, mira qué bonitos! ¿Has visto cosa igual? ¡Qué instinto de animales! ¡Acércate!

Se acercó el sacerdote hasta la cama. Allí presenciaron sus ojos un espectáculo que le sorprendió, más aún, que le sobrecogió, dejándole emociones de maravilla y de ascos.

Allí, sobre la colcha, á los pies de Gracia, estaba lo maravilloso y lo nauseabundo. Estaba la *Morroña,* la gata, inseparable compañera de su ama, y con la *Morroña* cuatro ó cinco animalucos, casi informes, pequeños, torpes en sus movimientos, llenos de inmundicia, que la gata lamía desaforadamente[471] para limpiarlos, para que resultaran, una vez limpios, lo que eran, sus hijos, los gatitos. ¡Cielos! ¡El parto!

Gracia, sentada en la cama, caída la camisa de un hombro más que del otro, y dejando por tanto desnudos éstos y el nacimiento del seno, miraba muy atenta, habiendo seguido sin perderse una sola de todas las peripecias de aquel acontecimiento: entonces sí que revelaron estupor sus ojos, y parecieron quedar contestadas todas las preguntas de aquellas pestañas tan interrogadoras. ¡Qué maravilla!

Román estuvo inmóvil, sin saber qué decir.

—Pero ¿no ves? –gritó alegremente la niña–. Ha parido la gata. ¡Pobrecita! ¡Si supieras cuánto sufrió!

Por último, el sacerdote pudo coordinar sus ideas; Pero lo que primero salió de sus labios fué la impresión de contrariedad y enojo.

—¡Maldito bicho! ¡Al demonio se le ocurre subirse a tu cama para hacer eso! ¡Buena te habrá puesto la colcha!

—Déjalo. Ya se lavará. La pobre me quiere tanto, que hasta para eso no ha consentido en separarse de mí; –y luego riendo–: ¡Vaya! Ha querido hacerme un regalo con sus hijos.

—¡Cállate, loca! –replicó el hermano sonriendo á pesar suyo.

Y fijó sus ojos en el rostro de Gracia. Las miradas esta vez se cruzaron francas y leales; pero la misma claridad con que en ellas se leía el pensamiento hizo buscar en los párpados un escudo; bajáronse éstos y siguieron presenciando los quehaceres de la parida. Conocíase que el parto había concluido, pero no los trabajos de la maternidad. Había cinco, eran cinco, y la madre se multiplicaba, por decirlo así. En pocos minutos los dejó limpios, y uno tras otro, mostrando extremo cuidado,

---

471 *Desaforado*: Excesivo, desmedido.

fué cogiéndolos con su boca y colocándolos bajo su vientre. Luego se tumbó, rendida, dando un maullido de satisfacción; y clavando sus redondas pupilas en el sacerdote y en Gracia, pareció decirles: «Aprendan Uds». Y, en efecto, mucho había que aprender en el espectáculo, sobre todo en la paciencia con que se dejaba hurgar por todos aquellos hociquillos color de rosa, que mordían torpemente el pezón, y con la furia del primer apetito tiraban y parecían querer arrancarlo. La Morroña se quejaba, pero no se movía.

—¡Animalito! ¡Qué madrota va á ser! ¡Pero esas pequeñas furias me la lastiman! ¿No ves, Román?

—Lo que veo es que la gata no puede quedarse ahí. No te dejaría dormir.

—¿Dormir? Y ¿quién piensa en dormir? ¿Te figuras tú que tengo sueño? ¡Pues apenas despabila una cosa así! Estoy tan despierta como la noche...

Aquí se calló. Iba á decir *la noche del ataque,* y se contuvo á tiempo. Los dos hermanos, sin decirse una palabra, habían coincidido, como por adivinado convenio no expreso, en callar los recuerdos que evocaba la primera manifestación del histerismo.

—Pues yo –contestó Román presuroso–, yo tengo sueño. Es preciso quitar la gata. Tú sola no quiero que lo hagas, porque te arañaría.

Gracia se opuso tenazmente.

—¡Déjala, pobrecilla! ¿Qué molestia me causa? ¡Cuando te digo que no tengo sueño! No me estorba, ni yo á ella; he separado los pies, está en un hueco, y por lo menos la noche la pasará más abrigadita y blanda, y yo desvelada me entretengo. Mira, tú vete á la cama, duerme y no te ocupes de estas cosas; mañana ya se arreglará lo que sea debido.

Román salió como huyendo, y quedaron allí, detrás de él, en la cama de matrimonio heredada, tradicional y clásica de la casa labriega[472] aragonesa, la recién parida bestia, rodeada de sus hijuelos, velada por la curiosa virginidad de Gracia.

---

472 *Casa labriega*: Vivienda ubicada en el medio rural que servía de morada a familias labradoras con terrenos de cultivo colindantes.

******

Entró de nuevo en la sala el sacerdote, confuso y trastornado por el suceso; y al entrar allí, detrás del tabique, los besos y risas de siempre, los crujidos del lecho, le avisaron de que á su alrededor, animales y seres humanos, en el sublime misterio de la noche cumplían la ley fatal á que está ligada la materia. Vióse más solitario que nunca, y el silencio suyo y su pasividad sirviéronle para oír mejor, más claros, más atronadores, los ruidos que hacen las especies en su labor eterna de generación. Le parecieron ahora el placer más augusto, más solemne y como ennoblecido por el acto de la unión carnal; vió borrarse la infamia que pudiera caber en la palabra *pecado,* siendo sustituida por la sublimidad de esta otra, misión; y acudió presuroso al altar, cayó de hinojos ante la Inmaculada, que entre sus luces y sus azucenas de perfumado trapo parecía sonreír como gracia á las varas florecidas de los mancebos.

De pronto creyó ver, como á la claridad de una gran luz, que estaba en pecado mortal, que la imagen de la Virgen le excitaba los sentidos tanto como la vista de Gracia. Separóse del altar, fue á la cabecera de su cama, cogió un pequeño crucifijo en la pared colgado, lo estrechó contra su pecho, se desprendió de todas sus ropas, y desnudo buscó el frío de los ladrillos; tendióse boca abajo en el pavimento y recitó de memoria otra oración del libro que tenía días há olvidado: *La Imitación de Jesucristo.*

«Confesaré, Señor, contra mí mismo mi iniquidad: te confesaré mi flaqueza».

«Muchas veces es una cosa bien pequeña la que me abate y entristece».

«Propongo pelear varonilmente; mas en viniendo una pequeña tentación me lleno de angustia».

«Algunas veces, de la cosa más despreciable me viene una grave tentación (y aquí el cura acordábase como cosa despreciable de la *Morroña)* ».

«Y cuando me creo algún tanto seguro, cuando no lo advierto, me hallo á veces casi vencido y derribado de un ligero soplo».

---

473 *Atollarse:* Atascarse, quedarse detenido por algún obstáculo.

«Mira, pues, Señor, mi bajeza y fragilidad, que te es bien conocida».

«Compadécete y sácame del lodo, porque no sea atollado[473], y quede desamparado del todo».

«Esto es lo que continuamente me acobarda y confunde delante de ti: ver que tan deleznable[474] y flaco soy para resistir á las pasiones».

«Y aunque no me induzcan enteramente al consentimiento, sin embargo, me es molesto y pesado el domarlas, y muy tedioso el vivir así siempre en combate».

«En esto conozco yo mi flaqueza, en que las abominables imaginaciones más fácilmente vienen sobre mí que se van».

Una carcajada varonil le interrumpió del otro lado del tabique, y un sonoro beso, después de lo cual se oyó la voz del satírico padre Fermín:

—D. Román, en lo mismo lo conoce todo el mundo; créame y acuéstese y deje dormir á los demás, que son ya las dos, y á fe que, con rezos ó sin ellos, tenemos á estas horas los mortales bien ganado el sueño.

Y terminó como siempre con una burla: —Cuando se toca el violón de madrugada, se incomoda a los vecinos.

Román calló. Las frases del colector, como empujón y codazo, le volvieron a la vida real. Se levantó silenciosamente. El frío de los ladrillos dejábale aterido[475]. Se metió con delicia en los colchones bajo el abrigo de la manta.

******

Gracia y la *Morroña* seguían despiertas. La gata fijaba de vez en cuando sus ojos en *la niña,* sus ojos, que tenían aquella noche una expresión especial, casi humana, inteligente. La aragonesa, inmóvil, en la misma postura en que su hermano la dejó, recogidas las piernas, contenía hasta la respiración, no pestañeaba siquiera; dijérase un diálogo entre la mujer y el animalillo, sostenido con la prolongación de aquellas mutuas miradas. «¡Ah! ¿Conque eso es así?», parecía preguntar la

---

474 *Deleznable*: Despreciable, vil.
475 *Aterido*: Rígido, paralizado, pasmado de frío.

virgen, y la contestación de la recién parida resultaba: «¡Así es!».

La lamparilla de noche, puesta sobre la cómoda, alumbraba débil y temblorosa esta escena. Era una luz del tamaño y de la forma de una almendra, chisporroteando en el recipiente y saltando sobre el redondel cortado de un naipe[476] que flotaba en el aceite. El *Niño de la Bola* era el que recibía la claridad más directa, y el nimbo[477] de oro chispeaba sobre la rubia cabecita del muñeco. Aquella noche llevaba Jesús su vestidito de raso blanco, que era el que le hacía más niño, el que le sentaba mejor. A Gracia le pareció que el Hijo del carpintero también se animaba: la temblorosa luz fingía en la imagen movilidad de facciones, hasta el punto de simular sonrisas en los labios y titilación en los párpados. Sonreía sin duda mirando sus juguetes: la Pilarica[478] de plata, del tamaño de un alfiletero; el cordero de cabritilla y algodón en rama, los dos floreros, las monadas que bajo el fanal pasaban con él la vida extraña de lo inerte. Luego, la luz formaba, con sus intermitencias, sombras caprichosas en las paredes, que repetían sus transformaciones produciendo el mareo de la vista.

La *Morroña* daba de vez en cuando débiles maullidos. Los hociquillos de color de rosa seguían hurgándola en la barriga; levantaba ella las patas para prestarse mejor á la rebusca de pezones emprendida con tanto ahínco. Incorporábase á medias y lamía uno de aquellos cuerpos como acometida de súbita ternura. Eran cinco, y de ellos había tres del color del gato de Anita, del que tuvo dolor de muelas, del gato negro. Los otros dos, blancos como su madre. Mestizos de Angora. Monísimos. Allá, en el otro extremo, las puertas maderas del balcón, abiertas, dejaban ver á través de las de cristales el fondo oscuro de la noche. Cuando Román pronunció su ardiente plegaria, y, llevado de su arrebatado fervor, la pronunció en voz alta, Gracia hubo de escucharla. ¡Román había mentido! ¡Tampoco tenía sueño! ¡Tampoco dormía! Hasta el mismo jilguero, despierto por los maullidos de la *Morroña,* saltaba en las cañitas de la jaula y parecía con un repetido pío preguntar con enojo por qué razón se turbaba el reposo de un prisionero por delito de inocencia que no se metía con nadie; y con un

---

476 *Naipe*: Cartulina rectangular que lleva figuras pintadas en una cara y sirve para jugar a las cartas.
477 *Nimbo*: Disco luminoso que rodea la cabeza de las imágenes religiosas.
478 *La Pilarica*: Nombre común y apelativo cariñoso con que se conoce a la Virgen del Pilar, patrona de Aragón.
479 *Trinar*: Doble intención en el uso de esta palabra. En sentido literal se refiere al gorjear los pájaros y en sentido figurado significa rabiar, impacientarse.

cañamón en el pico, sacando la cabecita por el hueco de sus alambres, airados los ojuelos, no le faltaba más que hablar para decir: «¿Qué desorden es éste? Como siga la cosa así, me van Uds. á hacer que trine[479]».

La aragonesa sonrió á los píos del jilguero y á la plegaria de Román. Pero no estaba ella para ideas de este género. ¡No! Aunque se burlasen todos los padres Fermines del mundo, era verdadero acontecimiento el haber parido la gata. Así lo conceptuaba también, á no dudar, la misma *Morroña*... y Román. La doncella volvió á quedarse pensativa. ¡El pobre Román! ¡Cuánto sufría! Recordó su posdata memorable.

«Mucho me quiere mi hermano; pero las mujeres queremos más y de otra suerte. Ya veis, amados padres, que la felicidad que cifre en mí la tendrá siempre que me la pida». La felicidad de Román era... ¡Dios mío! Sí. Aquello era. Se puso muy seria. Discutió allá para sus adentros no sabemos qué arduos y enmarañados problemas, algo que le preguntaba el cuerpo á la razón y no al espíritu. Y ¿por qué no? Contestó su pensamiento. *La tendrá siempre que me la pida.*

Miró de nuevo á la *Morroña*, extendió por fin las recogidas piernas, cogió á la angora, que pareció comprender y se prestó á la maniobra sin arañar ni morder, y en el hueco formado en la cama por esta nueva postura, entre sus muslos, separados con mucho tiento, puso uno por uno á los gatitos, reuniéndolos con la madre.

Así estuvieron hasta el amanecer.

XIV

Al día siguiente, cuando llegó Román a la iglesia, había un movimiento desusado de sacristanes y monaguillos[480] en los vestidores. Allí estaba el colector, que salió antes que él, cosa que a Román hubo de extrañarle, por ser contrario á la costumbre adquirida, pero no indujo su ánimo á sospechas de ningún género.

Sin embargo, á las primeras palabras pronunciadas por D. Fermín comprendió que algo de intencionado había en el asunto.

—¡Gracias á Dios! Le estaba á Ud. esperando.

—Pues ¿qué ocurre?

—Conecte misa con velaciones[481]. Tiene Ud. que decirla.

Román se sobrecogió.

—¿Yo?

—Usted mismo.

Quiso buscar una evasiva.

—Eso no puedo yo hacerlo. La misa pro *sponso et sponsa*[482] es cosa que corresponde exclusivamente á los párrocos[483]. El señor cura...

—¡Oh! Señor liturgista[484], el caso está previsto. El señor cura párroco le da a Ud. su consentimiento. Vamos, á vestirse en seguida. Los novios esperan.

No hubo remedio. Allí estaban, en efecto, los contrayentes, dos jóvenes.

Ella hermosísima. Bajo el velo blanco de desposada veíanse los an-

---

480   *Monaguillo*: Niño que ayuda al sacerdote en la misa y en otros servicios litúrgicos.
481   *Misa con velaciones*: Ceremonia instituida por la Iglesia católica para dar solemnidad al matrimonio, y que consistía en cubrir con un velo a los cónyuges en la misa nupcial que se celebraba, por lo común, inmediatamente después del casamiento, y que tenía lugar durante todo el año, excepto en tiempo de Adviento y en el de la Cuaresma.
482   «*Misa proponso et sponsa*»: La última entre las Misas votivas en el Misal. Está compuesta por lecturas y cantos adecuados al Sacramento del Matrimonio, contiene oraciones para recién casados y es un elemento del Ritual del Matrimonio.
483   *Párroco*: Cura que tiene a su cargo una parroquia.
484   *Liturgista*: Persona que estudia y enseña el conjunto de reglas para celebrar los actos religiosos, especialmente las establecidas por la religión católica.

helos y luchas del cariño con el natural pudor; sobre todo en los ojos, que brillaban demasiado al mirar al hombre elegido y bajándose los párpados, aparecía la grana en las mejillas. El, apuesto y gallardo, orgulloso de la conquista, sonriendo y estrechando las manos de todos los del convite.

Eran personas de la clase obrera bien acomodada, y querían hacer las cosas en regla. No reparaban en gastos. Después de contraído el matrimonio querían velarse.

Mandáronlos que pasaran á la iglesia, quedándose fuera ante las puertas de la misma, donde estaban prevenidas en un plato las arras[485], trece monedas y dos anillos de oro. Púsose el sacerdote de amito, alba, cíngulo, estola cruzada ante el pecho, capa pluvial[486] de color blanco, y precedido de sus ministros, que llevaban la cruz, el hisopo[487] con agua bendita y el ritual, se colocó á las mismas puertas de la iglesia, donde permanecían los contrayentes. Contó primero las arras y las bendijo después con los anillos.

******

«Benedic, Domine, has Arrhas, quae hodie tradit famulus tuus hic in manum ancillae tuae: quemadmodum benedixisti Abraham cum Sara, Issacc cum Rebeca, Jacob cum Rachel. Dona super eos gratiam salutiss tuae abundantiam rerum, et constantiam operum, florescant sicut rosa in Jerico plantata et Dominurn nostrum Jesum Christum timeant et adorent ipsum, qui trinum possidet Numen, cujus regnum et imperium sine fine permanet, in saecula saeculorum. Amen.[488]*»*

---

485 *Arras*: Conjunto de las trece monedas que, al celebrarse el matrimonio religioso, sirven como símbolo de entrega, pasando de las manos del desposado a las de la desposada y viceversa.

486 *Capa pluvial*: La que se ponen los ministros ordenados de la Iglesia, es decir, obispos, presbíteros y diáconos, en algunos actos litúrgicos.

487 *Hisopo*: Utensilio usado en las iglesias para dar o esparcir agua bendita, consistente en un mango de madera o metal, con frecuencia de plata, que lleva en su extremo un manojo de cerdas o una bola metálica hueca y agujereada, en cuyo interior hay alguna materia que retiene el agua.

488 *«Benedic, Domine, has Arrhas, quae hodie…»*: Oración que forma parte del rito matrimonial de la entrega de las arras. «Bendice Señor, estas arras, que pone hoy este esposo en manos de su esposa, como bendijiste a Abraham con Sara, a Isaac con Rebeca, a Jacob con Raquel. Derrama sobre ellos el don de tu salvación, la abundancia de tus bienes, y la constancia de tu bien orar. Florezcan como rosa plantada en Jericó. Reverencien y adoren a nuestro Señor Jesucristo, cuyo reino permanece para siempre por los siglos de los siglos. Amén».

Luégo recitó la oración «*Domine Deus Omnipotens*»[489], la del «*Benedic, Domine, has annulos*[490]», et «*Creator et conservator generis humanis*[491]...», y por último roció con el agua bendita las arras, los anillos y los circunstantes[492]; tomó con los tres primeros dedos de su diestra uno de los anillos, lo bendijo: «*Benedic, Domine, hunc annulum, Ut ejus figura pudicitiam custodiat*», y lo colocó en el cuarto dedo de la diestra del esposo, diciendo:

«*In nomine Patris, et Filii, et Spiritus Sancti. Amen.*[493]»

Hizo y dijo lo mismo con el otro anillo, dándoselo al esposo, que lo recibió en los tres primeros dedos de su diestra y lo puso, lleno de regocijo, á su compañera, siguiendo la indicación del padrino, que le decía por lo bajo:

—En el cuarto, en el meñique. Ahora extiende las manos, y tú también, mujer.

El sacerdote había cogido las arras y las entregaba. El las recibió, las dejó caer en las palmas de la novia, dispuesta á recogerlas, Román le dictó las palabras: «Esposa, este anillo y arras te doy en señal de matrimonio», y mandó á la mujer que contestara: «Yo las recibo», dejándolas caer en el plato.

Volvieron á pronunciar latines los labios del presbítero y los de sus ministros; se entendía algo, *Gloria Patri, y una* serie de *Kyries*[494], *Paternoster*[495], *Ne nos inductas in tentationem, Sed libera nos a malo*[496], *Dominus vobiscum*[497]; después de lo cual, y de consagrar otros recuerdos al *Deus Abraham, Deus Isaac, Deus Jacob,* Román, tomando las diestras de ambos consortes, los hizo penetrar en la iglesia. Llegaron al altar,

---

489 «*Domine Deus Omnipotens*»: *Inicio* de la oración dedicada a «Dios todopoderoso» durante el rito matrimonial.
490 «*Benedic, Domine, has annulos*» : «Padre, Bendice estos anillos» son las palabras que dan inicio de la oración que abre la ceremonia de bendición de los anillos
491 «*Creator et conservator generis humanis*»: Inicio de la oración al «Dios Creador del género humano» durante el rito matrimonial.
492 *Circunstante*: Dicho de una persona que está presente, asiste o concurre a un evento.
493 «*In nomine Patris, et Filii, et Spiritus Sancti. Amen*»: Expresión en latín que significa «En nombre del Padre, del Hijo y del Espíritu Santo. Amén», y que constituye el cierre de la forma ritual de solemnización del matrimonio .
494 *Kyrie*: Nombre común que se le da a una importante oración de la liturgia cristiana, también denominada «Kyrie eleison» («Señor, ten piedad»).
495 *Paternóster*: Padre nuestro o Padrenuestro (del latín, Pater Noster), nombre de una oración cristiana dada a conocer por Jesús de Nazaret según relata el *Evangelio según San Mateo*.
496 «*Ne nos inductas in tentationem, Sed libera nos a malo*»: Frases finales de la oración del Padrenuestro que quieren decir «No nos dejes caer en tentación y líbranos del mal».
497 «*Dominus vobiscum*»: Expresión en latín que significa «El Señor esté con vosotros». Es la bendición a los fieles con la que el sacerdote finaliza la misa.

se arrodillaron los novios, volvieron á oirse *Kyries y Paternóster;* eran otro par de oraciones. Fué un diluvio de latines.

Algunos convidados tenían jaqueca.

Acabada la ceremonia, vuelto el sacerdote á la sacristía, y ya despojado de sus vestiduras, el novio se le acercó.

—¡Señor cura!

—¿Qué, hijo mío?

—Nos acompañará Ud. á tomar el chocolate.

No hubo más remedio que sonreír, aceptar y formar parte principalísima de la comitiva de la boda. ¡Y Gracia, que, ignorante de todo esto, estaría en casa esperándole! Se acercó al colector.

—D. Fermín, ya ve Ud. que no puedo evadirme. Estas buenas gentes lo tomarían á desaire. Cuando vaya á casa, dígale á mi hermana que no me espere. Hágame el favor.

D. Fermín le despidió con un gesto indefinible.

—Vaya Ud. tranquilo. Nada más justo y más puesto en razón. Hay que celebrar el *Ego vos in matrinonium conjungo*[498]; descuide Ud., que Gracia, Anita y yo comeremos solos tan ricamente. –Y volviéndose al novio–: Sea enhorabuena y de salud sirva; Dios haga á Uds. muy bien casados.

—Muchas gracias.

Y allá se fueron, llevando al presbítero poco menos que en andas, novio y novia, padrino y madrina, testigos y convidados.

******

Volvió el colector solo á la casa y disipó las inquietudes de la aragonesa, que extrañaba ya la mucha tardanza. Enteróse D. Fermín del gran suceso de la noche pasada. Hubo necesidad de que visitara á la recién parida *Morroña,* y Anita tuvo la idea de volver á su casa en busca del gato negro.

—Es preciso que éste, a fuer de padre, conozca á su prole.

La escena resultó muy divertida.

---

[498] «*Ego vos in matrinonium conjungo*»: Fragmento de la ratificación del matrimonio hecha formalmente por el sacerdote con las palabras: «Ego conjungo vos in matrimonium in nomine Patris et Filii et Spiritus Sancti. Amen»: «Yo los uno en matrimonio, en el nombre del Padre, del Hijo y del Espíritu Santo. Amén».

—Pero ¿cuándo vendrá Román? –preguntaba Gracia á cada hora que transcurría.
—No te ocupes de eso. Comerá en la boda. Vendrá al anochecer.
Y D. Fermín hizo un guiño, que Anita comprendió en seguida, porque, desapareciendo al punto, regresó poco después, portadora de un suplemento de las lacradas de burdeos.
—¡En celebración del parto de la gata! –gritó el colector poniéndola sobre la mesa.
Comieron alegremente; y cumpliéndose las profecías, iba á oscurecer, cuando sonó el campanillazo á la puerta de la casa.
—¡Él es! –exclamó *la niña,* palpitándole el corazón con sobresalto.
Se levantó torpemente y fue a abrir. El burdeos la trastornaba un poco.
Él era, en efecto, ¡Román!
Pero Román transformando, pálido como un cadáver desconocido; un hombre distinto.
En cuanto entró en el comedor dijo:
—D. Fermín, quiero estar solo con mi hermana.
Tío y sobrina se levantaron. Lejos de mostrar enojo, parecieron oírlo con extraño júbilo.
—Nada más natural. Asuntos de familia. Por nosotros no hay que dilatarlo. Ahora mismo. ¡Sobrina, vámonos!
—Vámonos, hijo.
Y se despidieron en el acto. En el acto desaparecieron.

******

Una vez solos ella y él, miráronse profunda, intensamente, con aquella *mirada nueva* que desde el día del ataque histérico guardaban y reservaban el uno para el otro.
Luégo el presbítero sacó el pañuelo del bolsillo, se enjugó el rosto, por el que corría un sudor abundantísimo.
—Prepara la cena para las nueve. Y no entres en mi cuarto hasta que yo te llame.

Dijo, y penetró en la sala, cerrando la puerta tras de sí.
A tiempo era. Las lágrimas le ahogaban.

XV

¡Aquel día de boda! ¡La más poderosa de las tentaciones! ¡Ahora sí que estaba vencido! ¡Vencido y en una lucha sin gloria!

Al salir del templo, la comitiva se dirigió á casa de los padres de la novia, donde se celebraría el gaudeamus[499].Obreros acomodados hemos dicho que eran. Obreros no es la palabra. Obreros lo habían sido; pero al casarse dejaban de serlo. Según el verbo usual en estos casos, *se establecían*.

El novio fué hasta la víspera de su matrimonio primer cortador y dependiente en la tienda de sus futuros suegros. *«Carnicería y salchichería»*. Una hermosa tienda, espaciosa y bien ventilada, cuyas paredes eran todas de azulejo, el pavimento de madera y los amplísimos mostradores de mármol blanco como el alabastro. Una tienda en que por no escasearse la limpieza, se gastaba en baldeos[500] constantes toda el agua que salía á chorros por los dorados y relucientes grifos que se enclavaban en el mismo mostrador. Pero lo más admirable era ver desde la calle el aspecto general, tanto del interior como de los escaparates que había en el centro, entre las dos puertas por las cuales se daba acceso á la carnicería. Ver los festones[501] de morcillas[502] y longanizas[503], los racimos de chorizos que colgaban del techo, las abultadas sobrasadas[504], los embutidos[505] de todo género, y allá en el fondo amontonados los jamones, las vejigas henchidas de grasa, las gruesas láminas de tocino; de todo aquello había un muestrario en el escaparate, muestrario puesto sobre fuentes redondas de Valdemorillo, cada cosa con su correspondiente tarjetón, en que se leía el precio.

---

499 *Gaudeamus*: Fiesta, regocijo, comida y bebida abundantes.
500 *Baldeo*: Acción y efecto de regar con baldes cualquier suelo.
501 *Festón*: Adorno que se ponía en las puertas de los lugares donde se celebraba una fiesta.
502 *Morcilla*: Embutido hecho de sangre cocida, condimentada con cebolla y especias.
503 *Longaniza*: Embutido largo relleno de carne de cerdo picada y adobada.
504 *Sobrasada*: Embuchado típico de las islas Baleares compuesto de una pasta roja de carne de cerdo muy picada, sal y pimentón.
505 *Embutido*: Tripa, principalmente de cerdo, rellena con carne picada u otras sustancias.

Luego, á uno y otro lado, en las dos puertas de entrada, colgados de fortísimos garfios[506] de hierro, cerdos enteros y terneras, mitades de vaca, una exposición anatómica de entrañas en los grandes cuerpos de los animales, brutalmente hendidos en canal[507] por la cuchilla. Bajo los hocicos de los cerdos poníanse vasijas en que se recogía la sangre gota á gota. Allí la carne tenía su apoteosis, y la hartura pintaba un cuadro con el amarillo, con el rojo, con el violado, con el blanco, con los colores todos de los tejidos, de las grasas, de las entrañas[508]. Cada fibra daba su tono, cada tendón era una cuerda que, herida sabiamente, hubiese prestado su vibración y su nota para el himno á la gula humana.

La tienda entera, con todo lo que contenía, pasaba á ser propiedad de los recién casados. Era la dote[509] de la novia, hija única.

******

Cuando el sacerdote llegó formando parte de la comitiva, fue aclamado, en unión de los contrayentes, por el corro de gente del barrio que estaba delante de la carnicería esperando este regreso. Estaban las puertas cerradas. Un día como aquel no era de venta. La entrada fué casi triunfal.

Luego, cerrado de nuevo el establecimiento, cuando pasó el último convidado, la fiesta revistió en un principio un carácter casi fantástico. Se encendieron, para suplir la luz del día, los grandes mecheros de gas, y á su vivísima luz tomaron aspectos extraños las reses muertas, los descuartizados miembros, sobrecargóse lo enrarecido de la atmósfera, en que se respiraban las emanaciones y vahos de la sangre, de las mantecas y el acre olor de los embutidos.

Sobre el blanco mármol, perfectamente limpio, dejaron abrigos y sombreros, y luego aquel grupo de treinta ó cuarenta personas se dividió, permaneciendo unos en el local de despacho y otros encaminándose á la trastienda[510]; no era posible otra cosa. El novio compartía

---

506   *Garfio*: Instrumento de hierro, curvo y puntiagudo, que sirve para aferrar algún objeto.
507   «*Hendidos en canal*»: Abiertos de arriba abajo.
508   *Entrañas*: Cada uno de los órganos contenidos en las principales cavidades del cuerpo humano y de los animales.
509   *Dote*: Cantidad de bienes o dinero que la mujer aporta al matrimonio.
510   *Trastienda*: Aposento, cuarto o pieza que está detrás de la tienda.

con la recién casada la misión de hacer los honores á la concurrencia. El permaneció en la carnicería propiamente dicha, y ella, con sus amigas, pasó al comedor, sito en la susodicha trastienda. El chocolate se sirvió de esta suerte, con tan peregrina separación de sexos.

El sacerdote fué invitado á irse con *las mujeres,* por considerarlo un puesto de más honor. Había que dispensar algo las estrecheces de la casa. Además, que no se trataba de permanecer allí más que el tiempo preciso para tomar el chocolate. Después sería otro cantar[511].

Después se irían con todos a las Ventas del Espíritu Santo, para los menesteres[512] de la comida y el baile al son que tocara el organillo[513].

—Perdónenme Uds. Yo tomaré el chocolate, y me vuelvo en seguida á casa. A las Ventas no voy. No estaría bien visto.

Pero todos se opusieron. ¡Pues no faltaba más! ¡El cura que los había casado! Tenía que ir. Bueno que no bailara, por más que nadie había de verlo, que ya estaba todo dispuesto y alquilado el ventorrillo[514] para ellos solos y por toda la tarde. Se le dispensaba de bailar; pero ¿no ir? ¿No comer con ellos? ¡Eso de manera alguna!

Y la novia, que estaba hermosísima, familiarmente se acercó á Román, púsole las manos en las suyas, se las estrechó:

—Vamos, hágalo Ud. por mí. Además, que tengo yo orgullo en que vean que me ha casado un cura como Ud., que es tan reguapo[515] mozo.

Era la franqueza de las hijas del pueblo, llena de inocencia, que no se reserva ningún pensamiento. Además, para la desposada, decirle á Román que era guapo no implicaba malicia. Por eso lo dijo delante del mismo marido. A Román no se lo decía. Ella misma lo explicó. Era *el cura que los había casado*. ¡Un sacerdote! Nada más.

No hubo medio de resistir.

—Señor cura, no pase Ud. cuidado –dijo la madre de la muchacha–. Usted se viene conmigo. Tomamos una berlina[516], un simón[517], y nos vamos *aparte* de la boda. Llegamos antes, y allá los esperamos. Si quiere Ud. que se avise al ama, para que no se ponga de morros[518]...

---

511 *Ser otro cantar*: Ser una cosa distinta.
512 *Menester*: Oficio u ocupación.
513 *Organillo*: Pequeño piano portátil que se hace sonar por medio de un cilindro con púas movido por un manubrio.
514 *Ventorrillo*: Bodegón o casa de comidas en las afueras de una población.
515 *Reguapo*: Persona de aspecto armonioso y agradable, bien parecido.
516 *Berlina*: Antiguo coche de caballos cerrado, por lo general de dos asientos.
517 *Simón*: Coche de caballos para alquilar.
518 «*Ponerse de morros*»: Poner gesto de enfado.

—No, gracias, ya está prevenida. El señor colector se encargó de esto; –y luego añadió–: No tengo ama, es una hermana mía.

—Mejor que mejor.

******

Y así se hizo. A las doce, á mediodía, partieron para el punto de reunión y lugar de cita el sacerdote y la ex carnicera.

Esta era lo que se llama jamona[519], que en punto á hermosura opulenta, sana y no ya bien conservada, sino fresca, podía competir ventajosamente con todas las muchachas de quince á veinte abriles. Treinta y cinco eran los suyos, sin quitarse ni ponerse, según confesión propia, *porque no había por qué*. ¡No lo había, no! Antes al contrario, el verdadero mérito era tener á los treinta y cinco años limpia y brillante la pupila, la mata de pelo sin una hebra de menos y ninguna plateada, sino todas negras, de un color que, por ser tan intenso, daba reflejos violáceos como el plumaje del cuervo; las rosas de las mejillas (que diría un poeta) sin haberse marchitado aún; la frente serena y tersa, y la bandera de la salud enarbolada á los primeros años, manteniéndose enhiesta todavía en la esbeltez del cuerpo, de gallardas formas, en el seguro andar de hembra garrida, maciza de carne y ágil de miembros.

A la verdad, que nuestro cura admiraba, sin poderlo evitar, aquellas esculturales curvas que iban á su lado dentro del coche, recuerdo vivo de la Venus Calípigia[520], y no menos se sorprendía de la alegre charla con que le entretuvo durante el trayecto.

Llegados al ventorrillo, á la media hora escasa reuniósels la boda, que se trasladó allí en dos ómnibus, por fuera todo colores chillones, por dentro todo risas, cantares y regocijo. Dos ómnibus que atronaron la carretera con el cascabeleo de las mulas, levantaron nubes de polvo, rasgaron el aire al restallar los látigos de los mayorales, hicieron correr á todos los pilluelos á los alcances de la trasera y ladrar á cuantos perros salieron al paso; dos ónmibus, en fin, en que parecían ir al en-

---

519 *Jamona*: Robusta, maciza, especialmente se aplica a la mujer adulta, gruesa y atractiva.
520 *Venus Calipigia*: Tipo de estatua femenina desnuda de la época helenística. Representa a una mujer parcialmente cubierta, levantándose su liviano peplo para descubrir sus caderas y nalgas, y que mira atrás y abajo sobre su hombro, quizá para evaluarlas.

cuentro del placer, no los contrayentes de un matrimonio católico, sino la *Locura y Baco* á celebrar grandiosamente una mitológica unión de sexualidades divinas, seguidos del brillante cortejo de ninfas, sátiros[521], faunos y bacantes[522].

La mesa del banquete, una mesa de cuarenta cubiertos, cubrióse con riquísimos manteles, y se puso al aire libre, dentro de la empalizada del ventorrillo. Formaba un cuadrilátero abierto por un lado; y en el centro se colocó el *tío del piano,* que, en cuanto aparecieron los convidados, acudió a su puesto y recibió á la boda poniendo en juego el manubrio[523] y acometiendo briosamente el aire cancanesco[524] de *Madama Angot*[525].

No hubo más recepción; y bastó con ésta, porque, al oír la música, cada pareja de las que iban entrando correspondía á la invitación irresistible con no menos denuedo[526], enlazándose y siguiendo el compás, transformando la cuadrilla de rigodón[527] en polca[528], que cada cual saltaba más o menos, según la medida de sus fuerzas.

De la parte de afuera, unos cuantos pobres y algunos pilluelos miraban y comentaban el caso.

—¡Es una boda! ¡Una boda!

—Dirá *usté* que son unos locos, señor cura, ¿*verdá?* –exclamó la carnicera–; pero la *juventú* ¿qué cree *usté?*, se divierte así, sin ofender a *naide*[529]. ¡Cuánto va á que no lo dejan hasta que nos saquen la *paella!*[530] –El sacerdote sonrió.

Las parejas bailaban bajo los árboles. Jamás vio el tonsurado un espectáculo semejante. También el sol contribuyó á la fiesta con un derroche de sus rayos de luz. El tío del manubrio era incansable.

---

521 *Sátiro*: En la mitología grecorromana, divinidad campestre y lasciva, con figura de hombre barbado, patas y orejas cabrunas y cola de caballo o de chivo Divinidad representada por un cuerpo mitad hombre, mitad cabra, que personificaba el culto a la naturaleza. También se usa como sinónimo de hombre lascivo.
522 *Bacante*: Mujer que participaba en las orgías.
523 *Manubrio*: Empuñadura o manija de un instrumento del tipo del organillo.
524 *Cancán*: Danza frívola y muy movida, de origen francés, que se baila levantando la falda para que se vean los movimientos de las piernas.
525 *La fille de Madame Angot* (título original en francés; en español, *La hija de la señora Angot*): Opera cómica en tres actos con música de Charles Lecocq y que contiene algunos números de baile, incluido un cancán del mismo título. Fue estrenada en Paris en 1872 y diez años después en España, donde alcanzó cierta popularidad.
526 *Denuedo*: Esfuerzo, valor, intrepidez.
527 *Rigodón*: Danza provenzal de carácter ligero que estuvo muy de moda en el siglo XVIII.
528 *Polca*: Danza de origen polaco de movimiento rápido.
529 *Naide*: Vulgarismo. Forma coloquial de pronunciar «nadie».
530 *Paella*: Plato de arroz seco con carne, pescado, mariscos, legumbres y azafrán, típico del levante español.

Aquel grupo de hombres y mujeres, abrazados y moviéndose en cadencia á la sombra incierta del follaje[531], y en cuyo grupo era lo más visible el traje blanco de la desposada, y también lo que más se movía, lo que bailaba más, estremeció de raro modo á nuestro presbítero.

La madre tomó de nuevo la palabra.

—Ya ve *usté,* padre. He querido que la muchacha se casara así, á la antigua usanza. De blanco, que ya no se estila, ni aun entre los de nuestra clase, y no he perdonado ni el azahar[532]. Para eso tengo yo mis motivos... ¿Usté me entiende?

La entendía perfectamente; una gran turbación expresó su semblante. No quiso volver á mirar hacia allá, hacia donde estaba el azahar simbólico y la inmaculada blancura, bailando desaforadamente al son de los cancanes de *Madama Angot.*

******

Apareció por fin la celebrada paella. Quedóse inmóvil el manubrio, y el que lo manejaba se limpió el sudor y fijó sus ojos en la colosal cazuela.

En breve rodearon la mesa los concurrentes.

—¡Padre, *usté* aquí! –gritó la jamona, indicándole un sitio que era evidentemente de preferencia.

Y luego, con voz más chillona y estridente.

—¡Eh! ¡Tú, muchacha! ¡Al lado del señor cura! El bobalicón de tu marido junto á mí.

Fué la comida de boda un recuerdo de la de Camacho el rico[533]. Y tuvo, como la descrita por Cervantes, algo de patriarcal en sus incidentes, en la bulliciosa expansión que expresaban los rostros, en la caridad que de las sobras abundantísimas se hizo á los pobres y en el regocijo con que palpitaban los corazones.

La desposada, sentada junto al cura, obsequiosa con Román, miraba de intenso modo al primer cortador, enfrente de ella y al lado

---

531   *Follaje*: Conjunto de hojas de los árboles y otras plantas.
532   *Azahar*: Flor blanca del naranjo, limonero y cidro deliciosamente perfumada. En el ramo de flores que porta la novia en una boda representan inocencia y castidad.
533   *Las bodas de Camacho*: Suculenta comida que disfrutaron los invitados a una boda en el capítulo XX de la segunda parte de *El Quijote* de Miguel de Cervantes, conocido como «Las Bodas de Camacho».

de su madre. Este era un mocetón fornido, con la belleza del Hércules Farnesio[534] en los músculos y la del tipo casi mozárabe[535] en el rostro. De vez en cuando mostraba inquietud, moviéndose en la silla, y ella y él lanzaban á lo mejor una carcajada ruidosa en que vibraban todas las sonoridades de la dicha. Conocíase que por debajo de la mesa los pies se acariciaban. Esto excitaba á todo el mundo. La boda fué tal, que podría describirse casi con la misma pluma de Longo[536]:

«Viendo Dionisofanes que el tiempo era excelente, mandó aderezar lechos de verdes hojas en la gruta, donde se reclinaron los rústicos para gozar de espléndido banquete. Asistieron Lamón y Mirtale, Dryas y Napé, los parientes de Dorcón, Filetas y sus hijos, Cromis y Lycenia. Y como la fiesta era de rústicos, todo allí fué al uso campesino y labriego. Cantaron unos al cantar de los segadores; otros hicieron las farsas y burlas que suelen hacerse cuando la vendimia; Filetas tocó la zampoña, Lampis tocó el clarinete, Dryas y Lamón bailaron; Dafnis y Cloe no dejaron de besarse... Por lo pronto, llegada la noche, cuantos estaban allí llevaron á los novios al tálamo. Cerca ya de la cámara nupcial, la comitiva cantó de Himeneo con voz tan áspera y desacorde, que no parecía que cantaban, sino que arañaban pedruscos con almocafres[537]».

«Dafnis y Cloe, á pesar de la música, se acostaron juntos desnudos; allí se abrazaron y se besaron, sin pegar los ojos en toda la noche, como lechuzas. Y Dafnis hizo á Cloe lo que le había enseñado Lycenia, y Cloe conoció por primera vez que todo lo hecho antes entre las matas y en la gruta no era más que simplicidad o niñería».

---

534 *Hércules Farnesio*: O «Heracles Farnese», copia romana de mármol de la obra original en bronce creada por Lisipo en el siglo IV a. C. La estatua representa al héroe fatigado al término de sus trabajos, que descansa apoyándose en su bastón. Sobre el bastón está la piel del León de Nemea, muerto por Hércules en uno de sus trabajos.

535 *Mozárabe*: De los cristianos que conservaron su religión en los territorios que estaban bajo la dominación musulmana en la península Ibérica, o relacionado con ellos. El «rostro del tipo casi mozárabe» mencionado en el texto nos lo imaginamos apuesto, de facciones exóticas y tez morena.

536 *Longo*: Novelista griego, autor de *Dafnis y Cloe*, novela pastoril. Se cree que vivió en la isla de Lesbos durante el siglo II, en la época de Adriano, que es cuando se desarrolla la novela Dafnis y Cloe. A diferencia de otras novelas griegas, que fueron traducidas al castellano en el siglo XVI, ésta lo fue en 1880 por el escritor Juan Valera. El estudioso García Gual, en su introducción a la edición de Alianza Editorial, la valora como una «versión bastante cuidada, en excelente prosa castellana, aunque con algún ligero retoque, pues Valera cambia el sexo de algún personaje menor para evitar alusiones a la homosexualidad masculina». Apunta que «tal vez el hecho de los abundantes desnudos y el ambiente erótico sensual [...] y el paganismo del texto de Longo lo alejó de la literatura castellana del Renacimiento». Las citas que aparecen a continuación en el texto aparecen tomadas de la traducción de Valera.

537 *Almocafre*: Instrumento que sirve para escardar y limpiar la tierra de malas hierbas, y para trasplantar plantas pequeñas.

******

De aquí el desorden en que Román regresó á su casa.

El espectáculo á que asistió no era para el célibe de aquellos que fácilmente se borran de la memoria y que acabados de ver se olvidan; antes bien conservaba las imágenes su retina con exactitud, de tal suerte, que, cerrando los párpados, tornaba á ver las danzas bajo los árboles, la comida campestre, la mesa puesta al aire libre, la hermosa desposada mirando al esposo elegido; en sus oídos persistían las carcajadas, los gritos, y, dominándolo todo, las notas del organillo repitiendo automáticamente el cancán de *Madama Angot,* cuya letra no conocía, pero que le sonaba á disputa entre dos bacantes por la posesión de un gallardo mancebo.

******

Encerrado en su cuarto, meditó con perfecta claridad de juicio, hasta entonces no apercibida.

¡Sí! No tiene derecho ninguna religión del mundo, ni siquiera la verdadera, de que él era ministro, para mandar en contra del precepto divino, general á todos los hombres: «Creced y multiplicaos y poblad la tierra». Los sacerdotes hijos de Aarón recibieron de Jehová, por conducto de Moisés, este mismo mandato. Dios no podía querer el celibato eclesiástico. Tenía razón D. Fermín. La Iglesia, los concilios, decretando lo contrario de la ley mosaica[538], daban lugar al concubinato. Además, en algunas regiones de la misma católica España, este concubinato estaba impuesto por la ley. D. Fermín le había enterado de aquello. En la foral de Vizcaya[539] se decreta terminantemente: «El cura tendrá su barragana[540], *para la seguridad de las nuestras mujeres»*. Textual. ¡Aquello era textual, y el texto le parecía sabiamente expresado!

---

538 *La ley mosaica*: También conocida como «La ley de Moisés». Se refiere a la ley del antiguo pueblo de Israel en la Biblia hebrea. En hebreo se llama la Torá ("Ley»), un título que también se refiere a los primeros cinco libros de la Biblia hebrea.

539 *«La foral de Vizcaya»*: Conjunto de ordenamientos jurídicos de derecho privado que se aplican en algunas zonas de la provincia vasca de Vizcaya, y que coexiste con el Código Civil de España.

540 *Barragana*: Concubina que vivía en la casa del que estaba amancebado con ella. Se suele llamar «barraganas» sobre todo a las concubinas de los sacerdotes.

Gracia ponía la mesa para la cena. Recobrada su alegría, cantaba. Las notas de la copla popular aragonesa resonaban otra vez en toda la casa. Oyó abrir la puerta de la sala.

—¿Está la cena?

—Ya puedes venir; ya está –contestó gritando.

Y se presentó Román en el comedor. Sentados uno frente á otro, mientras comían, el sacerdote contó los sucesos de la boda. Gracia escuchaba sonriendo y mirándole á los ojos.

—¿Conque te has divertido? ¿Tan alegres estaban?

Debe ser muy hermoso casarse. Sobre todo para los que se quieren.

Con esta última observación ambos callaron, dejaron de mirarse, la cena terminó en silencio. Levantó la aragonesa los manteles y esperó.

—¿Quieres leer? ¿Quieres que traiga el libro de *Santa Teresa* ó la *Imitación*?

Román tuvo una última resistencia ante el pecado, al cual aquella soledad era propicia.

—No –dijo–. Llama á los vecinos. Haremos tertulia[541], como todas las noches. Puede que se hayan incomodado.

Ella hizo un delicioso mohín de desagrado, y llegó á tener bastante atrevimiento para insinuar:

—Es que... como dijiste que teníamos que hablar.

—¡No, no! Mañana, de día. ¡Esta noche no! No corre prisa.

Gracia, lanzando un suspiro, llegóse á la ventana del patio para avisar al colector, y á poco entraban de nuevo los desterrados.

Hola sobrina.—¿Se acabó ya el secreto? –fue la primera pegunta de D. Fermín.

—¡Oh! No ha querido decírmelo –replicó la aragonesa, produciendo con esta declaración gesto de rabiosa contrariedad en sus dos oyentes, á cuyo gesto siguió un redoblado disimulo.

Bien pronto pudo convencerse el cura concubinario de que la partida aplazada por Román no estaba perdida, ni mucho menos. Bastóle ver la cara del presbítero para comprender en su expresión que luchaba desesperadamente, agotando sus últimas fuerzas. Era preciso ayudar algo. Allí estaba Anita dispuesta á secundarle en cualquier campaña de este género.

---

541 *Tertulia:* Grupo de personas que se reúnen habitualmente para conversar.

Cambiaron un guiño de inteligencia, y empezaron una maniobra especialísima. Era preciso avivar el fuego. Palabras de doble sentido, miradas apasionadas, pellizcos á la andaluza, gestos picarescos de la sacerdotal cara de sátiro, de todo eso hubo entre el colector y la sobrina durante la velada y en el curso de la conversación. Pusieron de relieve ante los ojos de Román y Gracia las menudencias externas de la lascivia.

Los dos hermanos aparentaban no ver los ademanes provocativos y nada equívocos de la pareja; pero los ojos de uno y otro brillaban con insólito fulgor, las mejillas se arrebataban de calor, y luego, allí en la mesa, durante la partida de brisca, hasta la misma colocación y sitios ocupados hicieron que Gracia y Román se hallaran sentados uno junto á otro, rozándose los cuerpos á cada movimiento. Anita, fingiendo repentinos enternecimientos, abalanzábase á estrechar el talle de su amiga, abrazábala frenéticamente, la besaba.

Al dar las once, á Román le zumbaban los oídos; y cuando se despidieron de los dos hermanos, éstos balbuceaban las frases de despedida con más trabajo que si el colector hubiese vertido en los labios de uno y otro, por partes iguales, el contenido de una de sus lacradas de burdeos.

******

Palpitante el corazón, respirando cortamente, trémulo el labio, la virgen aragonesa no se atrevía á moverse del sitio en que quedó de pie en el comedor. Temía que un solo ademán, que el más ligero gesto la arrojara así, loca de amor, en los brazos de él, que estaba allí, de pie también, no menos inmóvil.

El sacerdote se repuso primero.

—Es hora ya de acostarse, Gracia.

—Sí, es hora.

Con una costumbre había que cumplir, costumbre de todas las noches, y ante cuyo cumplimiento los dos retrocedían, en aquella tremenda hora en que con tanto trastorno se les embargaba el espíritu.

¡El beso fraternal de despedida! ¡Oh! ¡Si se besaban! ¿qué iba á pasar?

—Buenas noches, Gracia.

—Buenas noches, Román.

Se lo dijeron volviéndose la espalda, separándose merced a un esfuerzo sobrehumano, y dirigiendo rápido el paso cada cual á su respectiva habitación.

Dijérase que el mísero pecador se ponía en salvo. Hasta entonces el triunfo era suyo. ¡Suyo!

Sin duda esta resolución dióles tal confianza en su mutua virtud, que las puertas de la sala y el gabinete quedaron abiertas.

XVI

Román estaba acostado y despierto; desde allí oía la respiración, primero anhelosa y luego gradualmente más tranquila, de Gracia, que había concluido por dormirse.

El sacerdote recordaba, sin saber por qué, su disputa filosófica con el colector, y le parecía oír la chillona voz del médico que asistió á su hermana en el primer ataque. Luego aquellos dos enemigos se unían en una voz sola, y parecían hablarle en lo oscuro de la noche un dúo recitado.

—¡Sacerdote imbécil! ¡Teólogo soberbio primero, después espiritualista, racional ó ecléctico, mira adónde has ido á parar y el abismo en que has caído! Tú filosofía es hoy, esta noche, aquella que se nutrió con el espíritu del siglo diez y ocho: perteneces á la escuela triunfante en el Directorio[542], y poderosa bajo el Imperio, del que se hizo esclava. Escucha el análisis á lo D. Fermín. Punto de partida, *la sensación*.

Y Román repitió placenteramente:

—¡LA SENSACIÓN!

Las voces unidas siguieron diciendo con el tono campanudo[543] de los catedráticos rutinarios:

—Doctrinas metafísicas. La escuela de la sensación no admite, no puede ni debe admitir filosóficamente, ninguna de las nociones que se relacionan con el alma y con los actos internos. La materia y las cosas físicas, los cuerpos y sus cualidades, eso es lo que analiza. Fuera de esto, el hombre no sabe nada. La naturaleza es su todo. Puede analizarla, someterla al escalpelo[544], sondarla, medirla, pesarla, calcular

---

542 *Directorio*: Última forma de gobierno adoptada por la Primera República Francesa, durante la Revolución francesa. Fue establecido por la Constitución del Año III, aprobada por la Convención termidoriana el 2 de noviembre de 1795, y terminó con el golpe de Estado del 18 de brumario del Año VIII (9 de noviembre de 1799) que instauró el Consulado. Tras el período del Terror impuesto por el ala más extremista de los Jacobinos, se produjo un retorno hacia posiciones más liberales. Es el antecedente al periodo imperial que iniciaría Napoleón.

543 *Campanudo*: Dicho del lenguaje hinchado y retumbante.

544 *Escalpelo*: Instrumento en forma de cuchillo, de hoja fina y puntiaguda de uno o dos cortes que se usa en las intervenciones quirúrgicas.

sus leyes; pero nada más; no puede penetrar hasta la fuerza viva: el alma no la concibe, no tiene datos que la revelen. No existe.

—¡No existe el alma! –comentó Román nuevamente.

—¿Qué es Dios para los que sólo conciben la extensión? La extensión únicamente. Pero una vez admitido, ó bien no es más que un todo, una vasta y plena existencia, el gran cuerpo único cuyos pretendidos individuos no son sino miembros de él ó modos de ser suyos (y éste es el materialismo panteísta[545]), ó, por lo contrario, es múltiple y se resuelve en una multitud de seres que existen todos aparte (y éste es el politeísmo[546] infinito, el atomismo[547] de Epicuro[548]).

—¿Seré yo Dios? –se preguntó el sin ventura.

—Doctrinas morales: el fin moral del hombre es la materia, su cuerpo, y para éste todo lo que puede interesar el bienestar suyo; los órganos con las cosas que los benefician ó los perjudican, todo esto es á lo que debe atender únicamente. Gozar sin más límites que los que impone el instinto de propia conservación; estudiar sin peligrosa afición el universo físico y sus leyes, porque la ciencia produce nuevos goces: esa es la virtud. En cuanto á las tendencias políticas de esta escuela, cuando es consecuente, circunscríbelas á la utilidad sensible como fin. No cree en ningún otro interés. Gusta del orden, porque aborrece el peligro y la miseria, pero el orden, sea cual fuere, con tal que garantice á los individuos el único derecho que les reconoce: el de vivir y de gozar. Prefiere la libertad, pero no hace ascos al despotismo[549]. En estética, sus tendencias son éstas: lo bello no es nada espiritual, divino o íntimo; es la materia produciendo halago de un sentido ó de todos á la vez, si es posible; el espíritu no tiene relación

---

545 *Panteísmo*: Creencia o concepción del mundo y doctrina filosófica según la cual el Universo, la naturaleza y Dios son equivalentes. Cada criatura es un aspecto o una manifestación de Dios, que es concebido como el actor divino que desempeña a la vez los innumerables papeles de humanos, animales, plantas, estrellas y fuerzas de la naturaleza.

546 *Politeísmo*: Sistema religioso cuyos seguidores creen en la existencia de múltiples dioses o divinidades, normalmente organizadas en una jerarquía o panteón. No se trata de una diferencia de nomenclatura –los distintos nombres de una deidad–, sino de diversos dioses con características individuales claramente identificables. En el politeísmo cada deidad puede ser honrada e invocada de manera individual dependiendo de los aspectos que se le atribuyan.

547 *Atomismo*: Sistema filosófico que surgió en Grecia según el cual el universo está constituido por combinaciones de pequeñas partículas indivisibles denominadas átomos ("átomo", en griego, significa que no se puede dividir).

548 *Epicuro*: Filósofo griego, fundador de la escuela que lleva su nombre (epicureísmo). El epicureísmo es un sistema filosófico que defiende la búsqueda de una vida buena y feliz mediante la administración inteligente de placeres y dolores, la ataraxia ("ausencia de turbación") y los vínculos de amistad entre sus correligionarios.

549 *Despotismo*: Abuso de poder o fuerza en el trato con las demás personas.

con estas maravillas. La poesía no es más que una sensación exquisita, una delicadeza de los sentidos, un arte de la vista y del oído: canta el mundo visible, los *tres reinos de la naturaleza*[550]; pero el mundo invisible no lo comprende, y para el hombre desheredado de todo ideal, la naturaleza pierde el carácter simbólico.

—¿Luégo eso soy yo? ¿Eso he llegado á ser? –dijo el alucinado sin mostrar enojo–. ¡Eso!... Y ¿qué es eso? ¿Qué soy yo?

—¡*Sensualista!* –contestó una sola de las voces que creía oir, la del colector.

La voz chillona del médico dijo otra cosa.

—¡Serás satiriaco! ¡Tu enfermedad empieza!

¡Cómo! ¿El celibato eclesiástico podía cambiar, no solamente las ideas filosóficas, sino que también el organismo? ¿Llevar desde el espiritualismo al sensualismo, y desde la salud á la enfermedad? ¿Luego D. Fermín y Anita?... Recordó su pasado casi como se recuerda la vida al sentir la muerte. Su infancia en Tudela, sus correrías, saltos y juegos, oreándose[551] en las libres llanuras, en plena naturaleza. ¡Él era así! El hombre del campo; en destino, el pastoreo patriarcal de Abraham, la cacería de Nemrod[552] ó la agricultura de Booz[553], pero jamás, jamás el sacerdocio. ¡Ay mísero! Llegó a figurarse cómodo y fácil lo mismo que Jesús señaló de difícil cumplimiento. «Porque hay eunucos que nacieron así del vientre de su madre, y otros que se hicieron á sí mismos eunucos por causa del reino de los cielos. El *que pueda ser capaz de eso, séalo*». ¡Él no lo era! ¡Primero la muerte! ¡Primero la mancilla[554]! ¡La excomunión[555], la privación de beneficio

---

550 *Los tres reinos de la naturaleza*: La primera organización en reinos se debe a Aristóteles (siglo IV a. C.), que diferenció todas las entidades vivas de la naturaleza en dos reinos: vegetal y animal. El primero se caracteriza por tener «alma vegetativa» que le da reproducción, crecimiento y nutrición. El segundo tiene adicionalmente «alma sensitiva», que le da, además, percepción, deseo y movimiento. Linneo también distinguió estos dos reinos de seres vivos y además trató a los minerales, colocándolos en un tercer reino.

551 *Orearse*: Salir a tomar el aire, oxigenarse.

552 *Nemrod*: Monarca legendario de Mesopotamia, mencionado en el capítulo 10 del libro del *Génesis*, quien además figura en numerosas leyendas y cuentos. Nemrod se dice que fue el fundador del primer reino formado después del Diluvio universal, y por ende el primer rey que existió. En el Génesis se dice que «se exhibió [como un] poderoso cazador en oposición a Jehová». Por eso hay un dicho: «Como Nemrod, poderoso cazador en oposición a Jehová». Su nombre se volvió proverbial como un «osado cazador».

553 *Booz*: Personaje bíblico que aparece en el libro de Ruth. Booz es quien se casa con Ruth, que engendra un hijo suyo, Obed, padre de Jesé y por tanto, es bisabuelo de David y ascendiente de Jesucristo.

554 *Mancillar*: Deshonrar, dañar la reputación de algo o alguien.

555 *Excomunión*: En la Iglesia católica, expulsión de alguien de la comunidad de los fieles y del uso de los sacramentos por parte de la autoridad eclesiástica.

y deposición[556]! ¡El incesto! ¡Gracia! ¡Estaba oyendo la respiración de Gracia!

¡Aquello le atraía!

Se levantó, puso en el suelo sus pies desnudos, recorrió la sala; ¡no más sufrir! Al pasar junto al altar de la Virgen, tentado estuvo á derribarla. Las puertas de comunicación estaban abiertas. Desnudo y descalzo penetró en el gabinete.

¡Cosa extraña! Gracia, que dormía siempre dejando encendida delante del Niño Jesús la lamparilla de aceite, aquella noche habíase quedado á oscuras. ¡A oscuras! ¿Y por qué? ¡No! Él no quería la oscuridad ni las tinieblas. No sentía ya sino que el sol no pudiera con su claridad dejarle ver lo que iba á realizar.

Llegó á la cama de matrimonio donde reposaba la doncella. ¡La cama de sus padres! En aquel momento vino á su memoria lo mismo que quisieron modular los labios el día en que dijo su primera misa. Levantó el embozo[557] que ocultaba el cuerpo de la virgen:

«Prendiste mi corazón, hermana, esposa mía: has preso mi corazón con tus ojos».

«¡Cuán hermosos son tus amores, hermana, esposa mía! Panal de miel destilan tus labios: miel y leche hay debajo de tu lengua; y el olor de tus vestidos como el olor del Líbano».

«Huerto eres cerrado, hermana, esposa mía: fuente cerrada, fuente sellada».

Luego se acercó más, extendió las manos para tocar con ellas las curvas jóvenes del cuerpo tendido. Repitió mentalmente:

«¡Cuán hermosos son tus pies, ¡oh hija de príncipe!»

«Los contornos de tus muslos son como joyas, obra de mano de excelente maestro».

«Tu ombligo, una taza redonda que no le falta bebida».

«Tu vientre, como montón de trigo cercado de lirios».

«Tus dos pechos, como dos cabritos mellizos de gama».

«Tu cuello, como torre de marfil: tus ojos, como las pesqueras de Hesbón junto á la puerta de Bathrabbim: tu nariz, como la torre del Líbano que mira hacia Damasco».

«Tu cabeza encima de ti, como el Carmelo: y el cabello de tu cabeza, como la púrpura del rey ligada en los corredores».

«¡Qué hermosa eres y cuán suave, oh amor deleitoso!»

«¡Y tu estatura es semejante á la palma, y tus pechos á los racimos!»[558]

---

556 *Deposición*: Privación o degradación de empleo o dignidad.
557 *Embozo*: Doblez de la sábana de la cama por la parte que toca la cara.
558 Todo este fragmento pertenece al *Cantar de los Cantares*.

******

De un solo salto cayó sobre ella. Gracia despertó en los brazos de su hermano. No hubo resistencia ni susto.

—¿Eres tú, Román?

—Yo soy.

Entonces en la oscuridad sonrió. Devolvió las caricias. ¿Por qué ni para qué había de extrañar aquello?

Lo esperaba.

FIN DE LA NOVELA

Thank you for acquiring

El Cura. (Caso de Incesto).
Novela Médico-Social

from the
Stockcero collection of Spanish and Latin American significant books of the past and present.

This book is one of a large and ever-expanding list of titles Stockcero regards as classics of Spanish and Latin American literature, history, economics, and cultural studies. A series of important books are being brought back into print with modern readers and students in mind, and thus including updated footnotes, prefaces, and bibliographies.

We invite you to look for more complete information on our website, **www.stockcero.com**, where you can view a list of titles currently available, as well as those in preparation. On this website, you may register to receive desk copies, view additional information about the books, and suggest titles you would like to see brought back into print. We are most eager to receive these suggestions, and if possible, to discuss them with you. Any comments you wish to make about Stockcero books would be most helpful.

The Stockcero website will also provide access to an increasing number of links to critical articles, libraries, databanks, bibliographies and other materials relating to the texts we are publishing.

By registering on our website, you will allow us to inform you of services and connections that will enhance your reading and teaching of an expanding list of important books.

You may additionally help us improve the way we serve your needs by registering your purchase at:
http://www.stockcero.com/bookregister.htm

www.ingramcontent.com/pod-product-compliance
Lightning Source LLC
Chambersburg PA
CBHW020946230426
43666CB00005B/199